ロシアと日本

自己意識の歴史を比較する

東郷和彦×A.N.パノフ［編］

東京大学出版会

Russia and Japan: Comparative Analysis of the History of Identities

Kazuhiko Togo and A. N. Panov, Editors

University of Tokyo Press, 2016
ISBN 978-4-13-020305-0

はじめに

東郷　和彦

日本とロシアの間には、様々な接点がある。文化面での交流や相互研究があるし、日本人にはロシアのクラシック音楽は一つの高嶺である。ロシア文学も、最も人気の高い一九世紀を筆頭に根強い人気がある。経済面でも、日本経済の根幹に食い込んでいるわけではないが、それでも、ロシアのエネルギー資源は、これを専門とする人たちの関心を常にひいている。

けれども、政治的な関係ということになると、多数の国民の関心が、北方領土問題に行ってしまうのではないだろうか。中国の力が急上昇している中での日露防衛協力とか、北朝鮮問題をめぐる日露の話し合いとか、実はデリケートで興味深い話もあると思うのだが、一番広く知られており、特に「何か動きそうだ」というと、新聞の一面トップになり、有識者が甲論乙駁するのは北方領土問題である。

一九六八年から二〇〇二年までの三四年の外務省生活のちょうど半分を対ソ連・ロシア関係の仕事をしてきた私にとっても、心血を注いでやってきたのは何かといえば、やはり北方領土問題だった。外務省を辞めてからもう一五年めに入るが、いまだに、「領土が動くかもしれない」と思えば、血が騒ぐものがある。残念な事には、外務省を辞めてからもそういう「動くかもしれない」時期がないではなかったが、結局、何らかの障害物が出てきてそれがうまくいかなくなってしまう。七〇年を超える歴史は、なぜかそういう「山あり谷あり」を繰り返している。この文章を書いている二〇一六年五月もちょうどそんな「山」の時期であるが、本書が出版される頃の雰囲気がどうなるかは、よくわからない。

さて、そういう「緊張してはまたかと失望する」歴史を繰り返す中で、機会があったら、もう少ししっかり歴史に残る日露関係への貢献をしたいという思いがいつの間にか、私の中にたまってきた。北方領土問題を交渉する当事者でなくなってから、この思いはつとに強まった。

ロシア思想やロシア文学への関心もあったし、それをどこか一点集中して研究してみたいという課題も一時考えた。だが、自分がやりたいとまず思ったのは、少し違っていた。私が関心を持ったのは、永年ロシア人とはつきあってきたが、彼らはいったいどういう国民で、その国民性は私たち日本人とどこが同じでどこが違っているのか。そういうロシア人を私たち日本人はどう受け止め、その受け止め方が、両国関係をどうつくってきたのか、といった問題だった。そして逆に、ロシア人は、私たち日本人をどう受け止め、彼らの中での日本人はどう理解されてきたのか。

特にそういう日本とロシアの本質を探ってみたいと思ったもう一つの契機は、いまからちょうど二〇年前の一九九六年に出版されたハンチントンの『文明の衝突』だった。この本は、西欧文明は世界をリードできるかという問題意識に発し、「起こりそうもないがありえないわけではない」世界戦争の可能性を、中国とイスラムの台頭を主要な動因として説き起こしている。その混沌たる文明の相克の中で、それぞれ独立の文明として定義されるロシア（スラヴ・東方教会）と日本の役割は何で、両者の共通性と相違性は何なのか。

「文明」とは何かという定義は、その後さまざまな議論があったが、文明としてのロシアと日本が何かを問うということは、両者の本質は何かを問うことである。研究者の間ではそれは、日本とロシアの「アイデンティティ」を問うといえばすぐに理解される問である。けれども、「アイデンティティ」という外来語は、いまだかなりの日本人にはピンと来ないと思う。百科事典やネットで調べてみると、「自己同一性」「同一性」が一番近い日本語のようであるが、これはいかにもわかりづらい。「主体性」「独自性」「国民性」などと訳されることもあるし、「自己意識」が原語の意味に一番近いかなとも思われた。だが、いずれも「アイデンティティ」という言葉に比べると、何かが欠けている。やはり、この言葉はこの言葉として使うほかないかという結論になった。

さてそういう研究を、私は、同じような関心を持つ日本とロシアの同僚の研究者と一緒にやりたいと考えた。ロシア側から誰と組むかについては、外務省で対ロシア交渉に参画していたとき、ゴルバチョフ大統領の訪日（一九九一年）からイルクーツクでの森・プーチン声明（二〇〇一年）まで、ほとんどの交渉を一緒にやってきた、アレクサンドル・パノフ氏が、まずは相談相手となってくれた。

＊

二〇一二年の秋頃、私たちは「アイデンティティ」ないし「自己意識」を主題とする共同プロジェクトについての話し合いを始めた。当時の日露関係は、何回目かの底打ちをした低迷期にあったが、そこに、一つの光が差し始めているときだった。二〇〇六年から〇七年安倍第一期政権とプーチンの第一期政権の終わりに関係改善に向かっての求心力が生まれていた。この求心力は、日本側では福田・麻生両政権に引き継がれ、ロシア側でもメドヴェージェフ大統領・プーチン首相という異例の「タンデム政権」がこれを受けて立ち、二〇〇九年春、両国関係には明るい展望が開かれていた。

このとき何が起きたのか、日露関係の研究としては解明すべき課題がたくさんあるが、とにかくこれからしばらく、麻生政権の最後から鳩山政権、菅政権と日露関係の雰囲気がなだれを打って悪化し、メドヴェージェフ大統領の国後訪問を「許しがたい暴挙」とした菅総理発言（二〇一一年二月）に対するロシア側の反発によって、両国関係は底打ちした。

このまま低迷した日露関係が続くのか、それとも、改善された方向に向かうのか、誰にも予測のつきにくい状況の中で、「三・一一」に対するプーチン首相以下の対応の暖かさが少しだけ目立った。この流れが、首相から大統領に返り咲いたプーチン氏による「自分が大統領に選ばれたら、日本との関係で二つのことをやりたい。経済関係の抜本的改善と『引き分け』による領土問題の解決である」（二〇一二年三月）という驚くべき記者会見につながってきた。

しかし当時の民主党政権にこのロシア側の声に合わせて急速に動こうという感触はなく、せっかくのプーチン大統領からの呼びかけに対する動きがないという状況で、パノフ氏との相談が始まったのである。まずは、当面の政治経済問題の解決に直接的に資するものではないが、学問的な価値のあるもので、長期的に日露の相互理解に資するようなテーマについて、問題意識を同じくする人たちで集まって共同研究できないかという大枠で一致した。

さらに話し合いを進めた結果、日本とロシアの「アイデンティティ」「自己意識」の問題を取り上げるという合意に達したのである。それからあとは、双方で参加する人たちに声をかけ、それぞれの側で準備を進め、結局四回の会合を開催した。

・第一回会合…二〇一三年三月四日（東京・法政大学）
・第二回会合…二〇一三年一〇月三〇日（京都・京都産業大学むすびわざ館）
・第三回会合…二〇一四年一一月五日（東京・アルカディア市ヶ谷）
・第四回会合…二〇一五年五月三〇日（モスクワ国立国際関係大学ＭＧＩＭＯ）

第二回の会合で骨格に合意し、第三回の会合で参加者は原則最初のペーパーの作成を行い、第四回の会合で参加者それぞれがペーパーの修正を行い、議論を深めた。若干の例外を除いて母国語で作成された、それぞれのペーパーの最終版が二〇一五年秋に集められ、相手国語への翻訳作業が行われ、取りまとめられたのが本書である。

＊

作業を終えてみての第一の印象は、日露の「アイデンティティ」「自己意識」という問題がいかに豊かな分析の対象となりうるかということである。私たちは、本テーマを選ぶにあたり、問題を考究していけば種々の興味深い結果が出てくるのではないかという直感を持っていた。しかし作業を終えてみて、当初参加者が予想していたより、遥かに豊饒な比較研究の場が開かれていることを実感した。

一つだけ例をあげれば、第二回会合で本書の大枠を考えたときには、分析の対象を一九世紀の半ば以降、明治維新以後の日本、農奴解放令発出以後のロシア帝国から始めれば概ね問題の全体像がつかめるのではないかと予測した。けれども第三回会合でペーパーを持ち寄ってみて、ロシア側参加者から、それでは問題の根幹に迫ることが難しい、特に一六世紀以降、戦国から江戸時代に移行する日本の権力集中の過程と、概ね時期的に一致するモスクワ公国の権力集中の過程を分析し、それが江戸時代とロシア帝国時代にどうつながっていくかという分析を加えた方がいいのではないか、そのペーパーはロシア側で書こうという斬新な提案があった。

知的挑戦を受けた日本側は、第三回会合の議論の大きなテーマとなった、ロシアの「アイデンティティ」の問題がしばしば西欧対スラヴという二元論的な形で論ぜられるのに対し、日本の問題は、西欧対アジアという枠組みの中で、どうしても日本対アジアというベクトルも入ってきてしまう、その三元論的な事態はなぜ起きるのかという根本問題を考えるには、さらに一六世紀以前に遡り、それぞれの国家の「自己意識」が形成された頃から問題を解きほぐさねばならないのではないか、その部分は日本側が担当してみようと再提案した。ロシア側がこの対抗提案を歓迎したことは言うまでもない。こういう経緯を経て成立したのが本書第I部である。

＊

本書を上梓するにあたって、私たちが抱いた第二の思いは、これまで誰も本書のような視点で日露関係を分析してこなかったのはなぜだろうかという疑問だった。このような視点で日露の「アイデンティティ」「自己意識」の問題について日露の研究者が集《つど》って系統的・総合的に共同研究した例は多分ないので、参加者にとってこの試みは十分に新鮮だった。しかし、論を進めれば進めるほど、これまでこの問題にこういう形で手を付けてこなかったことにはそれなりの理由があると思うに至った。そのことは、同時にこのプロジェクトの限界と反省を意味することにもなった。

今回ここに集まったのは、ロシア側では本業を日本研究に、日本側では本業をロシア研究にしてきた人たちである。勢い、ロシアについて語るときは、日本人のロシア研究者が、祖国について語るロシアの知識人と議論し、日本について語るときは、ロシア人の日本研究者が、祖国について語る日本の知識人と議論するということになった。そこから新鮮な視点とオリジナルな見解が生まれたことには確信があるが、本書で始まった論考をさらに学問的に十全の専門性を備えたものにしていくためには、各々の研究内容を拡大深化させるとともに、ロシア人のロシア問題の専門家と、日本人の日本問題の専門家の参加を得るなどの工夫が必要になるのも自ずと明らかである。このような共同研究を一層推進するためには、考えねばならない点であろう。

＊

第三の印象は、本書の検討を始めてからの日露関係の変化と、そのことによって本書が持つ意味がまた変わってきたという実感である。二〇一二年秋、日露の「アイデンティティ」の長期的研究をやろうという概ねの方向性を決めた頃に、日本側で安倍晋三氏が総理に選出され、それ以降明らかに日露関係は動き出した。二〇一三年四月の安倍訪露をはさむ形で行われた第一回会合と第二回会合は、そういう明るい雰囲気の中で行われた。しかしながらその明るい雰囲気は、二〇一四年二月のクリミア・ウクライナ問題の爆発によって基本的には終焉し、ペーパー作成段階に入った二〇一四年の第三回、および二〇一五年の第四回の会合は、日露関係が再び当面見通しのない底打ち状況になった中で行われたのである。そういう日露関係に希望のない状況でその大要が取りまとめられた本書は、逆説的に言えば、相互の「アイデンティティ」といった一見迂遠な視点が、今後の日露関係を変えていく縁になるか否かについての参加者の議論を一層真剣なものにしたといえよう。

そしてまた、本書の最終的な取りまとめをしている二〇一六年五月、ソチの非公式首脳会談によって、安倍・プーチン両政権の間で、日露関係を再び活性化の軌道に乗せようという努力が始まっている。本書の出版の時点で、日露関係について何を語りうるかは、軽々に予測をしたくはない。けれども、両国の歴史と「アイデンティティ」「自己意識」の形成に遡った分析をここに試みて、過去から現在に至る両国が辿ってきた歴史を、私たちは今までよりもよく理解できたと思う。私たち自身がいかなる民族であり、どういう歴史の中で発展を宿命づけられているかについての、私たち自身の見方の幅を若干なりとも広げえたのではないかと思う。

＊

本書の作成は、執筆者として参画した方々の努力に負う点が多いのは言うまでもないが、その他たくさんの方々の強力な支援によって実現することができた。ロシア側では、トルクノフ学長以下ＭＧＩＭＯの支援を頂いた。その中には、第四回会合で通訳として参加した大学院生アンナ・メリキナさんが含まれる。

日本側では、ロシア語から日本語への翻訳に京都大学大学院経済学研究科経済学専攻博士後期課程の山脇大氏に負うところが大きかった。最終的にペーパーを書くという形では参画しなかったものの、議論の推進にあたって青山学院大学地球社会共生学部の福島安紀子教授からの支援を頂いた。

第四回のモスクワ会合を開催するにあたっては、国際交流基金からの助成を頂いた。

本書の出版にあたっては、これまでも日本文化の保存と発展に多くの貢献をしてきたファタ・シャデーエフ氏からの助成を頂いた。

さらに本書の出版を快く引き受けてくださり、短期間で出版にこぎつけてくださった東京大学出版会、特にこのプロジェクト推進に専心してくださった山本徹氏から頂いたご厚情は、計り知れない。また出版作業のため、本プロジェクトの執筆者であり、東京大学にて教鞭を執っておられる池田嘉郎先生には手厚いご協力を頂いた。

ここに、各位に深甚なる感謝を表明する次第である。

プロジェクトの母体となった京都産業大学では、本書の共同執筆者であると同時にプロジェクトの運営に携わってきた外国語学部河原地英武教授、共同執筆者にはならなかったがすべての会合に出席し、プロジェクトの内容と取りすすめに貢献した法学部中谷真憲教授、特に原稿の最終的な取りまとめ作業にあたった法学研究科博士後期課程の中岡大記氏に、合わせて感謝の念を表明する次第である。

目次

III　アイデンティティの相克——第二次世界大戦終結まで

IV　冷戦時代のアイデンティティ

序章　アイデンティティを考える

A・N・パノフ
（山脇大・東郷和彦訳）

国民国家の独自性や特異性を決定づけるナショナル・アイデンティティという概念に関して、唯一の解釈というものは存在しない。しかしながら我々の見解では、ナショナル・アイデンティティとは、ある環境における、あるいは、近隣諸国とその国民、それらとの相互作用を含んだ、より広い世界における、国民の認識上の特性から抽出されうるものである。

このような認識に基づいて、人間同士のコミュニケーションのルールや規範、文化的および宗教的価値観、対外脅威についての判断、また国民の生存観念や存在・管理・発展といった組織システムに固有の伝統が形成されていく。つまり、これらすべてが国民の歴史的記憶を構成するのである。ナショナル・アイデンティティは、社会像の基本的かつ規範的な結びつきを形成する、マクロ社会的アイデンティティとみなされる、「文明」の概念の根底にあり、それによって、社会が自らを認識し、また同様に他者が自身を認識することを欲する。

アメリカ人研究者であるS・ハンチントンは、様々なタイプの文明の中で、東方正教（ロシア）文明や日本文明を、仏教文明や中華文明から独立させて分類している。

加えて、社会構成員のエスニック・アイデンティティもまた、ナショナル・アイデンティティを構成している。その場合において、個々人のエスニック・アイデンティティは、その起源――出生地の民族の一員であること――のみならず、むしろそれ以上に、物質的・精神的文化をどの程度受容しているか、伝統や習慣、儀式をどれほど遵行しているか、言語や芸術的遺産をどのくらい主体的に活用しているか、そして自らを民族集団の史的過去、現在、そして未来に、どの程度まで関連づけるかによって決定される。

自らの民族集団への帰属意識の形成、その価値観や行動様式の同化は、社会的制度を通じて実現され、その主なものとしては、家族や教会、学校や軍隊などがあげられる。

したがって、古来の起源――「血縁」――は民族帰属に関する決定要因にはなりえない。例えば、日本人のDNA分析によって、一四―一六％の日本人だけが「大和」族に属している一方、三〇％以上が韓国からの移住者であり、また中国からの移住者も同数程度であるとの説がある。ロシアにおいて、混合はさらに大きくなっている。"Russkii"と"Rossyanin"という二つの概念が存在するのは偶然ではない。日本語において、それらは一絡げに「ロシア人」と訳されるが、ロシアにおいて、"Russkii"の概念はロシアの国民性／民族性への帰属（前述の通り、遺伝的に「純血」のロシア人を探し出すのは困難を極めるのだが）を意味しており、また同時に、"Rossyanin"の概念は、とりわけ個々人や集団全体の民族的起源を識別することが極めて困難な場合、すべてのロシア国民／市民を指すために、よく用いられている。

人は得られた知識や文化、経験に基づいて、「自己」と「他者」に属するものを区別し、他者との関係を構築し、世界全体を認識することが可能となる。こうして形成された世界観に従い、人は具体的な状況における自らの行動の優先順位や規範、その様式を構築し、自らの認知活動の特徴をも決定するのである。その結果として、それは科学的思考、哲学、文学、神話学、そしてイデオロギーなどの発展に反映されてくるのである。ナショナル・アイデンティティの形成において、様々な要素――地理的要素、自然的要素、神話的要素、宗教的要素、友好的あるいは敵対的な国家間関係――が影響を与えている。

個々のナショナル・アイデンティティにとって、これらの要素群は特殊かつ独特であるため、文明間において、少数の例外を除き、類似あるいは一致はしえないという主張がある。

山梨学院大学の高橋実氏は、「生活条件、国民国家の建設過程、歴史、社会的慣習、外国との折衝手法などがこれほど強く異なっている隣国の国民同士（ロシアと日本の国民を念頭においている）が出合うことは滅多にない(1)」と指摘している。

言うまでもなく、ロシアと日本の文明間においては、しばしば重要でありかつ根本的な差異が存在している。各々の文明は、歴史的な発展過程において、それぞれ独自の道を歩んできた。しかしながら、異なる文明は互いに接触し、明確な関係を有してきたのみならず、他者へ重要な影響をも及ぼしうるのである。加えて、文明の根源的な相違にもかかわらず、とりわけ急進的もしくは革命的変化の時期においては、国民国家は同一の問題に直面しており、その問題の解決が類似の帰結を招く事例は少なくない。逆に、正反対の結果をもたらす場合もある。

ロシアと日本の文明の形成およびその発足は、他文明からの非常に強力な影響の下で行われた。ロシアの文明はビザンツやモンゴル、その後の西欧の影響下に、日本の文明は中国、そして戦後はアメリカの影響下にあった。

自然環境における両国民の生活条件の根本的な差異は、地理的に見た場合、ロシアが平坦であり、大陸国家であった一方、日本は山地が多くを占める島国であったことに起因する。しかしながら、ロシアにおいては敵対勢力の侵入に対する自然障壁が、圧倒的に欠落していた。

実際に、ロシアは国家建設以来、常に近隣の部族、民族、そして国家の侵略を撃退することを余儀なくされた。その結果として、ロシア国民の歴史的記憶の中に、他国と比してより緊迫した「対外脅威」感が深く根づいたのである。その一方で、日本は一三世紀に二度、元の短期的な強襲を受けたのみである。それにもかかわらず、外国による侵略への畏怖は、日本国民の歴史的記憶の中に、何世紀にもわたって残り続けた。

こうして、日本、そしてロシアにおいても、ナショナル・アイデンティティを維持・強化するために、「外敵選択」戦略が採用された。

これに関して、日本においては、「シベリアからのロシアの脅威」は一七世紀から用いられ、二〇世紀末まで保持された。一方で、ロシアにおいては、「日本の脅威」のテーゼは二〇世紀初頭の時点では長続きしなかったが、その後一九三〇年代から「ペレストロイカ政策」期まで、積極的に標榜された。

「外敵の脅威」戦略は、世論に隣国に対する否定的な印象を植えつけただけにとどまらず、その国民の気質に対しても好ましくない印象を与えることとなった。

加えて、ロシア（ソヴィエト連邦）において、「敵対」期が比較的短く、またその批判の矛先が、日本の軍国主義と日本人の他国民への残忍さ、とりわけ極東における日本の介入期とアジアにおける侵略戦争期に集中しており、日本において、ロシアおよびロシア国民への「否定主義」は、およそ四世紀にわたり根づいていたことになる。

それでいて、日本人の「最高の気質」は、ロシア人の「最悪な性格」と対比されてきた。日本人の気質が、誠実、公正、礼儀、率直、忠実に体現されるとすれば、ロシア人のそれは、不誠実、無謀、乱雑、妄想、疑心、敵意、貪欲、御座なり、買収によって表されることになる。

日本人の世論において、現在でさえなお、ロシアとロシア人に対する否定的な印象が支配的であるのは偶然ではない。

「悪いロシア」のテーゼの証左として、二国間関係の歴史の否定的なページ――ソヴィエト連邦による日ソ中立条約の侵犯および第二次世界大戦終了期における日本への参戦、「日本領土の不法略奪」、ソ連収容所における日本人戦争捕虜の不当かつ非人道的扱いが参照される。また、日本は自らをG7の構成要員と認識し、とりわけアメリカ志向であるため、西側の見解では「一般的に受容されている国際ルールを侵害する」（二〇一〇年代初頭のクリミア併合とウクライナ南東部における内戦）ような、ソヴィエト連邦／ロシアの全行動に対して、上のテーゼが言及されるのである。

しかしながら、両国民の国民性に類似点がないわけではない。例えば、以下の類似点が挙げられる。

・力への敬意
・他国民への猜疑心および不信感（日本の「鎖国」、共産主義時代における「閉じた」ソヴィエト連邦）
・社会における均一性と調和、公共の利益の形成、集団組織と集団思考への欲求
・情緒性、自然環境における美の知覚

ナショナル・アイデンティティは、対外政策の策定およびそれを達成するための手段と方法の決定に、直接的な影響を与える。そして、対外政策目標の実施にあたっては、ある歴史の時点における、支配的な文化的・宗教的価値観が重要な役割を担うのである。

例えば、それは日本における「武士道」であり、また一九世紀末から二〇世紀前半を風靡した、日本人が西洋人やアジア人に勝るという人種的優越論である。ロシアにおいては、「モスクワ―第三のローマ」説、スラヴ主義や共産主義イデオロギーがそれにあたる。

国家が通過する様々な歴史の時点において、その解決如何によって国家の存続とアイデンティティの保持のあり方が決まるところの課題の設定が、時には決定的に異なっていた。

例えば、ピョートル一世期の急激な近代化と国内基盤保持によるその後の安定性維持の間の対立、日本においては、一七世紀初頭からの「鎖国」と一九世紀後半の急激な近代化の間の対立があった。

国家の運命を握るこの最重要な動向に、最も本質的な影響を与えるのが、ナショナル・アイデンティティである。ナショナル・アイデンティティは、このプロセスを推進させることができる一方で、その内容を骨抜きにすることで、プロセスそのものを停止させる場合もある。

加えて、このプロセスがどこまで過激化するか、およびその帰結の一つとしての外交政策のあり方――攻撃的、受動的、あるいは平和的――は、ナショナル・アイデンティティ、もしくはその単純化された概念である、国民性に依存しうる。

何世紀にもわたって、ロシアおよび日本の社会構造は、国家および社会を建設・運営するにあたっての垂直性および階層性の支配、特に農村をはじめとする経済の共同運営、そして限られた都市数と都市人口という状況下での農村地域における人口集中によって決定されてきた。一九世紀末には、このロシアと日本の文明の特異性が、両国において、市民社会と市場経済を構築するための西洋モデルの完全な受容を妨げることとなった。

一九世紀末に開始された近代化以前、両国は西洋と比較して、より低い経済水準、社会発展段階にあった。ロシアは対外拡張の遅れを挽回することに邁進し（中央アジア、コーカサスの併合、シベリアへの進出）、日本は近隣において自国領土の拡大を試みており（織田信長による中国征服計画、一五九二年と一五九八年の豊臣秀吉による朝鮮出兵）、また「国内拡張」――北のアイヌ民族の搾取と北海道の「植民地化」――を実現させた。

グローバル化の影響下にある現代世界において、経済的・政治的・文化的環境の統合に資する動きが進む中で、ナショナル・アイデンティティの発展に、二つの基本的な傾向が読み取れる。

一方では、西欧やアメリカといった国々において、多文化主義政策の実行を含め、ナショナル・アイデンティティの意義が不明瞭化、ないしは低下している。

他方では、民族中心主義やナショナリズムに表れているように、一定の国民の間では民族意識の高揚が確認されている。ロシアや日本もその中に含まれており、そこでは自国の独自性やアイデンティティの保持、また現代世界における自国の位置づけと役割の確立に向けて、より積極的に力が注がれている。

日本において、議論の中心となっているのは、国家および社会の将来の発展方向に関するものであり、基本的にその解は二者択一の中にある――「普通の国」への回帰の道筋を進む、つまり事実上、西側モデルに追随するのか、あるいはグローバル化の過程で形成されつつある、基本的には西側モデルである国家・社会・経済機関を活用しつつも、日本の伝統に、何よりも確固たる文化的独自性に、それらの機関を「嵌め込む」ことによって、民族的特性を堅持し、国家としての排他性を保持するのか――である。

一方で、ロシアにおいては、「欧米主義」と「スラヴ主義」の間の議論が再燃しており、それは社会主義システムの崩壊と新たな価値観――欧米の市場経済と民主主義モデル――を志向したペレストロイカという、非常に痛みを伴うプロセスにおいて蓄積された、国民の激しいトラウマと結びついている。

世界の発展による新たな環境において、ロシアと日本は一九世紀中頃と同様に、各々のアイデンティティの模索期を迎えていると結論づけることができよう。

ロシアにおいては、リベラルな倫理的行動様式が新たに生じており、これは集団主義の精神性とは全く結びつかず、むしろ個人主義を志向しているものであり、「社会主義モデル」の公準を基礎とした社会とは異質なものである。

日本においては、日本社会を多くの階層的・民族的な絆に結びつけてきた伝統的な価値観が弱体化、さらには崩壊の危機にあるその時に、「日本型資本主義」によって生み出された個人主義の時代」に対する批判の声が大きくなっている。

本書の執筆者らは、ロシアと日本における文明の形成期および発展期を回顧しながら課題設定を行い、史的プロセスの類似と不一致、そしてその中におけるナショナル・アイデンティティの役割を明らかにするとともに、ナショナル・アイデンティティが、ロシアと日本の両国と両国民の長期的な友好関係の確立へ向けた道を、どこまで妨げるか、あるいは切り開くか、という疑問に答えようと試みている。

注

（1）下斗米伸夫・島田博編『現代ロシアを知るための55章　エリア・スタディーズ』明石書店、二〇〇二年。

I

アイデンティティの形成
――中世から近代へ

1——歴史の遺産と近代への影響

安野　正士

はじめに

近代の日露両国におけるナショナル・アイデンティティ形成について考察する上でまず注目すべきことは、近代世界における西洋文明の圧倒的な影響力である。一般に近代の非西洋地域におけるナショナル・アイデンティティは、西洋文明の強い影響のもとで形成されたといって間違いないし、日露両国も無論その例外ではない[1]。しかし、日露のアイデンティティの問題は当然、非西洋諸国一般の問題には解消できない独自性を帯びている。

日露のアイデンティティを考える上で次に注目すべき点は、両国がその国家の形成期において、中華帝国やビザンツ帝国を中心とする世界秩序内の国家として成立し、言語、宗教、法律、思想、文化全般において中国、ビザンツ両大文明の刻印を受けたことである。近代における日露両国のアイデンティティの比較が意味をなす理由の一つはこの共通の歴史的背景にあり、またこの点を抜きにして両国の歴史や近代におけるアイデンティティの模索を理解することは不可能である[2]。

そこで本章では、後の各章における分析の前提として、中国・ビザンツ両文明の影響を中心に、一六世紀以前の遺産が、近代における日露のアイデンティティ形成に与えた影響について、巨視的な視点から比較を試みたい。本章の分析での「独立変数」は、一六世紀以前の歴史の諸事実であるが、「従属変数」は、一八世紀以降のロシア、幕末以降の日本が、西洋中心の世界の中で自国のアイデンティティを模索した過程に見られた特質である。したがって本章では、一六世紀以前の歴史を扱いつつ、近代以降の出来事にも随時論及することになる。こうした巨視的な比較においては、専門の歴史家ならためらうような、思いきった単純化・一般化は避けられない。しかし、いかなる歴史叙述も現実の単純化であることを免れないし、蛮勇をふるって一般化することで初めて見えてくるものもある。筆者としては、以下のデッサンで、近代における日露のアイデンティティ形成の前提となった主要な因子を描き出してみたつもりである。

一　中国・ビザンツ文明の遺産と近代への影響

近代西洋文明との距離感の差異

中国・ビザンツ文明の遺産が近代の日露両国におけるアイデンティティ形成に与えた影響として、まず指摘すべきことは、日露両国と西洋文明との「距離感」における差異である。

ロシアがローマ・カトリックでも、イスラムでもなくビザンツ帝国から正教を受け入れたことは、近代ロシアのアイデンティティに決定的ともいえる影響を与えた。ロシアは、ビザンツ帝国からキリスト教を受け入れたことで、広く見ればギリシア＝ローマ、ユダヤ＝キリスト教の伝統を基盤とする「ヨーロッパ文明」に属することとなった。しかし他方、ローマでなくコンスタンチノープルからキリスト教を受け入れたことは、ロシアを西欧・中欧の歴史から切り離した。このため、近代において「西洋」が世界政治や経済の中心として登場したとき、ロシアは西洋に対して微妙な立場に立つこととなった。ロシアは近代西洋文明を「異文明」と認識し、また西洋から異文明と認識されるに十分なほど西洋から隔たっていたが、中国やインド、イスラム文明圏に属する国々と比べれば、西洋との共通性は明らかに高かった。このことは、人種・言語上の西洋との近接性ともあいまって、ロシアの西洋に対する態度に独特の色合いを与えた。ロシアは多くの意味で「非西洋」の国であったが、日本や中国、インドやイスラム圏の国々と違って、西洋との同一化・統合を想像することが可能な、その意味で両義的な文明史的位置を占めることとなった。

これに対して日本に巨大な影響を及ぼした中華文明は、ユーラシア縁辺部の他の文明圏と比較して、欧州から最も遠く、近代以前においては最も交流の少ない文明であった。主として中華文明の影響を受けた近代以前の日本は、人種的相違はもちろん、その言語、宗教、思想等においても、西洋とは全く違う基盤の上に立つこととなった。明治以降、西洋化の努力がなされた折にも、日本の「欧化」が語られはしたが、日本が「ヨーロッパ」や「西洋」の一部となることは、キリスト教の国教化、英語の国語化、さらには西洋人との通婚を通じた「人種改良」といった極端な変化なくしては考えにくかった[3]。第二次世界大戦後、日本は政治的には「西側」、経済的には「先進国」に属することとなったが、「文明の区分」を基準とする限り、日本は「東洋」ないし「アジア」の国だという見方が支配的であり、西洋は日本にとって「他者」であり続けた。戦後日本では西洋との「文明」上の距離感は縮まったが、日本側から見ても西洋から見ても、「他者」意識が解消したとは言い難い。西洋との距離感の差異が、近代における両国のアイデンティティの模索のあり方にどう影響したかについては後述する。

「周辺文明」としての日本とロシア

中国とビザンツ文明の影響を考える上で第二に注目すべき点は、日本とロシアが、それぞれ中華文明圏、ビザンツ文明圏の中で周辺的な地位を占めたことである。一五世紀後半に至るまでルーシの支配者は「大公」（ヴェリーキー・

クニャージ）の称号を名乗っていたが、これは正教世界で「皇帝」（ツァーリ）たりうるのはコンスタンチノープルのビザンツ皇帝のみである、という意識を反映していた。このことは、七世紀以前の日本列島の支配者たちが、中華世界で皇帝は中国の皇帝ただ一人であるという華夷秩序観と相応する形で、「王」ないし「大王」と称していたのと類似している。ノヴゴロドやポラック、キエフのような町は、コンスタンチノープルに倣って「聖ソフィア大聖堂」を建設するなど、様々な形でコンスタンチノープルを模倣した。(4) これは古代日本の都であった藤原京や平城京、平安京が、中国の都をモデルとして建設されたのと類似している。日本最初の正史である『日本書紀』は中国の正史をモデルとして編まれたが、ロシアの年代記編纂も、当初はビザンツ帝国やブルガリアの年代記の模倣から始まった。(5)

しかも、ロシアと日本の共通性は、単にビザンツ帝国や中華帝国という大文明の影響を受けたことにはとどまらない。ロシアと日本は、文明の中心から隔たった「遠い周辺」に位置したため、中心文明からの自律性を比較的よく保った点でも共通していた。朝鮮やベトナムが中国の直接支配を経験し、また歴史の大部分を通じて中国に朝貢し、天子の冊封を受けたのに対し、島国の日本が中国に朝貢したのは、九世紀までの古代と、一五世紀の一時期に過ぎず、それ以外の時期に日本の支配者がその正統性の根拠を中国皇帝の承認に求めたことはなかった。これと同様、キエフ・ルーシも「その領域がビザンツ帝国からは何百キロもの海と草原で隔てられていたため、ビザンツ皇帝の宗主権を簡単に受け入れることはなかった。……ルーシの支配者たちは、その支配を正当化するのに、ビザンツ皇帝からの権威の委譲などということを持ち出しはせず、ただ、ウラジーミル大公の子孫であるという点と、神からの直接の委任という点に求めたのである」。(6) 中心文明からのこうした自律性は、ロシアと日本が西洋文明の衝撃に対応する際、柔軟な対応を可能にした可能性がある。中国の周辺国の中でも、中華文明の影響が最もよく及んでいた朝鮮では、中華文明と心理的に同一化する傾向が強く、このことが西洋文明を受け入れる上での障害になった。これに対し、中国から遠く、より自律性の強かった日本は、西洋化への抵抗が少なかった、という指摘がある。(7) ロシアがビザンツ帝国の「遠い周辺」に位置したことも、ロシアが後に西洋文明を大規模に取り入れる助けとなったのかもしれない。

アジア・スラヴとの親近感——拡大された自己像

中国・ビザンツ文明の影響として第三に指摘すべきは、中国・ビザンツ両文明圏が、日露にとって文明上の親近性を持つ「内集団」と見られるようになったことである。圧倒的な力を持つ西洋に直面して自国のアイデンティティを模索する中で、日露の知識人は、自国と文明の起源を同じくする「東亜」や「正教世界」との結びつきを強調するようになった。ただしこれには若干の注釈が必要である。第一に、「東亜」や「正教世界」との共通意識は、文明の起源の共有という「事実」がそのまま意識化されたというよりは、西洋の力に直面して自己の立脚点を探る中で初めて意識されるようになった側面がある。つまり、日本にとっての「アジア」や「東洋」、ロシアにとっての「スラヴ世界」、「正教世界」は、西洋の影響力に対抗しようとする中で初めて自らに近しい「内集団」と意識されるようになった面がある。ロシアの場合、他のスラヴ民族との共通性の意識は『原初年代記』にも表れており(8)、オスマン帝国の拡大とともに、スラヴ諸民族間の紐帯が強調されるようになったが、日本の場合は、「アジア」という名称自体がヨーロッパ言語から取り入れられたものであった。親近性の感情が西洋への対抗への反射として呼び起こされたものである以上、親近感を感じる対象の境界は流動的でありうる。例えば明治以降一九四五年までの日本では、親近感の対象は「アジア」「東洋」「東亜」「黄色人種」など様々な形をとった。日本・中国・朝鮮を含む「東亜」がこうした「内集団」の核心であることは疑いがなかったが、その外延は大きく広がりうるものだった。ロシアにとっての「内集団」は、一九世紀後半には言語・民族・人種に基づく「スラヴ世界」であったり、宗教に基づく「正教世界」であったりしたが、両者の境界は一致しなかったし、後には「ユーラシア」や社会主義圏がその役割を果たすなど、時と場合に応じて大きく伸縮した。

もう一つ指摘すべきことは、「内集団」が、連帯感や忠誠心の対象としての「帰属集団」であるよりは、むしろ自己像を拡大して投影し、世界における自己の役割を高め、使命感を養う材料とする「自己投影集団」とも言うべき役割を果たすことが多かった点である。後述する理由で、これは戦前日本にとっての「東洋」や「アジア」について特に強く当てはまる。

明治前・中期に行われた「アジア」や「東洋」との連帯論は、「白人の圧迫に対抗するには黄人の団結しかない」といった人種論的根拠や、「中国が植民地になれば次は日本が危うい」といった地政学・安全保障上の根拠に基づいた議論が多く、文明上の共通性を理由としたものは少なかった。当時の日本では自国の独立についての危機感が強く、「センチメンタル」な要素を対外関係に持ち込む余裕がなかったことがその理由だろう。アジアや東洋と日本の文明上の結びつきが強調されるようになったのはむしろ第一次世界大戦後、日本が大戦中にアジアで確立した地位を、大戦後に予想される欧米勢力の復帰から守ろうとする文脈でのことであった(9)。この事実は、日本と「アジア」や「東洋」の結びつきが強調された理由が、少なくとも当初において、「アジアの一員としてアジア諸国のために尽くす」という連帯感・忠誠心よりも、日本の影響力拡大の手段としての利用価値にあったことを示している。「東洋」は、中国語では東方の海洋・島嶼（主として日本）を指す表現であった。しかし日本語では中国・インドから中東までも含みうる概念となり、しかも日本が「東洋の代表選手」とされることで、日本に「西洋」と比肩するための「箔をつける」機能を果たした。このことは、「東洋」という言葉が、近代の日本人にとって、「拡大された自己像」としての意味を持っていたことを端的に示すものである。

ロシアの場合、自国が一八世紀にすでに列強の一員としての地位を確立していた一方、文明上の「内集団」が一九世紀後半に至るまで「異教国」であるオスマン帝国に支配されていたという事情があり、「スラヴ・正教世界の一員として、他のスラヴ・正教諸国解放のために尽くす」という帰属意識に基づく使命感・連帯感が、明治日本の対アジア連帯意識よりは強い形で存在し、対外政策にも影響を与えた。一八七五年から七七年にかけてのバルカン危機に際し、五〇〇〇名といわれるロシアの義勇兵がスラヴの同胞のために参戦したことはその証左である。しかし、一八三〇―四〇年代の「スラヴ主義者」たちが「スラヴ人」や「正教」という言葉を用いつつ、多くの場合ロシアについて語っていたことに象徴的に示されるように、「スラヴ民族」や「正教世界」は、ロシアの自我を拡大して投影する鏡という側面を持っていた。ニコライ・チェルニシェフスキーが、汎スラヴ主義者の他のスラヴ民族に対する態度を評して「スラヴ民族自身の幸せを望むというよりも、自国の力を増そうとする欲望に基づいている」と述べたのはこの点を指摘したものである。(10)「東洋」や「スラヴ世界」のような文明上の「内集団」は、西洋の影響に対する反射として定義されたものであり、自国の地位の向上に資する限りで同一化の対象となるに過ぎなかったのである。

周辺と帝国の間――固有性と普遍主義の伝統

律令時代の日本とキエフ・ルーシは、隣接する大文明から多くを吸収しつつ、自国の独自性を保った点では類似していたが、「世界宗教との関係」という観点から見ると、その状況は大きく異なっていた。ロシアでは、キリスト教以前のスラヴ神話に基づく信仰が、整った神学教理と強力な教会組織を持つ東方正教の導入によって組織的信仰としては消滅してしまった。このため、普遍主義的傾向の強いキリスト教思想が、それ以後のロシア思想の根幹に据えられることとなった。このことは、近代におけるロシアのアイデンティティの定義にも、少なくとも日本と比較すれば、普遍主義的な傾向を与えた。西洋に対してロシアの独自性を主張する際、ロシアの思想家がまず依拠したのは正教だったからである。「真のロシア人になるということは、すべての人々の兄弟になる、いわば普遍的人間になる、ということだ」というドストエフスキーの発言は、正教の普遍主義の伝統なしにはありえなかっただろう。(11)これに対して日本では、仏教や儒教のような普遍主義的宗教・倫理体系が輸入されたものの、土着の信仰が消滅することはなく、むしろ「神道」として体系化され、儒教や仏教と結びつきつつ日本固有の信仰として存続し続けた。しかも、『古事記』や『日本書紀』の編纂を通じて、神道は皇室の起源と正統性を示す神話を中心として体系化された。明治の国民国家建設にあたっても、この神話が政治的正統性の根源に据えられた。このため、日本のアイデンティティが主張される際には、中国に対してであれ、西洋に対してであれ、皇室神話を中心とする民族的固有性の主張が強くなりがちであった。

日本思想に見られる民族的固有性への傾きと、ロシア思想の普遍主義への傾きは、中国・ビザンツ両帝国の運命の相違によっても強められた。ビザンツ帝国はオスマン帝国の攻撃を受けて一四五三年に滅亡し、その後は東方正教文明の中心としての役割を果たしえなくなってしまった。オスマン帝国がその後バルカン半島に勢力を伸ばす一方、ロシアが「タタールのくびき」を最終的に振り払うと、ロシアは東方正教文明圏で唯一の独立国となり、この文明圏の中でロシアが占める位置は非常に大きいものとなった。

こうした状況のもとでは、今やロシアこそが正教世界の中心だとする思想が生まれてきたのは不思議ではない。イヴァン三世が、ロシアの支配者として初めて、皇帝を意味する「ツァーリ」の称号を用い、また自らの紋章にビザンツ帝国パレオロゴス王朝の紋章であった双頭の鷲を取り入れたのは、今やロシアがビザンツ帝国を受け継ぐ正教世界の中心であるという意識を反映したとみることができる。プスコフの僧フィロフェイが、ヴァシーリー三世に宛てた有名な書簡（一五二三―二四年）の中で「キリストの教えを正しく承けたる帝国は、なべて汝の帝国に帰一したり。天の下、キリストの民の帝は汝をおいてなかるべし」と述べ、いわゆる「モスクワ＝第三ローマ論」を展開したのも、こうした意識の直接的表現であった(12)。

ローマを受け継いだ、という意識は、後のロシアに「普遍的使命」の観念を遺産として残した。一七世紀中盤のニコン総主教による典礼改革は、それ以前のロシアで受け継がれてきた「誤った」典礼を退け、新たにギリシア風の典礼を取り入れることで、正教世界の中心にふさわしい体制を整えようとするものであり、「慣れ親しんだルーシの伝統を捨てて普遍的な使命を選ぶ」意義があったと評価されている[13]。現実政治のレベルに引き下ろして言えば、ロシアは、普遍的な正教の帝国たることを選択することで、民族の固有性に根差す国民国家たることを放棄した、ということもできるだろう[14]。

もちろん、ロシアが正教世界の中心になったといっても、ロシアを世界の中心とする見方が、中国の華夷思想のような確固とした形で成立したわけではなかった。地理的要因から他の「大文明」との交渉が少なかった中国と違い、ロシアはヨーロッパ諸国やオスマン帝国と接しており、一六世紀の後半以降、ロシアでも次第に西洋の影響が強まってきたからである。しかし、モスクワ時代のロシアが自らを正教世界の中心と意識していたことは注目に値する[15]。

一方中華帝国は、ビザンツ帝国とは違って、異民族の侵略を受けつつも二〇世紀初頭まで存続し、その後の中国も分裂はしたが強力な文明、巨大な統一国家として存続した。このため日本では、中国に対する周辺性の意識が一九世紀まで強く残存した。確かにビザンツ帝国と同様、中国もモンゴル族や満洲族に侵略、征服されたし、そのことは、日本の知識人の世界像の中で日本が占める地位を、夷狄に征服された中国との比較において相対的に高めた。一三世紀に活躍した僧侶、日蓮の唱えた、日本こそが法華経流布に適した「教主釈尊の本領」であるという見方は[16]、「震旦〔中国〕・高麗すでに禅門・念仏になりて守護の善神の去るかの間、彼の蒙古に聳い《ママ》候いぬ[17]」という彼の政治神学的国際情勢認識と無関係ではなかろうし、一七世紀に明朝が満洲族の清朝の侵略を受けて滅亡したことは、山鹿素行や熊沢蕃山のような江戸前期の儒学者が、中国でなくむしろ日本こそ「中華」であると主張する背景となった[18]。江戸中期以降の国学、蘭学の隆盛も、日本の知識人の世界像における中国の位置の相対化を示すものであろう[19]。とはいえ、元朝や清朝による征服は、オスマン・トルコのビザンツ帝国征服とは異なり、中華文明の連続性を根本から覆すには至らなかったし、中世以降の武家政治の展開は、日本の政治・社会構造を中国とはおよそ異なるものとしていた。こうした状況下では「日本こそが中華文明の中心だ」といった主張の影響力は大きいものにはなりえなかった。さらに、本居宣長が一八世紀末においてなお「其身をも漢人めかして皇国をばよその国のごともてなさむとする」儒学者を批判せねばならなかったように[20]、中国に対する周辺性、文化的依存の意識は幕末に至るまで完全には払拭しえなかった。こうして江戸時代後期までの日本は、中国からの自立性を強めつつも、なお中国に対する「周辺」としての性格を持ち続けた。このことは、中国との対抗において日本の固有性・優越性を弁証しようとする「国学」の発展を促し、ひいては近代日本のナショナル・アイデンティティに見られる独自性、固有性の要素をさらに強めたのである。

日露両国が西洋を中心とする近代国家体系に参入する以前の状態について比較するならば、日本は中国を中心とする東アジアの秩序における周辺国であり、中国に対抗する形で日本の固有性を主張するイデオロギーを高度に発達させていた。これに対し、ロシアは自他ともに認める正教文明の中心として、普遍的帝国への志向を抱いていた。日露両国は、このように違った歴史的条件のもとに、西洋中心の国際秩序に参入することとなったのである。

二　近代におけるアイデンティティ形成の特質

西と東の間で——近代世界認識の枠組みと西洋に対する劣等感の補償

ロシアが正教・スラヴ世界の「中心」となったのに対し、日本が東アジア世界の周辺に位置し続けたことは、日本とロシアが西洋を中心とする国際秩序に取り込まれた際の、両国の世界認識の枠組みに大きな違いをもたらした。一九世紀後半から二〇世紀にかけての日本の近代化の「成功」は、日本がそれまで属していた東アジア地域の「停滞」と対比され、「アジアにおける例外的な成功」として国内外で評価された。近代化、西洋化を通じて日本は「脱亜」を果したが、「アジア」は近代になっても、日本人が自国の位置を測る基準点であり続けた。中国やインドという、アジアの文明の基軸を築いた国々が、アジア世界の中心として存在し続けていたため、近代日本の知識人は、「西洋」と「アジア」という二つの「他者」と日本を対比して考えるようになった。日本人が西洋の先進国に対する劣等感を克服するには戦後の高度経済成長以後の時代を待たねばならなかったが、一九世紀後半以来近年まで、多くの日本人は自国を、他のアジア諸国に比べれば格段に進んだ国とみなしており、このことから心理的な満足を得ていた。よく知られた「脱亜入欧」というスローガンは、この事情をよく表している。[21] 強力な近代西洋文明に対する劣等感をどう補償するか、ということは、日露を含め多くの非西洋諸国にとって、重大な問題だったが、アジアに対する優越感によって欧米に対する劣等感を補償することができたことが、日本の近代化の「成功」を説明する一つの因子と言えるのかもしれない。

これに対し、すでに正教文明圏の中心となっていたロシアにとって、西洋化を通じて正教世界・スラヴ世界から「脱出」することは困難であった。ロシアの近代化は正教・スラヴ世界における「例外的成功」ではなかったし、ロシア抜きの正教世界・スラヴ世界は、ロシアが自国の位置を測る基準点として、「西洋」と並ぶような十分な重みは持ちえなかった。近代日本にとっての「アジア」は、「拡大された自己像」であると同時に、「遅れた」地域として見下しうる存在だったが、[22] 近代ロシアの知識人にとっては、正教世界・スラヴ世界は、世界におけるロシアの位置を測るための「準拠集団」とはならなかった。

ロシアでも、正教・スラヴ世界ではなく、アジアという他者への優越によって西洋に対する劣等感を補償しようとする試みはあった。ドストエフスキーは死の直前、以下のように記している。

ヨーロッパでは我々は居候や使用人のようなものだったわけですが、アジアでは我々は主人になるでしょう……アジアを文明化するという使命は……我々に今欠けている、自尊の感情や自己意識を与えてくれるでしょう。[23]

しかし、アジアに対する優越によってロシアの自尊心を回復する試みは成功しなかった。西欧派の知識人、ピョートル・チャーダーエフによれば、ロシアのアジアにおける使命とは、せいぜい「マンモスその他、シベリアの化石化した民族を文明化する」ことでしかなかった。チャーダーエフと反対に、ロシア文明の独自性を主張したニコライ・ダニーレフスキーも次のように記している。

一〇〇〇年もの間血と汗を絞って、ようやく八〇〇〇万人の帝国を築き上げたのに、やれることはせいぜい六〇〇万の中央アジア人、それに三〇〇万のモンゴルの遊牧民に文明を広げるだけ。……ヨーロッパ文明の旗手としてのロシアに与えられた「崇高な世界史的使命」なんてせいぜいそんなものだ。(24)

歴史的経緯からして、「アジア」はロシアの世界認識の中で、日本にとってのような重みを持たず、したがってアジアに対する優越感は、西洋への劣等感を補償するほどの満足をもたらさなかったのである。(25) 一八八〇年代から二〇世紀初頭にかけて活躍したナロードニキの経済学者、V・P・ヴォロンツォフの言葉を借りるならば、「ロシアは文明国であり、……したがってロシアの成功は西欧で発達し、用いられている基準によって測られる」ほかなかった。(26)しかし、不幸なことに、西欧の物差しで西欧とロシアを比較したとき、ロシアの現実はとかく否定的に評価される場合が多かった。近代ロシアのアイデンティティをめぐる葛藤は、こうした否定的な評価にどう対処するかという問題をめぐって展開することとなった。

反西洋イデオロギーの性格における相違

一七世紀以来二〇世紀初頭に至るまで、近代国家体系は、その生誕地である西欧・中欧を中心に、圏域を次第に拡大しつつ展開していった。一九世紀後半の日露両国は、いずれも後発資本主義国として、このシステムの中での自国の地位の向上を目指していた。一九世紀後半の日露のナショナリズムは、西洋文明の優越を認めた上で、「西洋に追いつく」ことを目標とするか（欧化派）、さもなくば、「西洋は西洋だが東には東のやり方がある」という、防御的特殊主義の主張（土着派）に傾きやすかった。しかし、第一次世界大戦によって欧州列強の国力が弱まり、西洋文明の普遍性に対する懐疑が広まり、欧州を中心とする国際秩序が動揺を見せると、政治的ないし経済的に周辺的な地位を占めていた日米露のような強国は、既存の国際秩序の改革や革命を志すようになった。すでに世界の最先進国となっていたウィルソン時代のアメリカが、国際秩序の自由主義的改革を志したのに対し、後発資本主義国として、西洋の政治・経済・文化的覇権に対する欲求不満を蓄積させていた日露両国は、既存の国際秩序に対抗して、新たな国際秩序の建設を目指すようになった。しかし、日露両国の反西洋イデオロギーは、これまで述べてきた相違を反映して、対照的な形をとった[27]。

誤解を恐れず単純化するならば、一九三〇―四〇年代の日本が、西洋列強が過去に行ってきた帝国建設、勢力圏の拡張を「時期遅れ」の形で実行し、アジア・太平洋に新たな地域秩序を打ち立てようとしたのに対し、ソヴィエト・ロシアはイデオロギーにおいては、「帝国主義」を批判し、旧来の国際秩序に革命を起こすことを志向し、しかもこれを理論上は世界中に押し広げることを目指した。両国の反西洋イデオロギーに見られたこのような対照も、両国のアイデンティティの模索に見られた前述の相違に関連づけて理解できる。

日本――東洋の優等生から地域的挑戦国へ

前述の通り、日本の場合、西洋に対する劣等感の補償は「準拠集団の転換」を通じて行われる場合が多かった。西洋の物差しで測った場合、日本は、西洋の先進国に比べれば「遅れている」にせよ、アジア諸国をはじめ、非西洋の多くの国々に比べれば「進んでいる」と認識されたのである。このため、西洋文明に対する原理的批判、西洋諸国が他国を測る物差しに対する批判は、日本では生まれにくかった[28]。

もちろん、自国や「東洋」を持ち上げて西洋文明をけなすタイプの批判は日本にもみられたし、こうした批判は日本と英米の対立が激化した一九三〇年代後半から日本の敗戦に至る時期にはヒステリックな高まりを見せた。しかし、この時期に鼓吹された国粋主義・アジア主義のイデオロギーは、外交政策の思想的淵源となった、というよりは、西洋（特に英米を中心とする現状維持勢力）との対立の副産物、という性格が強かった。

そもそも、戦間期日本のナショナリストの西洋に対する不満は、若き日の近衛文麿が述べたように、英米を中心とする現状維持諸国が、自らがかつて行ってきた領土獲得や帝国建設を、日本がアジアで実行することを認めようとしない点にあり、俗な言い方をすれば、「俺たちにもやらせろ」ということだった(29)。孫文の表現を借りれば、日本は「西洋覇道の走狗」の道を進んだのであり(30)、こうした立場からは西洋文明に対する原理的批判は出て来えなかった。しかし、日本が満洲事変以後、勢力圏拡張、「東亜新秩序」建設の道を進むと、西洋の現状維持諸国との対立は深まった。アジア主義や、神話的国粋主義のイデオロギーは、こうした対立に際して、日本の立場を正当化し、国民精神を統合し、敵愾心を煽る手段として鼓吹されるようになった、というのが実情に近い。

戦時期日本の国粋主義は、その思想内容においても、記紀神話から復古神道に至る近代以前のイデオロギーを、国家イデオロギーの中核として再生したものであり、新たな思想的展開には乏しかった。このことは、一面では、日本における国家イデオロギーの伝統の強固さを示すものとも考えられる。日本国家の固有性について近代以前から長い思考の伝統が存在したことは、西洋に対抗して自己主張を行う際にも、以前からの思想伝統に依拠する傾向を助長しただろう。しかし他方、西洋文明がかつての中華文明とは異質の挑戦を投げかけたにもかかわらず、それに対抗する新たなイデオロギーの発展があまり見られなかったことは、近代日本において、西洋文明に対する原理的批判を行う動機がそもそも弱かったことを示すものと考えられる。

明治維新にあたっては、天皇が国家統一の中心、政治的正統性の根源として持ち出されたため、記紀神話を中心とするイデオロギーは、ある意味では近代日本の国家建設の中核となった。一部の論者はこの点に着目して、近代日本の核には排外思想があり、近代日本の戦争はその当然の帰結である、という物語を紡ぎ出そうとする。しかし、記紀神話や復古神道に基づいて国家建設を進めようとする傾向は維新後の早い時期に権力の中心から遠ざけられることとなったことに留意すべきである。国家祭祀を担い、当初行政機関の筆頭の地位に置かれていた神祇官が短期間のうちに神祇省、教部省へと降格され、最終的には内務省の一部局となったことはその端的な表れである。外交の上でも、明治四年以降昭和一一年に至るまで、日本の外交文書は天皇のことを「皇帝」と表記していた[31]。このことは、日本政府が天皇を他国の「皇帝」と同等の存在として見ていたこと、「天皇は万邦無比の存在であり、他国の皇帝と並べられる存在ではない」というようなイデオロギーが、それほど力を持っていなかったこと、そして日本政府が、西洋列強を中心とする近代国家体系に参加して、その中で自国の地位を高めようとしていたことを示している。

日本は日清、日露戦争、第一次世界大戦を通じてその支配領域を拡大し続けたが、第一次世界大戦後、新たな植民地獲得や武力行使が次第に非正当化されると、日本の大国主義ナショナリズムは、国際社会の支配的規範と次第に衝突するようになった。その結果、現状維持諸国が平和の美名のもとに新興帝国の台頭を抑えつけようとしている、という「持たざる国」論が唱えられるようになった。満洲事変以降日本が大陸進出を強め、米英をはじめとする西洋諸国との対立を深めると、日本のアジア支配と、西洋列強の排除を正当化するために、「アジア人のアジア」というレトリックが用いられた。その過程で、国民の統合と動員を図るために、大日本帝国の公式イデオロギーであった国体論による締めつけが行われ、異端思想に対する排除が行われたのである。

この時期のレトリックには、近代西洋文明、中でもその根本とされる個人主義に対する批判が溢れてはいるが、その主眼は、個人主義に代えて報国精神を植えつけ、国民を国家目的のために動員する点にあり、個人主義に代わる新たな哲学の展開にはさして見るべきものがなかった。そして、日本の国家目的は、国体論やアジア主義のレトリックで塗り固められてはいても、結局のところ、西洋の最強国に対抗できる自足的な帝国をアジアに建設することだった。

「大東亜共栄圏」の建設は、西洋列強がかつて行った政策を後追いするものであった点と、そのイデオロギーが日本の特殊主義的伝統を基盤としていた点で、近代日本のアイデンティティ模索の特質を反映していたのである。

ロシア——価値基準の転換と世界革命のレトリック

日本と同様、近代ロシアの知識人も、西洋に対する「後進性」の意識に悩み続けた。しかし日本の場合と異なり、前述の理由から、ロシアの知識人は「準拠集団の転換」によって劣等感を補償することができなかった。ロシアが「遅れている」という評価への一つの対応は、ロシアの現実を変えて、西洋に「追いつく」ことだろう。ピョートル大帝から一九九〇年代の「改革派」に至るまで、ロシアの「西欧派」は幾度も、ロシアを西洋の基準に合わせて変えようとしてきた。しかし、西洋自身が急速に変化していく中で、長く独自の歴史を持つ大国を西洋化する試みは、タグボートで氷山を引っ張って、動く標的に当てようとするようなものだった。ロシアの西欧派は、ロシアがいつまでたっても西洋の基準に合わないことを嘆き、恥じ続けた。しかし、あまりに否定的な自己評価に人間が長期間堪えられないのは、個人でも集団でも同様である。

ここに、西洋の物差しのロシアへの妥当性を否定し、ロシアと西洋を比較すること自体を拒否する試みが登場する。(32)一九世紀の詩人外交官、フョードル・チュッチェフの有名な詩句「頭じゃロシアはわからない、普通の基準じゃ測れやしない、ロシアにゃロシアの味がある、ロシアは信じてみるしかないさ」(一八六六年)はその代表的な事例と言ってよい。しかし、ロシアの特殊性を強調するこうした議論は、もっぱら防御的で、西洋人やロシアの西欧派の持つ「ロシアは遅れた国」という認識を正す力を持たない。こうした見方に反撃するには、ロシアと西洋が比較可能であると認めた上で、価値の基準を転換し、新しい比較の基準に照らしてみればロシアは西洋に劣らず、むしろ優れていることを示すほうが有効である。近代ロシアの対西洋劣等感補償のイデオロギーとして最も特徴的なのは、こうした価値基準転換の試みである。

もちろん、価値基準の転換による劣等感克服の試みは、近代のロシアに限られたことではなかった。「日本と中国」という二者関係の中で日本のアイデンティティを確立しようと試みた近世日本の知識人は、中国に対する劣等感を克服するために、様々な形で価値基準の転換を試みた(33)。日本の国体論も一面ではこうした努力の中から生まれてきたものである。近代について言えば、「西洋文明は物質的には優れている。しかし精神面ではわが文明の方が優れている。そして精神的優越は物質的優越に優る。したがってわが文明は西洋より優れている」というのが、多くの非西洋諸国に共通した対西洋劣等感補償のイデオロギーであった。

しかし、非西洋でありながら、「ヨーロッパ」の一部でもあるというロシアの独特の位置のため、ロシアの劣等感補償のイデオロギーは独特の色彩を帯びた。中国やインドの土着派知識人が、自国の西洋との違いを強調し、自文明の「偉大な伝統」に誇りを見出したのに対し、近代ロシアの知識人にとって、「文明」とは「ヨーロッパ文明」とほぼ同義であった。ビザンツ帝国という文明の故郷を失ったロシアの知識人は、西洋と異なる「偉大な伝統」を誇るのではなく、むしろ、ロシアがヨーロッパの理想を、ヨーロッパよりも優れた形で実現している、ということを示そうとしてきた。一九世紀フランスの優れた歴史家であったジュール・ミシュレは、一八四八年にこの点を指摘して、「最近までロシアは、『我はキリスト教なり』と唱えていた。将来はきっと『我は社会主義なり』と唱えるだろう」という予言的な言葉を残している(34)。

ミシュレがここでとらえているのは、自国のヨーロッパに対する優越を、あくまでヨーロッパ人に通じる（と信じられる）言葉で語りたい、というロシア人の志向である。一八四〇年代のスラヴ主義者は、合理主義によって堕落したカトリックやプロテスタントと違い、キリスト教という理想を真に実現したものが正教なのだと唱えた。それと同様に、ロシアの社会主義者の多く（ナロードニキもボリシェヴィキも）は、社会主義というヨーロッパ起源の理想は、資本主義の堕落に染まった西欧ではなく、むしろロシアでまず実現できるものだ、と唱えたのである[35]。

一八四〇年代のスラヴ主義や一八七〇年代のナロードニキ主義は、キリスト教や社会主義という普遍主義的な思想を下敷きとしている点、またミシュレが鋭く指摘したように、西洋への志向性を持つ点で、例えば日本の国体論と比較するならば、自閉的傾向の少ない思想であった。とはいえ、こうした思想潮流は、西洋を含む世界全体の変革を志すものではなく、むしろロシア（やスラヴ世界）が穢れた西洋の影響を免れることを望む点で、防御的特殊主義の傾向を持つものであった。

しかし、西洋の影響から切り離された別世界は現実には――スターリンが「鉄のカーテン」を下ろすまでは――存在しえなかった。スラヴ主義は一九世紀後半にはロシア主導によるスラヴ民族の「解放」を目指す汎スラヴ主義へと転回したが、西洋列強の反発や、スラヴ民族の西欧志向のために挫折した。ナロードニキは農村共同体を基盤とする社会主義の実現を夢見たが、平等で平和的な農村社会が、肉食獣の如き凶暴な資本主義国家の間でいかに生存しうるか、という問題には答えなかった[36]。

こうした中から、単にロシアやスラヴ世界にとどまらず、国際秩序全体の変革の必要を説くイデオロギーが生まれてきた。ナロードニキの理論家であったセルゲイ・ユジャコフは一八九六年に、世界はいまや少数の「持てる国」（*imushchie*）と、これに搾取される圧倒的多数の「持たざる国」（*neimushchie*）に分裂しており、ロシアは後者のリーダーとなって世界の金満エリートに対する革命を起こすべきだ、と論じた[37]。ロシアのマルクス主義者は、マルクスの発展段階論に制約されて、この時点では、ロシアが社会主義革命の先駆けになるとは考えていなかった。しかし、レーニンは一九一五年に出版した『帝国主義』において、西洋列強が植民地を搾取して金満国家となったため、西欧の社会主義政党は革命性を失った、と論じてユジャコフの議論を実質的に受け入れた。一九一七年のボリシェヴィキによる権力掌握は、単なるロシアにおける社会変革ではなく、トロツキーの言葉を借りるならば、「世界をひっくり返す」ことを目指すものだった。

世界をひっくり返すことを目指しつつも、ボリシェヴィキはなおも西欧に――西欧のプロレタリアに――期待していた。レーニンによれば、ロシアは社会主義革命を開始するには好適な条件を備えていたが、ロシア一国の力で社会主義を実現することは不可能であった。ソヴィエト外交の劈頭を飾る文書である「平和に関する布告」は、「人類の中でも最先端を走る三国民であるイギリス、フランス、ドイツ国民」に対して、平和と社会主義の実現に助力するよう呼びかけていた。[38]「ヨーロッパ共通の家」の建設を呼びかけたのは、ゴルバチョフが最初ではなかったのだ。

ロシア革命のイデオロギーは、世界全体に社会主義革命を及ぼそうとする普遍主義、西洋列強が他国を測る物差しを転倒させることで、ロシアの自尊心を満足させた点、さらに、ロシアの独自性と優越性を主張しつつも、西洋との統合を模索した点において、ロシアの歴史的伝統と、ロシアが近代世界において置かれた位置を反映するものだったのである。

結　論

日露両国は、西洋列強が支配的な役割を果たす世界秩序の中で自国のアイデンティティを模索してきたが、その模索のあり方は、国際関係の動きのほか、近代以前の歴史の遺産によっても大きく影響されていた。日露両国が、それぞれビザンツ・中華両帝国の影響下に国家形成を遂げたことは、近代における日露と西洋の関係を規定する基本的条件となった。また、この二つの帝国が一五世紀以降対照的な運命を辿ったことは、日露両国が近代世界において自己の位置を測る際の引照枠組みに大きな相違をもたらし、このことは両国の知識人の西洋文明に対する態度、自国のアイデンティティの模索のあり方にも影響したのである。

ナショナル・アイデンティティの模索は、基本的には国民的自尊心の探求であり、国際社会における名誉の追求である。それは、一面ではイデオロギーという別の手段を通じた権力闘争の継続であり、国家的エゴイズムの思想的発現でもありうる。日本もロシアも、自らのアイデンティティを模索する過程において、国策を誤って、国内外に大きな犠牲をもたらした。しかし、両国のアイデンティティの模索における曲折は、他面では近代の国際秩序に内在する矛盾の反映でもあった。西洋に始まった国際秩序は主権国家の平等を基本原則としていたが、それが世界に拡大する過程では、帝国主義や植民地主義、人種差別や奴隷制、普遍主義の装いをまとった国家的自己主張などが横行した。日露両国によるアイデンティティの模索も、軍事から思想まで、様々な形をとる西洋の覇権に対抗する形で行われたのだった。

日露の西洋列強に対する挑戦は、自己主張に根差しつつも、結果的には国際社会の民主化に貢献した面があった。日本はその近代化を通じて、近代国際社会における「成功」が西洋系の白人社会に限られるものではないことを示した。その過程で日本が多くの犠牲をもたらしたことは確かだが、日本の戦争が、結果としてアジアにおける西洋の植民地支配の終焉を早めたことは否定できないだろう。ロシアは、経済的には周辺的な位置を占める一方、ヨーロッパへの帰属意識を持った大国として、西洋中心の国際秩序に対する普遍主義的な代替案を提示した。マルクス・レーニン主義の実験は失敗に終わったが、ロシア革命が帝国主義、植民地主義に対する抵抗を刺激したことは否定できない。

日露両国のアイデンティティの模索の歴史から、我々は何を学びうるだろうか。冷戦の終結後には、自由主義こそが普遍的妥当性を持つイデオロギーであり、これに対する左右からの挑戦は歴史的錯誤に過ぎなかった、という見方が勢いを得た。こうした見方に従うならば、近代における日露両国のアイデンティティの模索は——特にその模索が自由化、民主化の「大道」から外れた時期に関しては——自尊心へのこだわりが引き起こした徒労に過ぎず、両国が当初から自由主義のモデルを取り入れていれば避けられた「回り道」であった、ということにもなるだろう。しかし、筆者の見るところこうした見方は誤っている。なぜなら、思想内容においては普遍主義的な「文明」や自由主義の理念も、現実政治の上では、その思想を体現する（と称する）人間集団が、他の集団に対する優位を主張するための道具となりうるし、歴史上実際にそういうものとして機能したからである。[39] 特に、二〇世紀前半においては、「文明」や「自由主義」を標榜する国際秩序は、植民地支配や広範な人種差別と併存していた。こうした状況では、「進歩」を標榜する集団に対抗する勢力の存在が、かえって「進歩」を促す、ということもありえたのだ。

今日では、二〇世紀初頭と違い、帝国主義やあからさまな人種主義が猛威を振るっているわけではない。軍国主義や共産主義が民主主義や自由主義の代わりを務められないことも我々は知っている。しかし、自由主義へのかつての対抗イデオロギーが影響力を失ったからといって、国際政治が権力や威信をめぐる闘争から解放されたわけではない。西側諸国による普遍主義の主張が、普遍主義の名を借りた自己主張と受け取られ、世界各地で様々な反発を呼び起こしている、という状況は今日でも変わっていない。我々に知られている形の自由民主主義、市場経済が真に「普遍的」な価値であるとしても、これを様々な圧力によって外部に広めようとする試みは――そうした試みが、後発国ナショナリズムの心理に対する無理解と結びついている場合にはなおのこと――自国や自民族の独立と自尊心を守ろうとする人々の反発を呼び起こし、彼らの間に西洋中心の国際秩序を変革せんとする欲求をかきたてるのである。近年の中国の動きや、ウクライナ危機以後のロシア外交の転回はそのことを雄弁に物語っている。

今日の国際秩序は完璧なものではない。強力、公正かつ中立な世界政府でもできない限り、――ということは予見しうる将来にわたって久しく――国際秩序は不完全なままであろう。しかし、不完全な秩序も無秩序には優るし、今日の国際秩序は二つの世界大戦を含む、多くの犠牲によって購われた貴重な資産である。現行の秩序に代わる新たな秩序がより良い将来をもたらす保証がない限り、日本を含む現状維持諸国が、既存の秩序を基礎として変化に対応しようとするのは自然である。筆者ももとよりそれを支持する立場に立つ。しかし、国際関係に権力闘争の要素が存在する限り、既存の価値秩序に満足しえず、国際秩序の変革を通じて自尊心を満足させようとする試みも簡単にはなくならない。世界にとって必ずしも幸福なことではないが、我々は今後も当面、権力や威信をめぐる国家間の闘争に対処し、それに関わっていかざるをえない。近代における日露のアイデンティティを比較の視座から振り返るという本書の試みは、その意味で、今日その意義を増してきているのである。

注

（1）アーノルド・J・トインビー『世界と西欧』社会思想研究会出版部、一九五九年。

（2）Marius Jansen, "On Foreign Borrowing," in Albert M. Craig, ed., *Japan: A Comparative View*（Princeton University Press, 1979), 18-48.

（3）山口輝臣『明治国家と宗教』東京大学出版会、一九九九年、五六—一〇七頁。

（4）A. G. Zadokhin, *Vneshnyaya politika Rossii: Natsional'noe soznanie i natsional'nye interesy*（『ロシアの外交政策——国民意識と国益の諸相』）（Moskva: Diplomaticheskaya akademiya MID Rossii, 2002), 16-17.

（5）Zadokhin, *Vneshnyaya politika Rossii*, 21.

（6）Dmitry Obolensky, *The Byzantine Commonwealth: Eastern Europe, 500-1453*（New York: Praeger, 1971), 223.

（7）佐藤誠三郎『死の跳躍を超えて——西洋の衝撃と日本』都市出版、一九九二年、四六—六九頁。

（8）D. S. Likhachev, *Natsional'noe samosoznanie drevney Rusi*（『中世ロシアにおける国民意識』）（Moskva: Izdatel'stvo Akademii Nauk SSSR, 1945), 42.

（9）古屋哲夫「アジア主義とその周辺」古屋編『近代日本のアジア認識』京都大学人文科学研究所、一九九四年、四七—一〇二頁。

（10）N. G. Chernyshevskii, "Narodnoe beztolkovost'," *Polnoe sobranie sochinenii*, T. 8（「民族に関する鈍感さ」『チェルニシェフスキー全集』第八巻）（Sankt-Peterburg: Tipografiya Ts. Krayza, 1906), 331-332.

（11）F. M. Dostoevskii, *Dnevnik pisatelya*, ezhemesyachnoe izd.God III-yi. Edinstvennyi vypusk na 1880（『作家の日記』月刊版、第三年（一八八〇年）合併号）(Sankt-Peterburg: Tipografiya Brat'ev Panteleyevykh, 1880), 18.
（12）フィロフェイ『正しい十字の切り方とソドムの淫乱についてのヴァシーリー大公への書簡』、原文は［http://lib.pushkinskijdom.ru/Default.aspx?tabid=5105］を参照。
（13）A. S. Panarin, *Pravoslavnaya tsivilizatsiya v global'nom mire*（『グローバル化する世界における正教文明』）(Moskva: Algoritm, 2002), 263-267.
（14）下斗米伸夫『ロシア・ソ連　歴史に消された者たち——古儀式派が変えた超大国の歴史』河出書房新社、二〇一三年、二三—三一頁。
（15）Zadokhin, *Vneshnyaya politika Rossii*, 43.
（16）日蓮『日蓮大聖人御書全集』創価学会、一九五二年、一三六九頁。
（17）前掲書、九九九頁。
（18）堤一昭「中国の自画像と日本の中国像——歴史的変遷の画期を求めて」大阪大学中国文化フォーラム・ディスカッションペーパー、二〇〇九年八月、五—六頁、山田勉「山鹿素行『中朝事実』における華夷観念」愛知大学教育学部研究報告59（人文・社会編）、二〇一〇年三月、四七—五四頁。
（19）松本三之助『近代日本の中国認識——徳川期儒学から東亜共同体論まで』以文社、二〇一一年。
（20）本居宣長『玉勝間』第一編「儒者の皇国の事をばしらずとてある事」岩波書店、一九八七年、二二頁。
（21）岡義武「国民的独立と国家理性」唐木順三ほか編『世界の中の日本』筑摩書房、一九六一年、九—七九頁所収。
（22）Stefan Tanaka, *Japan's Orient: Rendering Pasts into History* (Berkeley: University of California Press, 1993).
（23）F. M. Dostoevskii, *Dnevnik pisatelya*, ezhemesyachnoe izd.（yanvar'）（『作家の日記』月刊版、一八八一年一月号）(Sankt-Peterburg: Tipografiya A. S. Suvorina, 1881), 29-30. なお、この点に関しては第II部の安野・河原地論文も参照せよ。
（24）P. Ya. Chaadayev, *Stat'i i pis'ma*（『チャーダーエフ論文・書簡集』）(Moskva: Sovremennik, 1989), 242; N. Ya. Danilevskii, *Rossiya i Evropa: Vzglyad na kul'turnye i politicheskie otnosheniya Slavyanskogo mira k Germano-romanskomu*（『ロシアとヨーロッパ——スラヴ世界とロマンス＝ゲルマン世界の文化的・政治的関係に関する考察』）(Sankt-Peterburg: Izdanie N. Strakhova, 1894), 63.

(25) Zadokhin, *Vneshnyaya politika Rossii*, 75; Dietrich Geyer, *Russian Imperialism: The Interaction of Domestic and Foreign Policy, 1860–1914*（Yale University Press, 1987), 345f.

(26) V. P. Vorontsov, *Sud'ba kapitalisticheskoi Rossii*（『資本主義ロシアの運命』）(Sankt-Peterburg: Tipografiya M. M. Stasyulevicha, 1907), 194.

(27) Tadashi Anno, *The Liberal World Order and Its Challengers: Nationalism and the Rise of Anti-Systemic Movements in Russia and Japan, 1860–1950*, Ph. D. Dissertation, University of California, Berkeley（1999）.

(28) 例外としては、岡倉天心『東洋の理想』（平凡社、一九八三年）、一七一―一七二頁を見よ。

(29) 「英米本位の平和主義を排す」近衛文麿『清談録』千倉書房、一九三六年、二三一―二四一頁所収。

(30) 陳徳仁・安井三吉編『孫文・講演「大アジア主義」資料集――一九二四年一一月日本と中国の岐路』法律文化社、一九八九年。

(31) 篠田治策「外交上至尊の御称号と我が国号」『外交時報』七五六号（一九三六年六月一日）。

(32) Liah Greenfeld, "The Formation of Russian National Identity: The Role of Status Insecurity and *Ressentiment*," *Comparative Studies in Society and History*, Vol. 32, No. 3（1990）, 549–591.

(33) 佐藤誠三郎「幕末・明治初期における対外意識の諸類型」佐藤、前掲書、七―四五頁所収。

(34) Hans Kohn, *Pan-Slavism: Its History and Ideology*（University of Notre Dame Press, 1953）, 103 からの再引用。

(35) T・H・フォン・ラウエ『ロシア革命論』紀伊国屋書店、一九六九年。

(36) Theodore H. Von Laue, "'The Fate of Capitalism in Russia,' the Narodnik Version," *American Slavonic and East European Review*, Vol. XIII, No. 1（1954）, 11–28.

(37) S. N. Yuzhakov, *Sotsiologicheskie etyudy*, t. 2（『社会学論集』第二巻）(Sankt-Peterburg: Tipografiya M. M. Stasyulevicha, 1896), 340.

(38) "Dekret o mire," *Dekrety Sovetskoi vlasti*, t. 1（「平和に関する布告」『ソヴィエト政府布告集』第一巻）(Moskva: Gosudarstvennoe izdatel'stvo politicheskoi literatury, 1957).

(39) カール・シュミット『政治的なものの概念』（未来社、一九七〇年）、第七節を参照。

参考文献

井上浩一・栗生沢猛夫『ビザンツとスラヴ』（世界の歴史11）中央公論新社、二〇〇九年。

佐藤誠三郎『死の跳躍を超えて』都市出版、一九九二年（新版、千倉書房、二〇〇九年）。

フォン・ラウエ、T・H（倉持俊一訳）『ロシア革命論』紀伊国屋書店、一九六九年。

古屋哲夫編『近代日本のアジア認識』京都大学人文科学研究所、一九九四年。

山本新『周辺文明論——欧化と土着』刀水書房、一九八五年。

2——近世における歴史的発展の特徴

K・O・サルキソフ
A・N・パノフ
（山脇大・安野正士訳）

はじめに

ある国が歴史の中で、他国と似通った、類似した、時には同一と思えるような発展のプロセスを経験する、ということはままあることだ。しかも、こうした類似性は、単に部族制社会が奴隷制、封建制を経て資本主義に移行する、というような大きな発展段階の共通性にとどまらず、国家形成過程の特質や統治の方法、生産様式や階級分化など、より具体的なレベルでも見られる場合がある。発展段階の共通性という点に関して言えば、露日両国は奴隷制の段階を経験することはなかった点が共通しているし（ただし、ロシアにおける農奴制は、ある程度、奴隷制に固有の特徴を備えていたと言えるが）、それより細かい点での共通性も数多く見出すことができる。

アイデンティティとは、自国と他国の相違を簡略化した形で示すものだが、国の歴史的発展の特徴は、国民のアイデンティティの形成に決定的な影響を与える。ロシアと日本の歴史的発展を比較しつつ辿るにあたっては、封建領主の支配地に分かれていた両国を、単一の国家に統合する試みがなされた一六世紀まで遡って話を始めるのが適当だと思われる。というのもまさにこの時代にこそ、ロシアと日本の文明にとって最も重要な基盤が築かれたからである。

一　国家統一と対外膨張

ロシア史上の「国引き」とも言うべき国家統一の過程（sobranie zemel'）は、モスクワ大公イヴァン三世（一四四〇―一五〇五）の治世下で大きな進展を見せた。日本では、一六世紀後半まで戦国時代が続いたため、国家統一のプロセスはそれよりちょうど一世紀ほど遅れて始まった。しかし、その後日本はロシアに「追いつく」ことになる。モスクワ大公国のツァーリを戴く統一国家への変貌と、戦国日本の統一における転換点は、時期的にほぼ重なっている。一五四七年にイヴァン四世（雷帝）が、初めて「全ルーシ」のツァーリとして戴冠する一方で、一五六八年には織田信長が上洛し、日本の主要地域に彼の権威が及ぶようになっていった。

中央集権国家の確立とその強化の過程では、どちらの国でも氏族間の熾烈な闘争が起こった。ロシアでは世襲貴族のボヤール、日本では戦国大名間の闘争がそれにあたる。イヴァン雷帝が一五八四年に崩御すると、モスクワ・ツァーリ国は深刻な政治危機を迎えることとなり、それは時に、イヴァン三世以来築かれてきた国家の礎を危うくするほどであった。帝位に君臨するツァーリは、フョードル一世（在位、一五八四―九八年）、イリーナ皇后、その兄でボヤールのボリス・ゴドゥノフ、偽ドミトリー一世、ボヤールのヴァシーリー・シュイスキーへと目まぐるしく交代した。シュイスキーを退位に追い込んだボヤールたちは、ポーランド人のヴワディスワフ王子をツァーリに選んだ。ヴワディスワフ王子は結局ツァーリとして戴冠することはなかったが、一六一〇年から二年間にわたってモスクワはポーランド人に支配された。一六一三年にミハイル・ロマノフがツァーリに選出されたことで、ようやく混迷は終わりを告げ、それから三〇〇年続く新たな王朝が開かれることになった。

日本でもまた、統一政権は深刻な危機を経て登場した。一五八二年の織田信長の死後、権力は豊臣（羽柴）秀吉に移った。秀吉に比肩しうる新興勢力であった徳川家との対立は、当初は激しいものではなかったが、秀吉の死後には、ロシアの場合と同様に対立が激化した。

ロシアでも日本でも、権力の移行期には共通の特徴が見られた。衆目の一致する指導者がおらず、また新たな指導者の選出についてエリート層の意向が定まらない状況下で、一時的な方策として、集団指導体制が採用されたことは共通項の一つである。ロシアでは、シュイスキーの追放後、国政を担うボヤールの数に因んだ「七人貴族会議」がモスクワで成立し、この会議がヴワディスワフ王子をツァーリに選出した。日本では、一五九八年の秀吉の死後、五歳であった息子の秀頼の下に、五大老・五奉行が置かれたが、ロシア式に言えば、それらは「五人貴族会議」とでも称するべきものだった。

しかしながら、どちらの国でも、歴史の大きな流れは国家運営のための単一指導体制の採用を必然ならしめた。集団指導体制が持続する余地は全くなかったといってよい。日本では、権力の問題は、一六〇〇年の関ヶ原の戦いによって解決をみた。ロシアでも、政治闘争の決着は戦場でつけられた。一六〇五年一月、ツァーリであったボリス・ゴドゥノフは、帝位を守り抜くため、偽ドミトリー一世および彼を支持するポーランド軍と戦うことを余儀なくされた。しかし、一六一〇年にはロシア（モスクワ・ツァーリ国）の軍勢はポーランド・リトアニア共和国軍に敗れ、その後二年間にわたり、モスクワはポーランド人に占領された。ロマノフ朝を頂点とする新たな国家体制が形成されたのは、ドミトリー・ポジャルスキー公爵と商人のクジマ・ミーニンの先導する国民軍が解放戦争を戦い、ポーランド勢力をモスクワから追放した後のことだった。こうして、ロシアでも日本でも一七世紀の初頭に、以後数世紀にわたり存続するロマノフ朝と徳川幕府という、国家体制の基礎が形成されたのである。

一六〇三年二月一二日、後陽成天皇の宣旨により徳川家康が右大臣、征夷大将軍に任命され、一カ月後には家康は御所に参内して天皇に拝謁した。そのわずか一〇年後の一六一三年七月二三日には、カザン・スヴィヤーシュスク府主教で、総主教代行を務めてもいたエフレムが、モスクワの生神女就寝大聖堂《ウスペンスキー・サボール》において、ミハイル・フョードロヴィチ・ロマノフの「戴冠式」を司り、彼をツァーリに選出した証文に署名した。両国の世俗の権力者が、相次いで「聖なる」権威からのお墨付きを得たことになる。

注目すべきは、ロシアでも日本でも、為政者が自らの権力強化の手段として、対外拡張および征服に打って出た点である。ロシアでは、東方への進出と広大なシベリアの開拓が開始された。一六三八年にはモスクワにシベリア開発庁が設置された。一六四〇年にはモスクワから八〇〇〇キロメートル以上も離れた場所に、ヤクーツク軍政部が置かれ、一六四三年にはその指令によって、アムール地方への探検が成功裏に行われた。そして、一六四九年にはロシア人がオホーツク海沿岸に到達し、太平洋に面したロシア最初の港であるオホーツクが建設された。ロシアの領土拡張は、当時の植民地化としては一般的な方法によって行われた。占領地の住民は、貢物（現物税であるヤサーク）を課されるとともに、抵抗する者は抑圧された。例えば、一六四五年にはブリャート人の反乱が鎮圧されている。

時と性格を同じくして、日本でも南方に向けて琉球諸島の征服や小笠原諸島の支配の試みがなされ、西方では日本海の島々へ、北は北海道、サハリン、そして千島方面へ向けた支配領域の拡張が行われた。一七世紀後半の北海道北部では、多数のアイヌ人たちが独立を保っていたが、一六六九年から七二年にかけてアイヌは戦火に見舞われる。彼らは当初アイヌ民族同士で対立していたが、その後一丸となって和人に抵抗したのである（「シャクシャインの戦い」）。アイヌ民族を鎮圧したのは、松前藩の軍勢だった。松前藩は、将軍の絶対的な権力の下、蝦夷地の支配に関して、武力行使を含めたすべての権限を与えられていた。南方で松前藩と類似した役割を果したのは薩摩藩である。一六〇九年三月、島津家は一〇〇隻の艦隊と三〇〇〇もの兵を武装させ、琉球王国に帰属していた奄美大島を征服し、日本に併合した。続いて王国の首都であった首里にほど近い那覇を占領した。これにより、琉球国王は将軍の権威を認めざるをえなくなった。

ロシアの地では日本と違い、孤立主義は一度も根づかなかったが、それは地政学的見地からみて非現実的だったためである。逆に、拡張主義の傾向は常に見られた。ただし、それは通常この言葉と結びついているような否定的な意味を持つものとは考えられていなかった。拡張主義は、異民族の領土の「征服」ではなく、隣接する領土の帝国への「併合」として認識されたのである。イヴァン三世時代のモスクワ公国における「国引き」は、ヤロスラヴリ公国、トヴェリ公国、ベロオゼロ公国のような、ロシア人の土地だけでなく、非ロシア人（ウグロ・フィン族）の土地の併合をも含んでいた。沿ヴォルガ地方や、（ペルミやユルガへの遠征の結果として）ウラル山脈以東の地域を含め、コミ＝ペルミャク人やハンティ人、マンシ人など、少数民族の領土も併合された。にもかかわらず、「ロシアの植民地主義」という用語は、政府の出版物はおろか、政治・社会評論においても定着しなかった。シベリアに関して「ロシアの植民地」という表現を用いた例は、一九世紀のイギリスの新聞雑誌に見られるだけである。それ以前には、この表現はもっぱら北米大陸西海岸のロシア人入植地を指すものとして使われていた。そこでは、ロシア人の植民活動がアメリカ人やイギリス人に先んじており、英米人はロシア人の活動を、貿易の利益という観点のみならず、文明的な観点においても高く評価していたのだった。

時代は下るが、日本でも琉球王国が併合され、また「外地」とみなされていた北海道が帝国に編入されることによって領土が拡大した。一八九五年の台湾占領は、初の海外植民地の獲得であった。近隣領土の併合と帝国の形成は、イデオロギーに、そしてそれを通じて人々のメンタリティに強い影響を与え、国民のアイデンティティの一部ともなった。植民や領土拡大に際し、国境地帯に居住する特定の集団に政府の権限を譲渡するというやり方は、松前藩や薩摩藩の例で見られたが、ロシアでも同様のモデルが一七世紀から一九世紀にかけて採用されていたことは注目に値する。松前や薩摩が果たした役割をロシアで担ったのはコサックの定住であり、彼らは広大な領土を支配し、要塞を建設し、現地の民族を鎮圧した。

二　一八世紀のロシアと日本——地方統治と社会階層

一八世紀には、ロシアと日本は互いに異なった道を辿っていく。一八世紀初頭のロシアは、ヨーロッパ諸国と比べて経済、科学技術、文化の発展において大幅に遅れており、また黒海およびバルト海へのアクセスも持たず、軍事面を含めて、常に西方および南方から圧力を受ける状況にあった。こうした状況に対応し、国家の独立と主権を維持するため、ロシアはピョートル一世の指揮の下で、大規模かつ急速な近代化に乗り出した。

一方、島嶼国であり、周囲を海に囲まれた日本は、自国の安全保障とアイデンティティの保持という課題を、外国との接触を断ち、また国内の封建的分裂を維持することで解決しようとした。このため日本の近代化は、ロシアと比べて一五〇年遅れることとなった。日本が後になって近代化に乗り出した理由の多くは、ロシアが近代化に乗り出した理由と共通していた。一九世紀前半の欧米勢力の滔々たる極東進出を目の当たりにした日本には、実質的には選択の余地はなかった。つまり、中国のように半植民地化の運命に甘んじるのが嫌ならば、政治、経済、社会、そして文化・習慣の全面にわたる抜本的な改革を行うほかなかったのである。

しかし、近代化の開始時期の違いは別として、一八世紀の両国の国内での発展に着目すれば、そこには一定の類似性が確認できる。まず、近代化に乗り出したロシアでも、「停滞していた」日本でも、改革の方向性は、中央集権型の統治システムを強化するという点で共通していた。

ロシアは広大な国土を、当初は四〇、後には五〇の県に分割して統治した。県知事は中央政府によって任命され、ペテルブルクの監督下にはあったものの、県の統治や財政、司法上の多くの権限を持ち、高い独立性を有していた。このため、県を自分の個人的領地と同様に扱おうと目論む知事は珍しくなく、そうした知事は罷免されるか、時には厳しく処罰された。

江戸幕府はロシア政府よりさらに厳格に地方行政を管理した。江戸幕府は、領主として広大な土地を保有する二五〇の大名すべてを配下に置いていた。大名の活動のうち、幕府の厳格な監督下に置かれたのは、名目上は、徳川家の支配に挑戦するような活動――防御施設の建設、城の強化や、近隣の大名家との通婚を通じて反幕府連合を形成するような動き――に限られていた。しかし実際には、そうした動きの有無にかかわらず、参勤交代という名の人質制度が導入されていた。大名は一年おきに江戸の将軍家への出仕を義務づけられ、翌年には自領で生活できるが、妻子は江戸に常駐させねばならなかった。この制度は、大名の統制手段として極めて有用であったから、明治維新の頃まで継続された。大名の領国統治への幕府の直接介入は、統治が非効率である場合に実施され、大名は格下げ、または領地の剝奪という形で処罰されることがあった。この最後の点については、ロシアでも同様の事例があった。

一八世紀のロシアでは五つの身分的階層が形成された。貴族、聖職者、町人、農民、商人がそれである。一方、徳川時代の日本では、武士（士）、農民（農）、職人（工）、商人（商）の四つの身分が存在した。露日両国の階層区分については、そのほかにも容易に類似点を見出すことができる。ロシアでも日本でも、「上流身分」つまり貴族や武士へ加わるための条件は、そうした家系に生まれるか、もしくは国家への著しい勲功によって地位を獲得することであった。貴族と武士には多くの特権が認められていた。また、ロシアの貴族と日本の武士は、政治・行政分野の人材の供給源でもあった。徳川時代には内戦が終結していたため、江戸時代の武士は自らの兵術を実際の戦闘で用いることができなかったが、ロシアの貴族は、軍の将校団の根幹となり、また彼らの中から軍のエリート部隊が形成されたのだった。露日両国の発展の過程で、貴族と武士が演じた役割が大きいものであり、また重要な意義を持ったことは確かである。しかし、歴史の流れが彼らに用意した運命は非常に痛ましい、しばしば悲劇的といってもいいものであり、最終的に彼らは滅びるか、あるいは改革から生じた新たな社会構造の中に溶解していくかを余儀なくされた。

三　権力構造における相違——聖俗権力の関係と黒幕・寵臣の役割

ロシアでも日本でも、封建的割拠構造はやがて中央集権国家に取って代わられたが、その際両国で打ち立てられた権力の構造は大きく異なっていた。

日本では歴史を通じて、実質的権力と象徴的権力が並行して存続し、その意味で権力の二元性が保たれた。日本における権力の二元性は、ある時点で突然生じたわけではなく、古代日本の政治システムの自然な発展の結果として生まれてきたものだった。最初の幕府を鎌倉に開いて一一九二年に将軍となり、七世紀（六八〇年）間続く日本の武家政治を創始した源頼朝は、源氏の長と、天皇家の外戚として勢力を伸ばした藤原一族出身の妻の間に生まれた子息であった。皇統が連綿と続いた天皇家と異なり、将軍の家系は交代を繰り返してきた。しかし、実力は十分備えていても、天皇に取って代わろうとする将軍は一人として現れなかった。

一方、天皇について述べると、日本の天皇の国外での呼称として、ヨーロッパ言語でいう「皇帝」が用いられるようになったのは、ヨーロッパにおいて帝国や皇帝という称号が広まった一八世紀になってからだという点には留意しておく必要がある。古代にも、後の時代にも、日本という国の実態は「帝国」と呼ぶにはそぐわないものだった。にもかかわらず、日本の最高指導者は海外では「皇帝」と呼ばれるようになり、国内では従来通り、天皇と称されたのである。

国家統治システムにおける天皇の役割は、神聖かつ象徴的な存在——天照大御神の継承者であり、天子——という形に徐々に定まっていった。天皇はまた、日本の固有信仰である神道の最高司祭としての機能も果たした。天皇が天照大神の系譜に連なる存在とされ、また最高司祭としての役割を担っていたことは、将軍が天皇の座を簒奪する試みを防止するのに役立ったと思われる。将軍が天皇の座につこうとするようなことがあれば、まず間違いなく、民衆からも極めて否定的な反応を受け、権力維持にとって極めて不利な帰結を招いたと考えられるからだ。

ロシアでは、「伝説的な神武天皇以来、天皇は万世一系の皇統を継いでいる」というのに類するような信仰は存在しなかった。なぜなら、ロシアの大公やツァーリは、様々な王朝から出ており、しかもこうした王朝は基本的に、外国起源だったからである。これに対して、天皇は神々の子孫であるとされたため、定義上、国家権力の上位に位置づけられることとなった。天皇は経済的には極めて質素な生活を送った時期もあったが、皇位が神聖なものとされたことの意味は大きかった。天皇は将軍の上に位置しつつ、世俗の権力は将軍に委譲し、また将軍の権力に権威を付与する役割を果たした。こうした背景があったため、明治維新は、天皇親政への「復古」とされ、天皇が自らの「決定」によって統治権を取り戻した出来事と説明されたのである。

ロシアにおいても、歴史的に見れば短い期間ではあるが、皇帝と総主教の間で、世俗権力と教権の並立状態が存在していたことはあった。ロシア正教会の総主教は、京都の朝廷に比べて、ずっと大きな政治的役割を果たしていたし、経済的にもより強固な基盤を持っていた。しかも、フィラレート総主教とニコン総主教の場合には、「大君（velikii gosudar'）」という、世俗の権力者としての称号をも名乗っていた。フィラレートの称号は、「大君にして、神の慈しみによりモスクワおよび全ルーシの総主教」というものであり、ニコンは「神の慈しみにより大君、支配者にして、帝都モスクワの大司教、大ロシア、小ロシア、白ロシア、北ロシア、白海地方、その他多くの国々の総主教」という称号を用いた。徳川家が、天皇と京都の朝廷の権限を著しく縮小していたのと同時期に、モスクワのフィラレート総主教は、彼の息子がロマノフ家出身の最初のツァーリになったことを利用して、総主教の権利を大幅に拡大していた。ロシア正教会の改革で知られるニコン総主教は、一時期ツァーリの右腕とも言うべき役割を演じた。

だが、ツァーリは次第に総主教に対して優位に立ち、統治権・行政権のみならず、精神的な権威までも掌握するようになっていった。皇帝専制が絶対主義の色彩を強めるにつれ、教会の持つ野望は打ち砕かれてしまった。最終的には、ピョートル一世治世下で行われた教会改革によって、総主教制は廃止され、教会行政は、聖務会院という、国家の行政機関にゆだねられることとなった。その一方で、ツァーリを神と結びつけ、神聖なものとみなす試みが行われた。一八世紀と一九世紀初頭の法律を編纂した、一八三二年成立の『ロシア帝国法律集成』のうち、第一部「国家基本法典」の第一条には以下のような規定があった。「全ロシア皇帝《インペラートル》は、何者にも依らず無制限の権力を有する君主である。恐怖のみならず、良心の命ずるところに従って皇帝の最高権力に服従すべきことは、神自身の命ぜられるところである」（強調は引用者による）。しかも、当時やその後の時代に当てはまることだが、単一権力への欲求と、そうした権力を具現化する存在、つまり帝位承継規則に従って位についた皇帝への帰依は、ロシアのアイデンティティの非常に重要な特質となっていた。単一指導者への帰依は、集団的統治形態に対する深い不信とも結びついていた。このように、ロシアの政治体制は、日本に比べてより一元的で、最高指導者に権力が集中しやすい点に特徴があった。

　最高指導者に権力が集中した体制では、非公式のチャンネルを通じて最高指導者に接近した人物が、政治的決定に強力な、時には決定的な影響を及ぼす場合があるが、こうした現象はロシア帝政の顕著な特徴となっていた。皇帝の「後見人」（いわゆる「黒幕」）であるとか、また「寵臣」（一八世紀のロシア、およびヨーロッパ諸国では、君主の寵臣が影響力を持つ、という現象がよく見られた）といった人物がそれにあたる。ミハイル・ロマノフがツァーリだった際には、父のフィラレート総主教が後見人を務めた。ミハイルの死後、皇子で一六歳のアレクセイ・ミハイロヴィチがツァーリの座についたが、後見人（「叔父」役）として、貴族の中から大地主のボリス・モロゾフが選出された。モロゾフは生涯、ツァーリに最も近い側近であり、最も影響力を持つ人物であった。ピョートル一世は強い個性と権威を備えた人物であり、彼の下では寵臣、ましてや後見人が影響力を発揮する余地はなかった。しかしながら彼の死後、エカテリーナ一世、アンナ女帝、エカテリーナ二世の時代には寵臣が跋扈し、事実上、それは国家統治制度の一部となったといってよい。

日本でも、将軍家や朝廷で、後見人や寵臣が影響力をふるうという現象が見られた。しかし日本ではその影響力はロシアにおけるほど大きくなかった。上に立つ者が自身の権威を保つためには、臣下への愛顧は平等でなければならなかった。大名の中には将軍に近い者もそうでない者もいたが、これは単に将軍との個人的な相性の問題ではなく、大名の忠誠の度合いや能力と関係していた。ロシアでも、部下の忠誠心と能力が高く評価されたことは日本と同様だが、個人的な相性が、日本の場合より重要な要素となっていたのである。

徳川日本の歴史における寵臣や後見人の影響力の例としては、例えば五代将軍綱吉と側用人の柳沢吉保、六代将軍家宣と、著名な歴史家、哲学者、文学者・詩人でもあった新井白石（一六五七―一七二五）との関係が挙げられる。白石の提案に基づいて、将軍は自らの権力を強化する数多くの改革を実行した。また一八世紀後半、一〇代将軍家治の時代に「事実上の支配者」となったのが田沼意次（一七一九―八八）であった。一一代将軍家斉の下で老中首座となり、寛政の改革を主導した松平定信は後見人の例として挙げることができよう。

ロシアの絶対主義は、すでにピョートル一世の治世において、完全な形で具現化されていたが、領土の拡張が進み、ロシア帝国が一層巨大な国家となっていたエカテリーナ二世の時代になって、「専制君主制こそがこのような巨大な国家には最も適した統治制度だ」というイデオロギーが生み出された。ロシアにとって絶対主義こそが最善の統治形態だという理論は、垂直的な命令系統が存在することで、統治が効率的になり、また民の福祉への配慮における「公平性」が担保される、という見方に基づいていた。一七六六年、エカテリーナ女帝は新法典編纂委員会に対して訓令（ナカース）を発し、以下の通り記した。

皇帝の権力は絶対である。皇帝の一身にのみ集中された権力以外、いかなる力も、かかる巨大な国家の広がりにふさわしい機能を発揮することはできないからである。……その他の統治形態は、ロシアにとって有害なだけでなく、最終的にはロシアを破滅に導くであろう。

四　文明・宗教とアイデンティティの問題

世界を構成する様々な文明の中で自国の位置をどう定めるのか、という問題は、露日両国の歴史において最も悩ましい課題の一つであり続けてきた。ロシア民族のアイデンティティは、民族が形成された当初から、ヨーロッパ人としてのアイデンティティであった。しかし、一七世紀から一九世紀にかけて、モスクワ公国の領土が西へ、南へ、そして特に東方に向かって空前の拡大を遂げたことは、ロシア国家の置かれた地政学的条件を変化させただけでなく、民族としての「ロシア人」を「ロシア帝国臣民」へと変化させ、そのアイデンティティにも影響を与えた。エカテリーナ二世は、先にも触れた「訓令」の最初の項目で、ロシアのアイデンティティは「ヨーロッパ」と結びついている（「ロシアはヨーロッパの大国である」）としつつ、ピョートル一世の改革を経て初めてロシアはヨーロッパ文化圏に復帰した、とも指摘している。「ロシアにおいてピョートル大帝が行った改革が大きな成功を収めたのは、それ以前にロシアで行われていた習慣が、流入した異民族や、征服した他国からもたらされたもので、ロシア人民の性質と合致していなかったためである。ピョートル一世は、ヨーロッパの習慣や文化を、ヨーロッパ的な人民に植えつけようとしたため、自分でも期待していなかったほどの成功を収めたのである」というのがエカテリーナの説明であった。

ロシアのアイデンティティ形成において鍵となる役割を果たしたのはロシア正教であり、それはロシアのキリスト教化以来、アイデンティティの「基幹的要素」となっていた。正教はまた、ロシア国家にとっても枢要な地位を占めていた。そのことは、ロシア皇帝に嫁いだ外国人の皇后がすべて、元の宗教を離れ、正教を受け入れることを要求されたことにも表れている。他方、海外の皇太子や君主へ嫁いだロシア人の皇女たちは、自らの宗教を保持することができた。一七一〇年に締結された、プロイセン王の甥であるクールラント公フリードリヒ・ヴィルヘルムとピョートル一世の姪のアンナ・イヴァノヴナ（将来のロシア皇帝）との婚姻契約においては、彼女とその使用人の信仰はロシア正教であること、また二人の間に生まれた娘は正教徒となる一方、息子は父親と同様にプロテスタントとなることが特別に規定されていた。ロシア国家にとっての正教の枢要な地位を示すもう一つの証拠としては、帝国が征服し、併合した土地には必ず、勅令によって教会や寺院、修道院が建設されたことが挙げられる。日本でも、北海道や沖縄における神社の建設は同様の意味を持つと見ることができよう。イヴァン三世の治世には、イスラム教、カトリック、ユダヤ教（正教内部のいわゆる「ユダヤ的異端」）への対抗が、国家的な課題になった。正教への帰依は、その後のロシア史を通じて、アイデンティティの最も重要な要素であり続けた。ロシア文化を擁護するための闘いも、正教の旗の下で行われたが、残念ながらそれは自国優越思想や排外主義の発端ともなった。

日本でも、江戸時代にはカトリック（より広くはキリスト教）が脅威として認識された。一六一三年にキリスト教は完全に禁止され、その後国内のキリシタンが根絶されたが、このことは、ロシアが戦闘的なカトリックの国であったポーランド、そしてプロテスタントに改宗したスウェーデンを放逐したのと類似している。日本の場合、カトリックへの対抗は、自国のアイデンティティを喪失することへの恐怖というよりも、むしろ宣教師の後から外国軍隊が押し寄せることへの危機感と結びついていた。また、急進的な形のカトリックが、スペインの植民地で急速な拡大を見せ、そこから日本へと伝わったことから、日本国内でもカトリックの共同体ができ、ひいては宗教を基盤とする反乱が起きることも懸念された。さらに、ローマ法王の最高権力への厳格な階層的従属を特徴とするカトリックは、天皇の権威を脅かす恐れもあった。仏教は神道との妥協に達することができたが、それはカトリックには難しかったからである。日本では、仏教寺院が内戦に巻き込まれることはあったが、それ以前の時代にもそれ以後においても、宗教は国内政治において重要な役割を果たしてはいなかった。戦国時代でさえ、神道だけや仏教だけ、あるいは特定の宗派のみを布教したり、また宗教の旗印を掲げて敵と争った大名はいなかった。

神道と仏教が並存し、儒教と道教も普及していたため、宗教は日本人のアイデンティティにとって中核的な役割を果たさなかった。神々の子孫とされた天皇は、その欠陥をある程度埋め、総体として相当な力を有する宗教集団（神社、寺院、僧侶や尼僧）をまとめ上げる力となっていた。日本において、世俗の権力と聖なる権威の関係が、程度の差こそあれ、対立基調にあったことは偶然ではない。

徳川幕府の形成期には、天皇と将軍の間に非常に深刻な対立が生じた。それは一六一五年に将軍が朝廷の活動を制限しようとして発布した禁中並公家諸法度によって引き起こされた。高位の僧侶と尼僧が宗派にかかわらず、紫衣（紫色の袈裟）や、僧正・門跡などの位を朝廷から賜る習慣があり、これが朝廷にとっての大きな収入源になっていたが、それが制限されたことが大きな引き金となったのである。一六二七年には、幕府は、仏教の高僧たちの紫衣着用に関する多くの勅許状を、幕府の承諾を得ていないことを理由に無効と宣言し、また幕府の許可を得ず授与されたすべての紫衣の没収を要求した。朝廷はこれに強く反発した。いくつかの大寺の高僧らも、この命令の実施を拒否した。その結果、幾人かの高僧がその称号を失い、陸奥国や出羽国の寺院に流された（紫衣事件）。

事件の文脈や規模は異なるが、ロシアでも教会改革の結果として、二〇年後に類似した事態が発生している。いわゆるロシアの典礼改革では、宗教的な儀式が変更（二本指のかわりに三本指で十字を切るなど）され、古くから使われてきた聖典が書きかえられたのである。新たな宗規に従うことを拒否し、改革を支持しない人々は破門、迫害、時には抹殺された。一七世紀中頃に生じたこの事態——ロシア正教会の分裂は、日本の歴史には類例がない。日本における仏教の高僧への迫害は、違った意味合いを持っていた。それは純粋に内政上の措置であり、幕府権力の強化と結びついていた。これに対し、ロシアにおける宗教改革をめぐる対立は、拡大する国家権力と、保守主義・イデオロギー的停滞にとらわれた正教会の争い、という内政上の背景に加え、より深い地政学的な背景を持っていた。アレクセイ・ミハイロヴィチ帝は、ビザンツ帝国の後継者、全正教会の守護者としての野心と、コンスタンチノープルをいつか取り戻してそこで皇位につくという夢を抱いており、そのためにロシア正教会の宗規をギリシア正教会のものに合わせようとした。改革の背景にはこうした事情があったのだ。

しかしロシアの教会改革は、同一国民の中に憎悪の種を撒き散らしただけでなく、異論を唱える人々を国家的に迫害する習慣を作り出したという点で、負の遺産を残したと言える。

江戸時代を通じて、日本では儒教、より正確には宋学（朱子学）の教えが浸透した。支配者の備えるべき美徳、民のことをわが子のことのように配慮する責任、民衆は倹約し、無駄を省き、贅沢をやめて質素な生活を送るべしとの呼びかけといった儒教的な価値観は徳川時代の改革と政策に影響を与えた。儒教の影響は享保や寛政の改革、新井白石や松平定信などの政策にも明確に見受けられる。さらに寛政の改革の過程では、日本の歴史上初めて、朱子の教えが正学、つまり政府公認の学問だと宣言された。もっとも、いわゆる寛政異学の禁は、幕府の学問所である湯島聖堂を対象としたもので、藩校や私塾で朱子学以外の学問を教えることは禁じられなかった。

宗教とその価値観は、ロシア人の日常生活の中に深く浸透した。これはロシア人が国民、そして民族として、どれほど宗教的あるいは敬虔かという問題とは直接的な関係がない。この問題については意見が対立している。しかし、こと生活様式や日常道徳に関する限り、正教がロシア人に強い影響を及ぼしたことに論争の余地はない。

一方、日本人については、「基本的には宗教的な民族ではなく、宗教というものを、祖先から受け継いだ文化的伝統や習慣の体系として認識している」という有力な意見がある。さらに仏教、神道、そして儒教が、厳密に言えば「宗教」ではない、ということも重要である。これらの教えは体系的世界観を提供するというよりも、むしろ倫理的・道徳的な学説という性格が強い。

日本の伝統宗教の中でも最も発達した教義を持つのは仏教だが、仏教の教義は厳格に体系化されているわけではなく、また仏陀は神ではなかった。一方、神道は数々の神話から紡ぎ出された多神教である。これらの教義では、善と悪、天国と地獄の観念は曖昧なものとなっており、厳格な禁止事項は存在せず、罪や罪深さといった概念も明確なものではない。例として、ユダヤ・キリスト教の伝統（聖書）で最悪の罪の一つと考えられている、男色に関する認識をとってみるとわかりやすい。仏教的および神道的価値観を基礎とした、古代および中世日本における美学と倫理においては、「男色」は単なる肉体的な交渉ではなく、美的な現象でもあった。このことは、神道の神や仏教における仏の性別がさほどはっきりしていなかったことによって、ある程度までは説明がつくかもしれない。男色に関しては、明治時代に至るまで、法律に触れないばかりか、世間の道徳的基準に照らしても非難されることではなかったのだ。

宗教は王位継承の問題ともかかわっていた。ロシアの宮廷では、ツァーリや皇帝は皇后以外にも愛人を拵えた。これは容認され、恥ずべき行為とはみなされなかった。だが、ヨーロッパ諸国の場合と同様、生まれた非嫡出子には皇位継承権が認められていなかった。キリスト教の教義では、一夫多妻制と姦通が禁じられていたため、「罪によって」生まれた子は、皇位を受け継ぐことができなかったのである。ピョートル一世ほどの絶対的な権力者であっても、愛人であったマルタ・スカヴロンスカヤと結婚し、生神女就寝大聖堂《ウスペンスキー・サボール》で、皇后として戴冠させるという手続きを踏んだ。彼女を皇帝に据える準備をする一方で、ピョートル一世は一七二二年の帝位継承法で、直系男子による皇位継承という旧制度を廃止し、皇帝による後継者指名制を導入した。

日本の場合、主要な宗教が夫婦の婚外関係を禁じていなかったため、一夫多妻は、とりわけ上流層において一般的な慣習であった。将軍および天皇には、皇后（正室）以外にも、正式に認められた妾（側室）がいた。正室の子である嫡男と側室の子である庶子との間では、嫡男に優先権が与えられたが、何らかの理由あるいは陰謀の結果として、嫡男による位の継承が不可能となった場合には、庶子が「菊の玉座」につくことができた。その最も有名な例としては、桓武天皇、孝明天皇、明治天皇、大正天皇の四人を挙げることができよう。

五　一九世紀前半における改革の挫折

日本では、近代的な国家体制（立法、行政、司法の三権分立に基づく体制）は明治維新後に初めて樹立されたが、ロシアでは、一八世紀初頭のピョートル一世の時代にその形成が始まっていた。その点から見れば、日本は一五〇年遅れていた。しかしながら、ピョートル一世、エカテリーナ二世、そしてその後の皇帝の治世下での政治システムの改革は、中途半端ないしは退行的性格を持つものであり、改革としては完遂しなかった。封建制の多くの特徴が依然として残存していたのである。

日本でも、封建制の崩壊（幕末）以前に変化が生じ始めてはいた。いくつかの規制が緩和され、天皇の娘の尼寺への強制的な出家の習慣の廃止、外国人不法侵入者（イタリア人宣教師であるジョヴァンニ・シドッチはその例である）の恩赦、中国からの非宗教的内容のヨーロッパ文献の輸入の解禁などが実施された。享保の改革は非常な広範囲にわたる改革であり、土地制度や年貢率の変更、司法改革や小石川養生所の設置に加えて、社会を安定させ、社会的不満が爆発するのを阻止し、統治の効率性を向上させるための法が施行された。寛政の改革（一七八七―九三年）も享保の改革に匹敵する重要な意義をもつものだった。

一九世紀になるとさらなる変化が生じた。この時期の露日両国の歴史はある点では類似し、それ以外の点では異なっていた。ロシアの一九世紀は、アレクサンドル一世の治世（一八〇一―二五年）前半の、体制改革の試みとともに始まった。一八〇三年に公布された勅令は、領主が自発的に農奴を土地付きで解放することを認めるものであったが、これにより、ロシアでは初めて、解放された農民（「自由耕作民」）が出現することとなった。祖母のエカテリーナ二世から、啓蒙専制主義の精神を吹き込まれた若き皇帝は、市民の自由と権利、農奴解放などの宣言を含む憲法の発布をも考慮したが、「上からの革命」のための条件はいまだ整っておらず、改革は中途半端な結果に終わった。後年、ナポレオンとの戦争が迫った時期には、皇帝の指令により、ロシアを立憲君主制へ転換させるという国家改革計画が策定されたが、これも実現には至らなかった。問題の核心である農奴解放の問題は解決されず、国家機能の強化は、むしろ過度の官僚主義を生み出すことになった。ナポレオンとの戦争に参加し、これに勝利したことによって、ロシアは世界の運命を決定する大国の列に加わった。この戦争は、国家改革の歩みを前進させることにもつながった。

ニコライ一世の時代（一八二五—五五年）には、農奴制の最も唾棄すべき面が除去された。土地を持たない貴族による農奴の購入や、土地なし・単独での農奴の売却は禁止された。借金返済のために領主が領地を売り出す際には、その土地の農奴には、自由に土地を去る権利と、土地を購入する権利が与えられた。国家の法的基礎が整備・強化されるとともに、法令の法典化が進められ、四五巻の『ロシア帝国法令全書』と現行法を収録する一五巻の『ロシア帝国法律集成』が編纂された。

日本は一九世紀前半には政治的冬眠の状態にあり、以前の時代からの惰性が支配していた。改革にも政治そのものにも全く興味を示さなかった将軍家斉の半世紀にわたる治世（一七八七—一八三七年）は、こうした惰性を強めるものでしかなかった。家斉の息子で一二代将軍となった家慶（在職、一八三七—五三年）も、リーダーとしての教育を施されず、当時のエリートは社会・経済の変化、とりわけ商人・起業家層の台頭に対応することができなかった。日本では、アレクサンドル一世の下で導入されたような体制の自由化への試みは起こらなかったが、内憂外患に対応するための体制の効率化、強化に力が注がれた。

この時期の日本で「改革者」の役割を担ったのは水野忠邦である。天保の改革（一八四一—四三年）は、ロシアにおける微温的な自由主義改革とは異なり、極めて保守的な性格を持つものだった。とはいえ、露日両国における改革は、最大の頭痛の種である農民問題への対処を念頭に行われた、という点では共通していた。一八三〇年代から四〇年代にかけての日本では、天保の大飢饉によって発生した大量の流民を江戸に入れず、農村に帰らせることが課題となっていた。当時は財政危機の緩和も焦眉の課題となっており、そのためには奢侈禁止のみならず、あらゆる手段を検討する必要があった。また、物価の上昇を抑えるため、独占によって価格を釣り上げているとされた職人や商人のカルテル（株仲間）が解体されたが、これも保守的で近視眼的な政策であった。解体の結果、流通システムはかえって混乱してしまい、株仲間は後に再興されることになったからである。一八四三年には水野の主張によって、江戸・大坂近辺の旗本や譜代大名の領地を幕府に返上させる代わりに、「替地」を与える上知令が出されたが、これは大名や旗本、領民からも反対にあって実現せず、水野忠邦失脚の原因ともなった。

＊

一六世紀から一九世紀前半にかけてのロシアと日本のアイデンティティに関する比較研究から言えることは、それぞれの国に固有の独自性よりも、両国に共通している要素が多い、ということである。国家と社会の相互関係、権力闘争、垂直的な権力機構の形成、統治における指導者の役割、体制の効率性への欲求、システム維持のための構造改革の試み、社会の身分制的編成とその中で貴族や武士が果たした役割、エリートが保守的で、急進的改革を推進する能力がなかったこと――これらすべての点、また他にも多くの点で、露日両国の歴史には共通性が確認できるし、こうした共通性は人類全体に共通するものと言ってもよいかもしれない。以上の認識を踏まえて考えれば、露日両国間に存在する対立は、両国のアイデンティティの根本的な差異に起因する対立ではなく、むしろ政治的、地政学的、その他の原因から生じている、と結論づけることができるだろう。

II　近代化への道と日露戦争

1――近代化とアイデンティティの模索

安野　正士
河原地英武

はじめに

日露両国は、一九世紀の半ば、産業革命を経た西洋の強大な軍事力に直面し、自国の「遅れ」を認識させられることとなり、一九世紀後半には、近代化を目指す大規模な改革に乗り出した。近代化のためには西洋からの技術・制度・思想の大規模な導入が不可欠であったが、このことは、両国のエリートの間に、西洋の優越に抗して独自のアイデンティティを確立し、国家的自尊心を満足させる欲求をかきたてることにもなった。本章では、一八五〇年代半ばから一九〇五年に至るまでの時期において、日露両国がこうした課題にどうこたえようとしたのかを比較検討する。本章の前半では、日露両国での近代化改革とアイデンティティの模索にまつわる環境の相違が、両国の改革やアイデンティティの規定にどのような影響を及ぼしたか概観する。その上で、後半では、両国の間での初めての本格的軍事衝突であった日露戦争が、両国のアイデンティティの模索においてどのような意味を持ったのかを検討し、そのことを通じて、日露の歴史的位相の共通性と相違点を明らかにすることとしたい。

一　明治維新と大改革

日露両国の改革は、クリミア戦争やペリー来航、薩英戦争、四国艦隊下関砲撃事件等における軍事的敗北（ないしそれに類する経験）を直接の契機とし、軍事的近代化、近代産業の建設、社会・経済の近代化を通じて、西洋諸国との格差を埋めようとするものであり、また政府主導の「上からの近代化改革」であった点でも共通していた(1)。しかし、両国の改革の間には大きな差異も見られた。

第一に、西洋からの軍事的圧力を受けたとはいっても、日露両国の国内の状況や、両国を取り巻く国際環境は根本的に異なっており、このことは両国における改革の推進力や、政治対立の様態に大きな差異をもたらした。一五世紀末までに中央集権国家としての形を整えていたロシアは、ピョートル大帝以来すでに一五〇年にわたる西洋化・近代国家建設の経験を経てきており、ナポレオン戦争の後、ウィーン会議からクリミア戦争に至るまではヨーロッパ最強の陸軍国と見られていた。また、戦争に敗れたとはいえ、ロシアが列強の一角をなす大国であることに変わりはなかった。クリミア戦争での敗戦は、ニコライ一世の死と時期的に重なった。新帝アレクサンドル二世のもとでロシアはいわゆる「大改革」に乗り出したが、本書第II部第2章（パノフ）が指摘するように、経済・社会の大きな変革にもかかわらず、政治体制には大きな変化はなかった。ソヴィエト史学では大改革は「革命情勢」を背景に行われた、と主張されたが、西側の歴史家は概してこの主張を受け入れてこなかった(2)。ロシアにおける内政改革への国際政治的誘因は、強かったとはいえ、体制の存立そのものにかかわるような緊急性をもたなかったのである。一八二五年のデカブリストの反乱が示したように、ロシアのエリートは専制政治の是非をめぐって深く分裂していたが、大改革によってもこの基本的亀裂は埋められることがなく、最終的には革命による帝政の崩壊につながった。

これに対し、二〇〇年以上の相対的孤立を経て、欧米に対して開国した時点の日本では、国の政治的統一がまだ達成されておらず、福沢諭吉が「日本国中幾千万ノ人類ハ各幾千万個ノ箱ノ中ニ閉サレ又幾千万個ノ墻壁ニ隔テラル、ガ如クニシテ寸分モ動クヲ得ズ」と評したような封建的身分制度が社会の全面を覆っていた。[3] このため、近代化のために根本的な政治・社会・経済体制の変革が必要なことは明らかであった。また、欧州列強によって他のアジア諸国が植民地化・半植民地化されていくのを目の当たりにした上、自らも不平等条約を結ばざるをえなかったことから、改革して近代国家を作らなければ、自国も植民地化されかねないという危機感は非常に強かった。明治維新は、ロシア史になぞらえて言えばアレクサンドル二世の大改革とピョートル大帝の改革、さらにはモスクワ公国によるロシアの統一の三つを一気に実現しようとした変革であり、政治・経済・社会・文化すべての面に及ぶ革命であった。倒幕を経て新たに組織された明治新政府は、不平等条約の改正のため、西洋列強に対して自国が文明国であることを示すことを迫られていた。したがって、明治期の日本では内政改革に対する国際的誘因は非常に強かった。[4] 新政府は一八七五年には立憲政体樹立の詔を発し、一八九〇年には大日本帝国憲法を施行して、いち早く立憲政治を実現した。明治初期の日本にも立憲政治をめぐる政治対立が存在し、一八八〇年代には政府と反対派の大規模な衝突にも発展したが、憲法の施行により、立憲政治の是非は対立点ではなくなった。

第二に、アイデンティティの模索に関しても両国の状況は対照的であった。優越した西洋文明の影響に直面して、西洋の技術や制度、思想を取り入れつつ、独自のアイデンティティを打ち出し、自尊心を満足させるという課題は両国に共通するものだったが、アイデンティティを規定する環境は日露の間で大きく異なっていた。この点に関しては節を改めて論じることにしよう。

二　明治日本のアイデンティティの模索——和魂洋才から脱亜入欧へ

文明開化と富国強兵

明治期の日本では、西洋化に対する心理的抵抗を少なくする因子がいくつも働いていた。まず、第I部で述べた通り、徳川後期までの日本は、中国に対する周辺性の意識を払拭しえておらず、このことは日本が西洋文明を取り入れることへの抵抗を弱める働きをしたと考えられる。(5)「和魂洋才」という新たな標語が、古くからあった「和魂漢才」をもとにして作られたことはこの事情を象徴的に示している。(6)

また、第I部安野論文で論じたように、近代の日本人は、西洋とアジアの両者との対比において自国の世界における位置を測定してきた。欧米の先進国に比べて日本が「遅れている」という感覚は明治の日本において痛切なものであったが、明治の時期においてなお、この劣等感は、日本が「頑迷固陋」な他のアジア諸国に比べれば数等「進んでいる」という優越感によって補償されていた。このことも、日本が西洋文明を取り入れるに際しての心理的抵抗を弱めたと考えられる。

さらに、近代日本で西洋化への抵抗が比較的弱かった理由として重要なのは、近代化改革が、王政復古・中央集権化と併せて行われたことだった。七世紀以来天皇は日本政治における正統性の中心的供給者であり、天皇家の起源が歴史的にどうであれ、天皇は日本の固有性の象徴と見られていた。近代化が、天皇という象徴（本物の「錦の御旗」）を押し立てて行われたことは、改革に対するナショナリズムの観点からの批判を封じるのに役立った。近代日本のナショナリストで、明治維新以降の政府や政策を批判した人々はいるが、維新自体を否定する人を見つけることは難しい。(7)

加えて、明治期の日本では、西洋文明の導入は国内に大きな文化的亀裂を作り出さなかった。西洋と日本の地理的・人種的・文化的な距離を考えれば、エリートレベルでも生活様式の西洋化が限定的であったことは驚くにあたらない[8]。他方西欧から導入された文明は、発達した交通・通信網や急速に整備された学校・軍隊制度を経由して、社会の各層に比較的均等に浸透していった。このため、「欧化したエリートではなく土着の民衆こそが真の日本である」といった主張は、明治日本では大きな影響力を持たなかった[9]。

このように、明治の日本では、西洋化に対する心理的・政治的抵抗の基盤は比較的弱く、民権と国権の優先順位の争いはあっても、国際的地位向上のために富国強兵と文明開化を進めるという目標について、広範な合意が存在していた。明治後期の社会主義者さえもが、社会主義とは「維新改革を完成させる」ことにほかならないと考えていたことはその証左である[10]。要するに、幕末から明治の日本には、内政改革と西洋文明導入のための強い誘因があり、それを通じて日本の国際的地位を高めるという国家目標が広く受け入れられていた。また、こうした政策が早い段階から成功したことにより、明治の日本では、文明開化・富国強兵の基本方針に対する反対は強力にはならず、政治勢力として凝集しなかった。

「文明国」外交と日露戦争

国家目標に関する合意を背景に、明治日本の対外政策は、文明開化と富国強兵を通じて日本の安全を確保し、列強との対等の地位を追求する点で一貫したものとなった。日本の政策が結局のところ帝国主義、侵略、植民地支配に帰結したことも確かだが、西力東漸の滔々たる流れ、これに抗するべき隣接諸国の改革の遅れという大状況の中では、日本の対外膨張政策にも自存自衛のため、という側面があったことは否定しえない。

明治期の日本の安全保障政策の至上命題となったのは、ドイツから招かれ、日本陸軍の近代化に貢献したヤーコブ・メッケル少佐が「日本の脇腹に突き付けられた短刀」と形容した朝鮮半島、特にその南部が、日本に敵対する強国に支配されるのを防ぐことであった[11]。この目標の実現を目指して、日本はまず、朝鮮の保護国化を進めていた清国との間で日清戦争を戦い、これに勝利した。ところが、露独仏による三国干渉に直面して、下関条約で獲得した遼東半島を清国に返還せざるをえなくなった。しかも、日本が返還した遼東半島の旅順・大連を、ロシアが自ら租借したことから、多くの日本国民は憤激し、日本はロシアとの対立を深めた。

当時の日本国内には、三国干渉に同調しなかったイギリスと結んでロシアに対抗する立場に加え、なおもロシアとの協調を模索する立場があった。もっとも一九世紀末の段階では、イギリスが非力な日本と対等の協力関係を築くことはなく、日本は「臥薪嘗胆」を合言葉に、一段と軍備増強を図ることとなった。

一九〇〇年から一九〇一年の義和団事変は日本の対外政策における大きな転換点であった。排外主義的なスローガン「扶清滅洋」を掲げた義和団の鎮圧に中心的な役割を果たしたのは地理的に近接する日本とロシアであった。事変に際して日本が示した軍事力は、欧米諸国、殊にイギリスの注目するところとなった。ロシアの勢力拡張を懸念するイギリスは、日本との同盟を現実的な課題として考えるようになったのである。

義和団事変後、中国の半植民地化は一層進んだが、ロシアは満洲にとどまり続け、さらに朝鮮にまで進出した。一方朝鮮も、日本の干渉をきらって、むしろロシアとの接近を図った。ロシアが満洲に居座り続けたことに対し、日本国内における反ロシア感情は大いに高まり、民間の新聞も対露主戦論を唱えるようになった。それでも日本政府は一九〇一年末までは、対露協調と日英同盟の二方面で状況打開の方途を探っていた。現に同年一一月から一二月にかけて、伊藤博文はロシアの首都サンクトペテルブルクに赴き、ヴィッテ蔵相、ラムズドルフ外相と会談を行っている。伊藤のロシアに対する要求は、いわゆる「満韓交換論」であって、満洲におけるロシアの権益をある程度認めることと交換に、朝鮮における日本の優先権を認めさせようとする内容であった。ロシア側は結果的にこの「満韓交換論」を拒否したものの、ヴィッテ蔵相らはその考えに同調したことが知られている。また、伊藤も、対露融和策への期待をその後も保持した。

ロシアとの妥協点が見出せぬまま、日本は一九〇二年一月三〇日、日英同盟に調印した。イギリスは、義和団事変以後も満洲から撤退しないロシアに対する警戒心を強め、従来の「光栄ある孤立」を捨て、同じくロシアに脅威感を抱く日本を味方につけたのである。日英同盟締結後も、日本はロシアとの和解を求めた。開戦前年の一九〇三年にも小村寿太郎外相は、幾度もロシアに協定を持ちかけた。しかしロシア側からははかばかしい回答が得られなかった。日本はこれをロシアが戦争準備を整えるまでの時間稼ぎと解釈した。こうして日本はロシアとの関係を断ち、一九〇四年二月に開戦したのであった。

日露戦争と日本のアイデンティティ

日清・日露戦争を、日本のアイデンティティという観点から見たときに注目すべきことは、日本政府が両戦争を、「近代文明・立憲政治を代表する日本と頑迷固陋な清国、専制政治のロシア帝国との戦い」という枠組みで説明し、また海外に向けて宣伝したことである。例えば、日清戦争に法律顧問として従軍した法学者の有賀長雄は、フランス語で執筆した『国際法の観点より見たる日清戦役（*La Guerre Sino-Japonaise au point de vue du droit international*, Paris, 1896)』において、「日清の戦役に於いて最も枢要にして刮目すべきは、交戦国の一〔清国〕が戦時に於ける国際法・慣習を遵守せざりしにも拘らず、他の交戦国〔日本〕のこれを能う限り厳格に遵守せることなり。開戦の御詔勅に明らかなる如く、今次戦役に於いて日本は戦時国際法の遵守に於ける相互主義の原則を全然放擲し、国際法の遵守は敵国に対するのみならず、全人類に対する義務と了解せるなり」と述べ、日本が「文明国」としての基準に従ってこの戦争を戦ったことを強調した。(12)

日露戦争開戦の詔勅も、日清戦争開戦の詔勅と同様、「凡ソ国際条規ノ範囲ニ於テ一切ノ手段ヲ尽シ」て戦うことを求めており[13]、戦争中は戦時国際法の専門家が軍に随行してその行動に助言を与えていた。ロシア軍の捕虜に対する人道的扱いに格別の配慮がなされたのもこのことと無関係ではない。日露戦争中の日本の対外宣伝は、この戦争が「人種戦争」として理解されることを防ぎ、欧米諸国、特に英米の日本に対する好感情をつなぎとめるという切実な必要を背景に行われたものだった。開戦後の一九〇四年五月、桂首相は日本在住の外国人宣教師たちに対して声明を発し、日露戦争を古代ギリシアの対ペルシア戦争になぞらえ、「この戦争は人種間の戦争でもなく宗教間の戦争でもなく、……正義、人道、世界の通商および文明のために行われているのである」という趣旨のことを述べた。さらに、開戦に際して有力紙『時事新報』は、日本はロシアが「文明の仮面を被るも其真相は野蛮を極むるもの」であることを暴露するとともに、日本軍の行動は「徹頭徹尾文明的にして一点の瑕瑾だもなきの実」を示すべきだと論じていた[14]。こうしたレトリックは第I部で説明した、「脱亜入欧」的な日本のアイデンティティのあり方を反映するものでもあった。

　もちろん、脱亜入欧といっても、人種や宗教の壁が国際政治において今日より強い意味を持っていた当時の世界では、日本にとって「入欧」は容易なことではなかった。人種間、ないし「文明」間の対立は早晩避けられないから、日本は「同文同種」の清国・朝鮮等と連携すべきだ、という論調は早くから存在したし、日清戦争後の欧米で黄禍論が唱えられたことは、こうした議論を刺激した。そうした中で一九〇二年に日英同盟が締結されたことは、国際政治に対する人種論的見方を一時的にせよ沈静化させ、日本は欧米と対等の「文明国」としての地位を築きうる、という信念を強めるものであった。長年日本での伝道に従事した米国人宣教師のシドニー・ギューリックはこの事情について、日本人は「世界の指導的国家の一つからついに平等者として認められるにいたったのである。この事実こそ、千万言にもまして、白人種というものに対して抱かれ来た反感の残滓をことごとく打破することに役立った」と評している[15]。こうした背景があったからこそ、「日露戦争は文明と正義のための戦争だ」との主張が、日本の国内外で一定の説得性を持ちえたのである。ともあれ日本は対露戦争を、「脱亜入欧」「文明国」のイデオロギーのもとで戦った。

三　双頭の鷲の揺らぎ——帝政後期のロシアにおけるアイデンティティの模索

大改革後のロシアにおけるアイデンティティの分裂状況

明治の日本とは対照的に、一九世紀後半のロシアにおいては、エリート層が、ロシアの持つべきアイデンティティ、追求すべき国家目標をめぐって深く分裂していた[16]。こうした分裂が常に同じ強度で存在したわけではない。ロシアは、一八世紀の初めにピョートル改革を通じて欧化を進め、列強の一員となったが、この時期のエリート内部の分裂の程度は後の時代と比べると小さかった。その意味でピョートル時代のロシアを明治の日本と比較することもできる。興味深いことに、ロシアが当時の大国スウェーデンを打ち破り、列強の一員としての地位を確立した大北方戦争（一七〇〇—二一年）に際して、ピョートル大帝の補佐役を務めたピョートル・シャフィーロフは、「対瑞戦争の正当なる開戦原因についての論考」（一七一七年）を著し、日清戦争当時の有賀長雄と同様の議論を展開していた。スウェーデンはこの戦争に際して国際法を順守しなかったが、ロシア側は法の順守に努めた、というのである。この論考は後に英語にも翻訳されている[17]。明治の日本がそうだったように、ピョートル時代のロシアも、国際社会の「優等生」を演じることで「文明国」としての資格を手に入れようとしたのである。

一八世紀を通じてロシアの国際的地位は向上し、このことは欧化したロシアのエリート層の多くにとって、誇らしいことと受け取られた。ナポレオン戦争での勝利は、ロシアを「ヨーロッパの運命の支配者」とし、ロシアの国際的地位はかつてないほど向上した。しかし、産業革命とフランス革命に象徴される一八世紀末以降のヨーロッパの変革は、ロシアの国際的地位をその根底から脅かした。一八世紀のロシアは、ピョートルやエカテリーナ二世のような啓蒙専制君主を擁することで、政治的に同時代のヨーロッパと肩を並べることができたが、フランス革命以降、君主専制は「文明」や「進歩」に反するものと見られるようになり、ロシアに対するヨーロッパの視線はより厳しいものになっていった[18]。また、産業革命は、広大な領土と大きな人口というロシアの国力基盤の優位性を大きく揺るがした。こうして一九世紀には、ロシアが西洋に比べて「遅れている」という意識が蔓延することになった。

しかも、第I部で述べた理由から、ロシアの知識人はこの「後進性」の意識を、「スラヴ諸国」や「アジア」に対する優越性の意識によって十分補償することができなかった。このため、一九世紀のロシアにおいては、スラヴ主義やナロードニキ主義に見られるように、西洋とロシアを比較する価値基準を転換することによって、ロシアの西洋に対する優位性（ないし同等性）を主張する思想が広く浸透し、西洋化に対する抵抗の拠点を提供した。「西洋派」と「土着派」の対立は近代の多くの非西洋諸国の政治に見られた対立であるが、日露を比較するならば、近代になってからの「土着派」の思想的展開は、ロシアにおいてより活発であった。

しかも、一八世紀以来のロシアの西洋化は、日本とは異なり、国内に大きな文化的亀裂を作り出すものだった。ロシアでは、人口の大部分を占める農民がピョートル以前の正教文明の影響下にとどまる一方、社会の上層部には、外国人の教師や乳母、旅行や滞在、留学などを通じて西洋文明の影響が深く浸透し、一部には日常生活でフランス語やドイツ語を使うほど西欧化したエリートが出現した。このため、一九世紀になって、西洋文明への劣等感を克服するため、「ロシア独自の価値」が求められるようになると、都会の軽佻浮薄に汚染されない純朴なロシア農民の形象が、ロシアのアイデンティティを象徴する存在として浮上してきた[19]。一八世紀のロシアのエリートにとって、「ロシア人」の中核をなすのは西洋風の教育を受けたエリートであったが、一八四〇年代のスラヴ主義者や、一八七〇年代のナロードニキにとっては、農民こそがロシアを体現する存在と見られるようになったのである。このことは、ロシアの西洋化とそれを導く欧化したエリートの正統性が、ナショナリズムの観点から疑念にさらされたことを意味している。

さらに、貴族社会の頂点に立つロマノフ王朝も、ロシアの西洋化に政治的正統性を付与する役目を果たせなかった。そもそも、ビザンツ帝国滅亡以降、誇り高い正教文明の中心となり、モンゴルのくびきを脱し、モスクワを中心にすでに国内的統一を達成していたルーシの歴史に照らして、ピョートル改革はロシア固有の伝統に対する裏切りと見られやすいものであり、この点で明治維新とは対照的であった[20]。しかもロマノフ王朝はピョートル改革以降文化的に西洋化し、一七六二年にホルシュタイン＝ゴットルプ家からピョートル三世を迎えて以降は、血統の上でもドイツの影響が強まった。さらに帝政を支える官僚機構においても、沿バルト地域を中心とするドイツ系の住民が大きな位置を占めていた[21]。こうしたことからロマノフ王朝、およびそれを支える国家機構は、スラヴ派やナロードニキの眼には「ドイツ的」な異物と映じるようになっていた[22]。一九世紀後半のロシアのエリートは、同時代の日本と比較すると、政治体制をめぐっても、自国のアイデンティティに関しても、深く分裂していたのである。

外交政策の揺らぎと日露戦争への道

アイデンティティにおける分裂と相応する形で、一九世紀後半のロシアの内政・外交の方向性にも揺れがみられた。クリミア戦争後の自由主義的改革の時期には、内政のみならず外交・少数民族政策を含めて相対的に自由主義的な政策がとられたが、これは長続きせず、一八六三年のポーランド反乱や一八六六年のドミトリー・カラコーゾフによるツァーリ狙撃事件をきっかけに、民族政策や教育政策など、政治的に敏感な分野で保守的な方向への転換がみられた。しかし、ニコライ一世時代に比べて知識層の裾野が拡大し、世論がより大きな役割を果たすようになっていた状況下で、先帝ニコライ一世時代以来の公式的保守主義のイデオロギーを単純に復活することは困難であった。政府は急進革命派や自由主義者のみならず、対外強硬論を説くナショナリストや、ロシア主導によるスラヴ諸民族の統合を夢見る汎スラヴ主義者からの圧力を受けることとなった。

一八七五年にバルカン半島で危機が勃発すると、ロシア世論は一気に「スラヴの同胞をオスマン帝国の圧政から解放する」ための介入に傾き、ロシアは露土戦争になだれ込むこととなった[23]。一八七七―七八年の露土戦争は、ロシア外交に対する汎スラヴ主義の影響力が頂点に達した事件であった。ロシアは戦争で勝利し、サン・ステファノ条約では大ブルガリア公国の成立という成果を得たが、英墺両国は地中海・バルカン半島でのロシアの影響力の拡大を懸念し、干渉を行った。それを受けて開催されたベルリン会議では、ブルガリアの領土は縮小され、ロシア外交は大きな挫折を味わった。ベルリン会議における挫折は、日本が三国干渉で味わったものと類似する側面もあったが、三国干渉以後の日本世論が「臥薪嘗胆」を標語にロシアとの対決に邁進したのに比べれば、ロシア国内の反応はより複雑に分岐していた[24]。

その中で強まってきたロシア外交の一つの方向性が、東方への進出であった。すでにクリミア戦争後、バルカン半島方面への南下が阻止されると、ロシア外交は東方へと目を向けて一八五八年、清とアイグン条約を締結し、黒竜江を国境として定め、それ以北をロシア領としていた。一八六〇年には北京条約が結ばれ、ウスリー川以東をロシアが獲得した。中国語で海参威と呼ばれていた場所にウラジオストク（「東方を支配せよ」の意）の建設が始まり、「金角湾」や「東ボスフォラス海峡」といった、バルカン政策の失敗を穴埋めするかのような地名がつけられたのもこの年のことであった。ロシアは極東政策を精力的に推し進めたが、そのいわば象徴となったのがシベリア鉄道の敷設事業である。その着工は一八九一年であったが、一九〇五年までに東清鉄道と結ぶ線が完成した。

日清戦争における日本の勝利は、ロシアの極東政策を脅かすものであった。ロシアは日本の勢力伸張を抑えるべく三国干渉の音頭をとって、遼東半島を清国に返還させた。さらにロシアは、遼東半島を取り戻した見返りとして、清との間に李鴻章・ロバノフ協定を結び、後には東清鉄道の敷設権や遼東半島南端の旅順・大連の租借権を得たのである。そして一九〇〇年の北清事変後には満洲全土を占拠し、極東アジアにおいて決定的な優位に立った。

朝鮮との関係でも、ロシアは日清戦争後に介入の度合を強めた。すなわち朝鮮内部の親露派を支援し、一八九六年二月には朝鮮国王の高宗をロシア公使館に住まわせ、そこで政務を行わせるようになった。こうしてロシア公使館内に朝鮮政府が樹立されると、高宗はその外交を全面的にロシアに依存するようになった。そのため日朝の外交問題は、日露間で決められるという事態になった。やがて高宗はロシア公使館から出たものの、その後も反日的立場をとり続けた。それゆえロシアは朝鮮半島を影響下に置くことができ、そのことが日本にとっては安全保障上の脅威となったのである。このように満洲・朝鮮に勢力を伸ばすロシアに対し、日本国内では対露協調か対露開戦かで意見が割れたのであったが、ロシアはその事情にあまり大きな関心を払わなかった。日本はロシアに「満韓交換論」を提示したが、ロシアからすれば、すでに自国の勢力下にある満洲を日本が取引材料にすること自体、意味をなさなかった。したがって、日露開戦の前年（一九〇三年）まで、日本が行おうとした日露協議に、ロシアはさほど重要性を認めず、交渉を遅延させるばかりであった。

日露戦争とロシアのアイデンティティ

ロシアの東方進出を思想的背景という点から眺めてみると、そこには統一的な立場は存在せず、単純な帝国主義的進出論から、平和的経済的膨張論、ロシアとアジアの共通性に着目する議論、さらには「黄禍」の恐怖に突き動かされた議論まで、多様な態度が存在した(25)。また、開戦に至るロシア側の政治過程に着目しても、ロシア側は、明確な国際政治上の目的や国論の統一のないまま、日露戦争に踏み込んだという印象が強い(26)。民衆意識の中でも、日本という存在がはっきりとした像を結んでいたわけではなかった(27)。そうした中で日露戦争へのロシアの道に、敢えてロシアのアイデンティティの観点からの意義づけをするならば、バルカン半島方面への進出の挫折や、より広くは西洋に対する劣等感を、極東進出によって補おうとした、という意義づけにならざるをえないであろう。

う。

こうした考え方をよく表しているのは、第I部でも一部を引用した、ドストエフスキーの以下のような言葉であろう。

アジアを向くこと、新たな視線でアジアを見ることで、ヨーロッパがアメリカを発見することで経験したのと同様のことを我々も経験することになるのではないでしょうか……アジアに向かうことで、我々は精神と力の高まりを覚えることになるでしょう……ヨーロッパでは我々は居候や使用人のようなものだったわけですが、アジアでは我々は主人になるでしょう。ヨーロッパではタタール人と呼ばれても、アジアではヨーロッパ人になるわけです……アジアを文明化するという使命は、我々の精神を活性化するでしょう……何よりそれは、我々に今欠けている、自尊の感情や自己意識を与えてくれるでしょう。[28]

バルカン半島方面への拡張において挫折し、また新興国日本を過小評価していたロシアは、確たる目的や、国家意思の統一を欠いた状態で、ヴャチェスラフ・プレーヴェ内相のいう「ちょっとした勝ち戦」を求めて、日本との戦いに踏み込んだのである。[29]

四 日露戦争の意味——世界史の交差点

日露戦争は歴史上、不可避な戦争だったのだろうか。それとも本来避けることができたものだったのだろうか。この点に関しては、開戦に至るまでの日露両国の内政事情が明らかにされるにつれ、双方に譲歩する余地があったことがわかってきている。日本においては「満韓交換論」を条件に、対露協調派と開戦派が最後まで拮抗していたし、ロシアでもクロパトキン陸軍大臣やヴィッテ大蔵大臣は開戦には否定的であったと思われるが、開戦前年の一九〇三年八月、ニコライ二世がアレクセーエフを新設の極東総督府総督に任命したあたりから、武断派が実権を握るようになったことが知られている。それでも開戦直前まで日露間の交渉は行われ、妥協の糸口がないわけではなかった。

しかしながら戦争は起こり、その結果は重大かつ逆説的なものだった。日露両国の当時の国力は、総合的にはロシアが圧倒的に優勢であり、実際戦争を通じて日本がその軍事力、経済力を大きくすり減らしたのに引き換え、ロシアにはまだ余力があり、戦争がさらに継続していればロシアの陸上での反撃は十分可能であった。しかし、ロシアが国内の反乱に直面し、アメリカが日本に好意的な立場から仲介に乗り出したことで、戦争は日本勝利のもとに終結した。日本はロシアの報復を恐れたが、日露両国は満蒙地域での勢力圏分割に合意し、一〇年間にわたって安定的な関係を築いた。日本は「文明国外交」の総仕上げとして日露戦争を戦ったが、にもかかわらず、戦後には黄禍論はかえって高まり、米国では日本人移民の排斥が起こった。その結果、日本国内でも人種対立に関する議論が高まった。

国際的には、日本の勝利はエジプトから中国まで、フィンランドからインドに至るまで、世界各地で解放を呼号する民族主義者たちの喝采を博した。レーニンは、「進歩的な、すすんだアジアは、おくれた、反動的なヨーロッパに、取りかえしのつかない打撃をあたえた」と評した[30]。しかし、この勝利を通じて日本は朝鮮を支配下におさめ、満洲経営に乗り出すこととなり、大陸国家としてのアイデンティティを獲得すると同時に、孫文の言う「西洋覇道」路線を邁進し、アジア諸民族の期待を裏切る結果ともなった[31]。

ロシアに対する勝利はまた、日本の列強の一員としての地位を確立した。「ボルネオの首狩り族の青年が、敵の首級を挙げることで初めて一人前の男として認められた如く、国家は他の大国との戦争に勝利することで大国として認められた[32]」。ロシアにとってはポルタヴァの戦いが、日本にとっては奉天会戦と日本海海戦が大国になるための通過儀礼であった。戦勝国日本はまた、軍事強国としての自負を強めた。敗戦までの日本で、奉天会戦と日本海海戦の勝利の日が、それぞれ陸軍記念日・海軍記念日とされていたことはそのことを端的に示している。しかし、日露戦争での勝利は、日本国内での軍部の発言力を高め、軍の戦闘能力に対する過信を招き、後の敗戦の遠因ともなった。

ロシアにとっても日露戦争の結果は重大であった。「ちょっとした勝ち戦」のはずだった戦争では敗戦が続き、大義のない戦争は国内での革命を惹起した。戦争はロシアの「自尊の感情」を取り戻すどころか、スターリンの言葉を借りるならば、「我が国の歴史に残された汚点」、「重苦しい記憶」としてロシア人の意識に残ることとなった[33]。しかし、別の視点からするならば、日露戦争での敗戦は、軍事強国としてのロシアの威信を傷つけることにより、そしてまた敗戦を契機とした革命というモデルを提供することを通じて、一九一七年の革命を準備した出来事でもあった。第I部でも紹介したユジャコフは、一八九五年の時点で、日本の朝鮮・満洲進出の試みを資本主義的発展の注目すべき試みとして理解し、ロシアもそれと同じ道を辿ろうとしているが、その試みはうまくいかないだろうと予測していた[34]。日露戦争での敗戦は、ユジャコフの予測の正しさを証明し、ロシアが「持たざる国々」のリーダーとしての自己規定を引き受ける背景ともなった。

このように、日露戦争は日露両国の運命が交錯した出来事であり、近代の世界史における大きな転換点となったのである。

注

（1）Cyril E. Black et al., *The Modernization of Japan and Russia* (New York: The Free Press, 1975)；五百旗頭真ほか編『日露関係史――パラレル・ヒストリーの挑戦』東京大学出版会、二〇一五年。

（2）Abbott Gleason, "The Great Reforms and the Historians since Stalin," in Ben Eklof et al., eds., *Russia's Great Reforms, 1855–1881* (Indiana University Press, 1994), 9.

（3）福沢諭吉『文明論之概略』岩波書店、一九九五年、二一三頁。

（4）渡邊昭夫「近代日本における対外関係の諸特徴」中村隆英・伊藤隆編『近代日本研究入門』東京大学出版会、一九七七年、二二九—二三二頁、増補版二〇一二年。

（5）N. V. Shelgunov, M. L. Mikhailov, "K molodomu pokoleniyu," *Narodnicheskaya ekonomicheskaya literatura: izbrannye proizvedeniya/* pod red. N. K. Karataeva（「青年に与う」『ナロードニキの経済思想——論文選』）(Moskva: Izdatel'stvo sotsial'no-ekonomicheskoi literatury, 1958), 87.

（6）平川祐弘『和魂洋才の系譜——内と外からの明治日本』河出書房新社、一九七一年、九—三二頁。

（7）田中彰『明治維新観の研究』北海道大学出版会、一九八七年。

（8）Henry Rosovsky, *Capital Formation in Japan, 1860–1940* (New York: The Free Press, 1961), 86.

（9）Thomas R. H. Havens, *Farm and Nation: Agrarian Nationalism in Japan, 1870–1940* (Princeton University Press, 1974).

（10）松沢弘陽「明治社会主義の思想」日本政治学会編『日本の社会主義』岩波書店、一九六八年、五—六二頁。

（11）岡崎久彦『戦略的思考とは何か』中央公論社、一九八三年、二一—二三頁。

（12）英修道博士還暦記念論文集編集委員会編『外交史及び国際政治の諸問題——英修道博士還暦記念論文集』慶応通信、一九六二年、四八七頁。ただし訳文は適宜変更した。

（13）外務省編『日本外交年表竝主要文書』上巻、原書房、一九六五年、二二二—二二三頁。

（14）岡義武「国民的独立と国家理性」唐木順三ほか編『世界の中の日本』筑摩書房、一九六一年、四二—四四頁、松村正義「黄禍論と日露戦争」『国際政治』第七一号（一九八二年八月）、三八—五三頁。

（15）Sidney L. Gulick, *White Peril in the Far East: An Interpretation on the Significance of the Russo-Japanese War* (New York: Fleming H. Revell Company, 1905), 65.　岡義武前掲論文、三八頁からの再引用。

（16）Nicholas V. Riasanovsky, *A Parting of Ways: Government and the Educated Public in Russia, 1801–1855* (Oxford University Press, 1976).

（17）Vladimir E. Grabar, *The History of International Law in Russia, 1647–1917: A Bio-Bibliographical Study* (Oxford: The Clarendon Press, 1990), Parts 2 and 3.

（18）Martin Malia, *Russia under Western Eyes: From the Bronze Horseman to the Lenin Mausoleum* (Harvard University Press, 1999), 87–159.

(19) Liah Greenfeld, *Nationalism: Five Roads to Modernity* (Harvard University Press, 1992), 258.

(20) Nicholas V. Riasanovsky, *The Image of Peter the Great in Russian History and Thought* (Oxford University Press, 1985).

(21) Walter M. Pintner and Don Karl Rowney, eds., *Russian Officialdom: The Bureaucratization of Russian Society from the Seventeenth to the Twentieth Century* (University of North Carolina Press, 1980), 208.

(22) ゲルツェン（金子幸彦訳）『ロシヤにおける革命思想の発達について』岩波書店、一九五一年、六九—八一頁。

(23) Barbara Jelavich, *St. Petersburg and MOSCOW: Tsarist and Soviet Foreign Policy, 1814–1974* (Indiana University Press, 1974), 172–180.

(24) V. I. Ado, "Berlinskii kongress 1878 g. i pomeshchich'e-burzhuaznoe obshchestvennoe mnenie," *Istoricheskie zapiski*, No. 69 (1961)（「一八七八年ベルリン会議とロシア地主層・資本家の反応」『歴史研究』第六九号（一九六一年））, 101–141.

(25) David Schimmelpenninck van der Oye, *Toward the Rising Sun: Russian Ideologies of Empire and the Path to War with Japan* (Northern Illinois University Press, 2001).

(26) セルゲイ・ウィッテ（大竹博吉訳）『ウイッテ伯回想記——日露戦争と露西亜革命』全三冊、原書房、一九七二年、クロパトキン（参謀本部訳）『クロパトキン回想録』全三冊、偕行社、一九一〇年、David M. McDonald, *United Government and Foreign Policy in Russia, 1900–1914* (Harvard University Press, 1992).

(27) Jeffrey Brooks, *When Russia Learned to Read: Literacy and Popular Literature, 1861–1917* (Northwestern University Press, 1985), 214–245.

(28) F. M. Dostoevskii, *Dnevnik pisatelya*, ezhemesyachnoe izd. (yanvar')（『作家の日記』月刊版、一八八一年一月号）(Sankt-Peterburg: Tipografiya A. S. Suvorina, 1881), 29–30.

(29) ウィッテ前掲書、上巻、三五六頁。

(30) ヴェ・イ・レーニン（マルクス＝レーニン主義研究所訳）『レーニン全集』第八巻、大月書店、一九八四年、三四頁。

(31) Cemil Aydin, *The Politics of Anti-Westernism in Asia: Visions of World Order in Pan-Islamic and Pan-Asian Thought* (Columbia University Press, 2007), 71–125.

(32) Martin Wight, *Power Politics*, Second ed. (Hammondsworth: Penguin Books, 1986), 46.

(33) I. V. Stalin, *Sochineniya*, T. 15 (『スターリン全集』第一五巻) (Moskva: Izdatel'stvo "Pisatel'," 1997), 241.

(34) S. N. Yuzhakov, "Yaponskaya ekonomicheskaya politika i voina 1894 goda," *Russkoe bogatstvo* (Noyabr', 1895) (「日本の経済政策と日清戦争」『ロシアの富』一八九五年一一月号), 194-200.

参考文献

唐木順三ほか編『世界の中の日本』筑摩書房、一九六一年。

ゲルツェン、A・I（金子幸彦訳）『ロシヤにおける革命思想の発達』岩波書店、一九五一年。

中村隆英・伊藤隆編『近代日本研究入門』増補版、東京大学出版会、二〇一二年。

横手慎二『日露戦争史――二〇世紀最初の大国間戦争』中央公論新社、二〇〇五年。

読売新聞取材班『検証・日露戦争』中央公論新社、二〇一〇年。

2——改革の時代

A・N・パノフ
（山脇大・河原地英武・安野正士訳）

一　改革の背景要因

ロシアと日本の歴史的発展において、一九世紀後半は特別な位置を占めている。この時期の両国では、その後何十年にもわたり、その政治的、経済的、社会的な仕組みを決定するような、極めて重要な改革が実施された。

ロシアの「大改革」と日本の明治維新期における転換は、共通の目標を有していた。それは、資本主義時代における世界秩序の再編プロセスへの積極的参加の可能性と自国の安全を確保するため、西側、とりわけヨーロッパ諸国への遅れを挽回することを目的とした、社会・政治・経済構造の本格的な近代化の実行である。

そしてロシアにとっても日本にとっても、改革の実行は、主に外圧の下で着手された、やむを得ない措置だった。ロシアはクリミア戦争（一八五三―五六年）で敗北し、非常に不利な条件の講和条約を締結した。日本は一八五四年に、アメリカ軍艦に大砲を突きつけられ、無理に押しつけられた条件の下で、国を「開き」始めた。日本は一八六三年から一八六四年にかけて、異国の侵入を阻止しようと試みたが、アメリカ、イギリス、フランス、オランダの艦隊による鹿児島と下関の都市の破壊を導き、辛酸を嘗めた。

ロシアの戦争での敗北と、日本の「屈辱的な開国」は、資本主義的手法で急速に発展していた西側諸国に対する、両国の経済的・社会的後進性の結果である。とはいえ国内発展の実際の進捗度合い、というよりむしろその後進性ゆえに、両国は近代化の実施が必要だと気づいたのである。

著名なロシア人日本研究者であるN・I・コンラッドは、変革への日本の「備え」を次のような言葉で特徴づけている。

日本における市民革命は偶然ではなく、また歴史的パラドックスでもなかった。日本は完全に準備した上で、変革を迎えたのである。すなわち日本は発展した経済、豊富な種類の商品を備えた国内市場、優れた交通路、発展した銀行システムを有しており、高学歴で非常に活動的な知識人が多く存在し、革命的変革のためのイデオロギー的土壌を形成した様々な社会思想の潮流が存在していた(1)。

一九世紀中頃までに、ロシアはヨーロッパ諸国から、経済的・社会的に大変な遅れをとっていた。工業生産は取るに足らないものであった。一万一〇〇〇の工場があり、それらは主に小規模なものであったのだが、そこには基本的に織物と金属製品の製造に従事する約五〇万人の労働者がいた。

農業は深刻な飢饉に見舞われた。農奴が農村にしばりつけられていたことは、都市の発展を妨げた。一八五一年の都市部の人口は三五〇万人であり、全人口七四〇〇万人の四・七％であった。

道路の未発達という理由もあり、国内市場の発展は緩やかであった。鉄道の長さは約一〇〇〇キロメートルであり、これはフランスの五分の一、ドイツの六分の一の長さであった。世界貿易に占めるロシアのシェアはわずか三・七％に留まっており、増えてもいなかった。輸出品目は、穀物、麻、亜麻、銅、鉄、毛皮、木材で構成された一方、綿、羊毛、砂糖、塗料、ワイン、紅茶、塩が輸入された。

国民の教育レベルは低水準であった。四大学——モスクワ大学、サンクトペテルブルク大学、カザン大学、ハリコフ大学――において、一八五四年の段階で学んでいる学生は、三六〇〇人だけであった。都市部に位置しているすべての学校で学んでいた学生数は、一万四〇〇〇人であった。読み書きができる農民は、事実上、存在していなかった。国民教育は、社会的および政治的安定性の維持という観点から、危険かつ有害であるとみなされた。加えて、教育を受けた知識人たちを通じて、ロシアに浸透してきた西側の思想や知識の影響は、疑念を引き起こした。偉大なロシア人科学者であるM・V・ロモノーソフを除き、ロシアは自国にヨーロッパ水準の学者がいると誇ることはできなかった。

ロシア最大の哲学者の一人であるN・A・ベルジャーエフ（一八七四―一九四八）によると、「一九世紀までに、ロシアは専制君主と農奴制によって束縛された巨大な農民大国へと発展した。皇帝の権力は単なる武力によるもののみならず、皇帝と極めて無学で勝手気ままな平均的大衆である国民とを隔てる強力な官僚制、そして簡単に分裂し破壊されうる小さな知識層とともに、国民の宗教的信念に拠っていた[2]」。

二　改革の開始

ロシアにおける改革は、一八五五年のアレクサンドル二世による皇位継承から始まったが、日本における改革は、一八六八年の幕府解体と天皇への全権力の回帰によって始まった、明治天皇の統治と結びついている。ロシアと日本における多くの改革は、共通の性格を有していたが、概念的には著しく異なっていた。

ロシアにおいて主要かつ中心的な改革は、農奴制の廃止であった。それ以後のすべての改革は農奴解放の結果であり、それはロシアの歴史において最も重要な事件の一つであった。農奴解放は一八六一年に行われたが、「大改革時代」そのものは全体で五年間、つまり一八六六年まで継続したに過ぎなかった。日本においては、一八六八年四月六日の明治天皇による御誓文において、すでに「世界からの有用な知識」の導入と政治改革の実施を意図した計画が策定されていた。

他方ロシアでは、皇帝アレクサンドル二世は、独裁を制限し、代議制を導入しようとする、自由主義的な知識層の要求を拒否した。「国民への賜物」として憲法を制定することに関しては、全く言及されなかった。国家システムは変化しなかった。一八五一年に大臣会議が設立されたが、それは一八八三年まで存在したに過ぎなかった。ロシアの体制を立憲君主制に変えるという皇帝の宣言は、一九〇五年の革命運動の後になって初めて出された。

日本における最初の変化の一つは、一八六八年の国家システムに関する勅令（政体書）である。一八七一年には廃藩置県が行われ、八つの省が設置された。一八七五年には立憲政体の詔書が発布され、その後一八八一年には一八九〇年に国会を開設する旨の詔書が続いた。一八八五年には欧州をモデルとした政府再編（内閣制度の導入）がなされ、一八八九年には大日本帝国憲法が公布された。

ロシアでは、政治体制の改革について、皇帝が消極的で優柔不断な態度をとる一方、地主や貴族、上流階級が強く反対していたため、改革後二〇—三〇年が経過した時点でも、改革の経済的・社会的な効果は限定的なものであり、そのことが結局革命が起こる前提条件を生み出すことになった。

ロシアの支配エリートは、農奴解放へと動き出したが、それは農民革命を回避する唯一の手段であると認識していたからである。クリミア戦争での敗北後、権力への不服従の事例と農民騒擾が多数記録されている。

一九世紀末から二〇世紀初頭にかけて、運輸大臣、財務大臣、大臣会議議長を歴任したロシアの有能な政治家であるS・Y・ヴィッテは、次のように指摘している。

クリミア戦争は、先見の明のある人々の目を開かせた。彼ら（エリート）は、ロシアが奴隷制に依拠したままでは、強くなれるはずがないと認識したのである。[3]

一八五六年、アレクサンドル一世は、「下からの農民による破壊を待つよりは、上から農奴制を廃止した方がよい」という結論に至った。

しかしながら、農民の解放は、農民による大規模な土地所有には結びつかなかった。農民は土地なしで解放され、土地の共同所有が保持されたためである。だが、大規模な土地保有者つまり地主の大部分は、農奴ぬきの新たな手法で生産を組織化することを望まなかったし、また組織化もできなかったため、農民へ土地を賃貸したり、商人や裕福な市民へ売却し始めた。

ヴィッテは次のように指摘している。

> 一九〇五年まで、ロシア帝国の人口の大部分は、共同体による集団所有制の下にあり、そのことが集約的農業の発展にとって障害となっていた。所有権が曖昧で不確定であったため、農家の耕作地に対する権利も不安定だった。農民は民法その他の法律の及ばないところで暮らしていたのだ。

とりわけ、負の役割を果たしていたのが、農村部における共同体関係の存続である。それは、緊密な絆で結びついた「農民共同体」に対する厳格な管理を可能にする、という意味で、当局にとっては好都合なものだった。共同体が、農村部における商品貨幣関係の発達を阻害するという負の役割を担い、また農民のイニシアティブや起業精神を抑圧し、最終的には、国家全体の経済発展にも負の影響を与えた。

ヴィッテも記しているように、共同体制度のもとでは、農民は自分が耕作した土地が、何年かすれば共同体の中の別の土地と割り替えられること、また収穫物も法に基づいてではなく、慣習（慣習はしばしば恣意的なものとなる）によって分配されるということを知っていた。結果として、農業は停滞した。生産高は少なかった。一八九六年、一八九八年、そして一九〇一年には飢餓が発生し、それは農民一揆を触発した。

日本では、集中的かつ集団的労働を必要とする稲作が開始された頃から、村落共同体が発生した。田んぼに不可欠である取水の確立とその維持を基礎とする、稲作のために組織された共同体において、均一性、平等化、協力の要素が支配していた。これらの諸要素は、日本人の人生観の形成に決定的な影響を与えた。日本では一八七一年から一八七三年にかけて、農民の封建的依存が解体され、土地の売買が導入された。地主、裕福な農民、貸金業者、商人が土地を所有するようになった。土地台帳の導入に関する法律が可決され、土地の所有権に関する証書（地券）が発行された。ロシアと日本における土地使用の変化に、共通点を見出すことはそう難しくない。両国における農民共同体の存在とその維持が、大きな意味を持っている。

ロシア、そして日本においても、資本不足および熟練の指導者や技術者の欠落が、欧州をモデルとした重工業生産体制の形成を阻害した。これらの問題は、類似した方法――対外借款、銀行設立、外国人専門家の招聘――で解決された。

ロシアでは国立銀行が一八六〇年に設立され、その後に最初の商業銀行の設立が続いた。一八九七年には、国立銀行が国の中央金融機関としての地位を得た。日本では、一八七二年に国立銀行条例が発布され、それに拠って、すべての民間銀行は国家の管理下で業務を行った。一八八〇年には一四八行が存在し、一八八二年には中央銀行が設立された。

ロシアでも日本でも、重工業企業の設立に、程度の差こそあれ、国家が参加していた。日本では、国家の役割はより大きく、また多角的であった。国家は一八七〇年代初頭より、国有の近代産業企業の設立に着手した。三つの造船所、五つの軍事工場、一〇の炭鉱、五二の工業企業が設立された。一八八〇年には、官業払下げの法律に従って、軍需産業を除き、私的所有者へと払い下げられた。このような方法が、大規模な金融企業グループ（財閥）の形成の基礎となっていた。

ロシアでは、国家は自らの管理下にある企業の設立のみならず、個人の起業活動の奨励にも、あまり積極的ではなかった。生産の組織化へ向けた投資にとって不可欠な、資本蓄積の重要な方法としての合資会社の形成は阻害された。ヴィッテも指摘した通り、「社交界の無学者たち」、地主貴族は、合資会社の設立を阻害した。なぜなら、「近代国家が、発展した国内産業なくして、強大になれない」ことを「単に理解しなかった」[4]からである。

しかしながら、一八七〇年代に鉄道建設計画が採択されたことが、工業生産の発展の大きな後押しとなった。一八八五年までに、その長さは約五万キロメートルに達した。日本においても同様に、鉄道建設は概して、国の経済発展に寄与した。一八九〇年代末までに、日本では四七〇〇キロメートルの私鉄と一八〇〇キロメートルの国有鉄道が敷かれていた。しかしながら、ロシアと日本の領土の不均等性を考慮に入れる必要がある。

工業生産の構造に関して言えば、ロシアと日本における基幹産業は類似していた。それは繊維産業、鉱業・冶金産業、食品産業、機械製作産業であった。

ロシアと日本は、強力な海軍の創設に、非常に注力した。一八八一年にアレクサンドル二世によって承認された、ロシア海軍増強計画は、造船業の発展、バルチック艦隊や黒海艦隊、シベリア小艦隊への船の建造、港の建設に資するものであった。一八八二年から一八九五年にかけては、国内の造船所の大規模な改築が行われた。一八八一年から一八九五年にかけては、一一四隻の軍艦が造られ、その中には一七隻の戦艦、一〇隻の巡洋艦、五三隻の水雷艇が含まれていた。一八九八年には、ロシアはヨーロッパにおいて、戦艦数で第三位に躍り出た（一〇七隻。イギリスは三三五隻、フランスは二〇四隻）。一八八〇年代には、潜水艦の建造が開始された。

しかしながら、ロシアは、民生用の船の建造という点で、ヨーロッパ諸国と日本に大きく遅れをとっていた。

ロシアと日本では、ほぼ同時期に軍事改革が行われた。ロシアでは一八七四年に、すべての身分に共通して適用される徴兵制に関する法律が採択された。改革以前の兵役義務の期間が二五年であったのに対して、新たな法律によって、それは六年まで短縮された。兵士に対する体罰が廃止され、兵士への識字の訓練が導入された。改革は、ロシア人兵士の士気向上に正の影響を与える一方で、兵器の近代化に関する政策により、国の軍事的な能力を著しく向上させた。

日本では一八七二年に、陸軍省と海軍省が設置された。一八七三年、徴兵令によって、成年男子は陸軍あるいは海軍において三年間の兵役に服するものとされた。

ロシアにおいても日本においても、ヨーロッパの例に倣った司法制度の構築が、重要な意義を持っていた。ロシアにおける司法改革は一八六四年に開始され、ヨーロッパの法体系に従った法典を採用した。「法の前の平等」が宣言され、陪審制が導入され、判決に対し異議を唱える機会が設けられた。些細な民事事件や刑事事件に対処するために、治安判事裁判所が導入された。弁護士という職業も登場した。

日本では、一八七一年の司法省設置とともに、市と県の裁判所が設立された。一八八〇年から一八八九年の間に、刑事訴訟法が制定され、それによって判決に対して控訴することが可能となった。しかしながら、陪審制は導入されなかった。日本では一八六八年まで、司法機能が行政権力へ統合されていた。司法システム改革の結果、司法権力は行政から分離された。治安裁判所が導入され、地方裁判所と控訴院・大審院が設立された。弁護士には相当の権利が認められた。

近代化の成功は、先端の知識を習得し、それを応用することができる、読み書きができ教養がある多くの人々なくしては成り立たないということは明らかである。日本において、識字の訓練は、伝統的に重視されてきた。一九世紀中頃に、日本で男性の四五％、女性の一五％が読み書きができたのは、偶然ではない。

一八一一年から一八一三年にかけて、日本に抑留されていた際に、日本人の人生と生活習慣を注意深く観察したロシアの軍艦艦長V・M・ゴロヴニンは、次のように記述している。

私の見解では、日本人は世界でも最も教養のある国民である。日本には読み書きができない人や、自国の法律

（日本では法律はごく稀にしか変わらないのだが）を知らない人がいない……確かに、科学や芸術についてはロシアの方が発達しているし、ロシアにいるような特別な才能をもった人は、日本では見当たらない。しかし、ロシアでは才能がある人が一人いれば、三つまで数えるのに難儀するような人が一〇〇〇人はいることも確かなのである。(5) 当時、日本において国民の識字能力は十分に高かったにもかかわらず、高度な教育を受けた人々は非常にわずかであった。日本に招聘された外国人専門家に取って代わり、資本主義経済の基礎を開発することができる人材を養成する政策が必要であった。そしてそうした政策は実行にうつされた。一九世紀末に大隈伯爵は、次のように強調している。

我々が何よりもまず必要としていることは、教育である。教育によってのみ、我々の国民は憲法というルールの下、自らの権利と義務に関する正しい理解を持つことが可能となる。(6)

一八七二年には学制が発布され、それによって、国民皆学を宣言した。二〇世紀初頭までに、日本では二一の大学、二二二の中学校、二万七〇〇〇の小学校が設置された。九〇％の男児と八〇％の女児が、初等教育を受けた。一九〇〇年より、初等教育は無料化した。一八九七年には、国民皆兵に基づき、軍隊へ徴兵された人々の識字率は、日本では七〇％であったが、ロシアでは二二％であった。

ロシアでも同様に、教育課程の確立へ向けた政策が実施された。一八六四年から一八七〇年の間に法律が採択され、七年制の男女別のギムナジウムが設立され、その卒業生は大学入学の資格を得た。また高度職業専門学校への入学に向けた六年制の専門学校が設置された。すべての身分の子供に開かれた中学校が設置されたが、そこにおける教育は有料であった。大学は、女性を受け入れるようになった。貧困層へ向けた教会学校の数も増加した。

結果として、識字率が高まり、また高度な教育を受けた若年層の地位が向上した。一八八一年には、八つの大学で一万人以上の学生、ギムナジウムでは一一万七〇〇〇人の学生が、実科学校では一七万五〇〇〇人の学生が、小・中学校では一三〇万人が学んでいた。しかしながら言うまでもなく、人口一億人規模の国家にとって、読み書きができ、教育を受けた人々の数は、明らかに十分ではなかった。ロシアの学生は左翼系の反対運動へ積極的に参加したが、日本の学生はこの点において非常に消極的であった。

ロシアにおいても日本においても、文学に関心を抱き、また定期刊行物（一八六四年の段階で、ロシアでは六六の新聞と一五六の雑誌が刊行されていた）を読む人々の層が現れたが、こうした刊行物には、検閲や政府による統制にもかかわらず、しばしば権力に対して批判的な性格の作品が発表されていた。

ロシアは一九世紀に文学の「黄金時代」に入った。L・トルストイ、N・ゴーゴリ、I・ゴンチャロフ、I・ツルゲーネフ、F・ドストエフスキー、そしてA・チェーホフは自らの作品の中で、ロシア社会の様相を幅広く、また現実的な筆使いで描き出し、経済・社会体制の改革で生み出された、新たな生存条件への適応を余儀なくされた人々の、一筋縄ではいかない運命を写しとった。

ロシア社会、そして日本社会においてもそうであったのだが、改革の結果として、「新たな生息環境」で、孤独感、疎外感、不調和感、精神障害感が広まり始めた。これは、ロシア人作家、日本人作家の作品に共通して反映されている。まさに、このことが日本におけるロシア人作家、とりわけチェーホフとドストエフスキーの絶大な人気の理由となっている。人間は、矛盾に満ち、悲劇的で、苦しみも多いが、ただ苦しんでいるだけでなく、苦しみをいとおしむ存在として理解すべきだ、という見方は日本の知識層にとって身近なものであった。苦しみこそが悪を贖うのだ。

明治維新以降に登場した日本の知識層は、同時代の社会の激変を大きな痛みをもって受け止めた。資本主義の急速な発展が社会にも良い変化をもたらす、という彼らの希望はかなえられることがなかった。夏目漱石の三つの作品――『三四郎』（一九〇八年）、『それから』（一九〇九年）、『門』（一九一〇年）――は、社会変化の嵐のなかで当惑し、煩悶するインテリ層を扱った小説であり、そこにはインテリ層が戸惑い、自分に、そして国に起こっている変化を説明できないでいること、何のために生き、働かなければならないのかわからずにいること、そしてまた、そのために積極的な行動を起こせずにいることが書かれている。漱石の作品が、その精神において、チェーホフの哲学的で自由人的な姿勢と近似していたのは偶然ではない。

三　日露における国家思想

ロシアおよび日本における改革の内容、そしてその実現に最も重要な影響を与えたのは、国家の思想とイデオロギーであった。両国における最高権力――ロシアにおける皇帝と日本における天皇は、国家と国民を統治する権利を「上から」直接与えられた人として崇められた。ロシアにおける皇帝は、「神によって聖香油を塗布された」、地上における神の代理、つまり神から直接的に権力を受けているとされ、日本の天皇は、天照大御神（太陽神）の直系の子孫とみなされた。

ロシア帝国の公式イデオロギーによれば、ロシアは三つの基礎を有していた。正教、専制、国民である。このうち、正教と国民は、専制に従属していた。正教の信仰を利用し、皇帝や教会は、国民の精神的生活の管理を実現した。

日本では、二つの宗教――仏教と神道――が独特の形で共存してきたが、明治維新期には神道が国教となった。そのことは、人々が、社会の巨大な変革を「大司祭」つまり天皇から発したものとして理解し、受け入れるのに役立った。日本における「国体」という概念、つまり天皇、国民、国土が、神々の創造物であり、一体だという概念と、ロシアにおける「三つの基礎」とは、ある程度まで対応していた。

両国の歴史的過程に目を向けると、外国の経験の重要な側面を受け入れ、同化した結果、国家体制、社会・宗教制度に大きな変動があった時期が容易に特定できる。ロシア人と日本人の、初期の宗教的信念は類似していた。古代ルーシはキリスト教以前の世界であり、住民たちは、自然現象の強大な力を信じていた。様々な神が存在しているという信念は、身の回りすべてに魂が宿る、という観念を基礎としていた。つまり、自然、その現象、動物や鳥、人間や生活している地域――これらすべては魂を持っている。ここから、具体的な神の存在への信仰が現れたのである。

スラヴの神々の先頭にたっていたのは、スヴァローグ――太陽神であった。太陽神スヴァローグの息子であるダジボーグも、スラヴ人によって非常に尊敬されていた。スラヴ人の考えでは、ストリボーグは風を支配し、ペルーンは稲妻や嵐を支配するとされていた。スラヴ世界には、膨大な数の超自然的存在があった。スラヴ人は、魔除けによって、様々な形の悪の力の影響から加護を受けることを求めた。しかしながら、一〇世紀になるとキリスト教のビザンツ帝国における解釈、つまり正教を受け入れた。キリスト教はルーシにおいて勝利を収めたにもかかわらず、多くの異教の伝統や祝日はキリスト教と共存した。そして、社会において新たな宗教と古い異教の信仰や習慣が存在している二重信仰は、今日に至るまで保持されている。

キリスト教は、ルーシにおける識字、書籍出版、文化、農業、そして建築の発展に貢献した。

神道によると、地上における命もまた、「自然神」――天照大御神、須佐能乎命に依存している。しかしながら、日本人は六―七世紀に仏教に触れ、そして比較的簡単にその信者となった。

ロシアにおいてはキリスト教と、日本においては仏教とともに、新たな知識が入ってきたが、それは社会生活の組織化に関するものを含んでいた。日本への仏教の流入は、多くの「大陸の仏教徒」（当時、高度な専門技能を有していた中国人および韓国人）の日本列島への移住をともなった。

日本は中国との交流から多く――例えば、農業技術や都市建設、漢字や国家統治術――を吸収していた。大化の改新を通じて、中国様式の国家統治が導入された。

ロシアと日本が、ともに外部世界からの長期間の隔離を経験したことは注目に値する。

タタール―モンゴルのくびきの結果として、ロシアは一二世紀から一五世紀にかけて、事実上、自立した発展の機会を奪われ、ヨーロッパ諸国との交流から切り離された。

N・A・ベルジャーエフが強調しているように、「タタールのくびきは、ロシアの歴史に致命的な影響を与えたとともに、ロシア国民を後ろに追いやった[7]」。タタール―モンゴルのくびきから解放された後のモスクワ公国時代においても、ロシアは、ベルジャーエフの表現を借りれば、「アジア―韃靼風の性格が極めて強い[8]」全体主義的統治のもとに置かれることとなった。このように、モスクワの皇帝とその側近は、金帳汗国から受け取った「東の専制的統治手法」を実践し、ヨーロッパ諸国と広い交流を確立することを望まなかったが、それは深刻なまでの負の影響を、国家の経済的および社会的発展に与えることになり、その後進性を維持させた。

一八世紀初頭におけるピョートル一世の急進的改革は、ロシアを「救い出した」と言うことができよう。なぜなら、彼なくして、ロシアは「自らを守り、また発展させることができなかったであろう[9]」からである。ピョートル大帝在位の間に、ロシアは急速に西洋の知識と技術を取り入れ、また西洋的な教養を身につけた新たな世代の人々の養成に着手した。しかしながら、ピョートル一世は、西側の政治システムのリベラルな要素、とりわけ代議制度をロシアの地に取り入れることには反対であり、ロシアにとっては、皇帝――独裁者の無限の権力に従うことが必要不可欠であるという点について、疑念を抱かなかった。このことは、ロシアの発展を強力に推進したピョートル大帝の改革が、長期的には発展をもたらさず、そして一九世紀前半に危機的な現象を引き起こした一つの原因となった。

日本も同様に、明治維新の時期に西側の知識と技術の幅広い導入に着手した。しかしながら、日本は西洋をモデルとした、国家統治制度の導入を行った。

まさにこの点こそが、ピョートル大帝の近代化政策やアレクサンドル二世の大改革と、明治維新の根本的な差異である。ロシアの大改革と異なり、明治の変革が大きな成功を収めた理由として大きいのは、後者が国家の政治システムの根本的変革を含んでいたことであり、そのことが国の急速な近代化という目標を達成するうえで大きな力となったのである。

ロシアでも日本にでも、一九世紀中頃には、改革の内容、急進性の度合い、またそもそも改革の是非をめぐって、二つの実践哲学的立場が登場し、両者の対立はその後先鋭化した。

ロシアでは、西欧派とスラヴ派の間で論争が起こったが、それはロシアの運命と世界におけるロシアの位置づけに関する論争であった。ピョートル大帝の改革についての見解における深い亀裂が、両派の論争のもととなっている。

西欧派はピョートルの改革を全面的に肯定し、ロシアは将来も西欧の道を進んでいくべきだと考えた。彼らの考えでは、ロシア社会を西欧の普遍的文明精神にそって作り替えることの目的は、狭隘な民族の区別にかかわらぬ高度な発展を実現し、ロシアを世界に誇れる偉大な国にすることであった。西欧派は、憲法による統治、思想と言論の自由、農奴制の廃止、科学技術面における西欧の成果の活用を提唱した。

一方スラヴ派（この用語は、文部大臣であったA・S・シシュコフ（在職、一八二四―二八年）が用いた）は、ロシアには元来、正教に根差した独自の文化があったのに、ピョートル改革以来のロシア独自の調和的な発展が損なわれてしまい、民衆の中に培われた伝統が破壊されてしまった、と考えた。彼らの見方では、立憲制はロシア人には適合せず、西欧の例が示しているように、社会の無秩序や階級闘争につながるだけだった。スラヴ主義者は正教、専制、国民がそれぞれ理想的な形で結びついたユートピアの可能性を信じたのである。

「中間の見方」も存在しており、たとえばN・A・ベルジャーエフはその支持者であった。彼の見方によると、「ピョートル大帝の改革の評価に関して、スラヴ派と西欧派の見解は間違っていた。スラヴ派は、世界におけるロシアの使命のための、ピョートル大帝の改革の必然性を認識していなかったし、またスラヴ派の思想を含めて、ロシアにおける思想や言論、さらには偉大なるロシアの文学を可能にしたのは、ピョートル大帝時代の改革であることを認めようとしなかった。他方、西欧派は、ロシアのアイデンティティを理解せず、またピョートル大帝の改革の否定的な面を認めようとせず、ロシアの特殊性を考慮しなかった[(10)]」。

西欧派とスラヴ派の対立において、最終的に優勢となったのは、皇帝に近い取巻きの支持を得たスラヴ派の方であった。しかも、一八八〇年代までに、スラヴ派はより強硬な、ベルジャーエフの言葉を用いると、保守的ナショナリストの立場に移行した。

日本では、明治の初期に、ロシアの西欧派に近い考えをもつ政治家が改革のレールを敷いた。慶応義塾大学の創立者である福沢諭吉は、「脱亜入欧」を唱えた。

彼はアジア、具体的に言えば中国は、西側の政治的、工業的、社会的発展を知的に受容することができないと考えた。彼の見解では、日本は西側の技術のみならず、より重要である知的な成果を受け入れる必要があり、それこそが日本人による近代化の実施を可能にするものだったのである。

徹底した欧化主義者であった森有礼は、明治初期の著名な政治家であり、文部大臣の在任中に新たな教育システムの確立に多大な貢献を行った。彼は「野蛮な日本語を廃止し、英語を国語とする」という考えを提起したという[(11)]。明治時代の著名な政治家である井上馨は、米の消費を止めてパンの消費へ、また着物ではなく、西洋風の服を着ることを主張した。

しかしながら、西洋をモデルとした改革が日本社会において加速するにつれ、世論や社会意識のなかには、これらの改革が伝統的な日本の価値観の完全否定や、そしてナショナルアイデンティティの喪失につながるという危機感が表れた。

当初は、「西洋から良い部分だけを受け入れ、精神的価値観は保持する」のが妥当であるという姿勢を擁護する「啓蒙的ナショナリズム」の支持者が現れたが、後には、西洋の影響が浸透することへのバランスとして、国民道徳を強化するための運動が展開された。

早稲田大学を創立した大隈伯爵は次のように述べている。

余は将来の日本が全く欧化せるに至るとは思いおらず。東西の文明を融合せしめ、新たなる文明を発展せしむること、これ我が日本の天職なり。我等の欧州文明を摂取するや、これ即ち彼の文明を取りて、その利をもって我が文明を発展せしむると同義なり。今日東西両文明の融合しつつあることは、文学・芸術の発展を見れば明らかなり。融合の進むにつれて我文明は消え去るにあらず。我が文学、芸術は、外国の文学、芸術の摂取に従い、彼と共にその進運を見るべきことまた明らかなり(12)。

一八九〇年には臣民に向けた『教育に関する勅語』が出されたが、その中では、天皇や国家、家族、両親、職場や社会に対して個人が負う恩義を中心とする伝統的価値の維持にこそ日本の強みがある、という点が強調されていた。一八八八年には、三宅雪嶺を中心とする「政教社」が発足し、欧米の文物の無批判な受け入れを批判し、国粋保存を説いた。その一方で徳富蘇峰が中心となって「民友社」も設立され、「盲目的国粋主義」に反対を唱えた。このように、日本においても、ロシアと同様に、西欧派と土着派の論争が行われたのである。

四　日露における啓蒙思想

ロシアと日本で、ほぼ時を同じくして「知識層による民衆の啓蒙運動」が確認されるのは非常に興味深い。人間の自由と権利のための日本における運動（自由民権運動）の最中に、東京の知識層やジャーナリストが地方へ下り、学校を開校したり、そこで授業を行ったり、新聞を発行したりすることがあった。

ロシアにおいて「人民主義」は、日本よりも一層大きな広がりをもっていた。

ロシアにおけるナロードニキは、ロシアの歴史的発展が、他のヨーロッパ諸国のものとは異なっており、ロシアが資本主義をとばして社会主義に移行することが可能であるという理論を奉じていた。人民の先天的な知恵と善を信じて、彼らは一八七〇年代初頭に大挙して（数千人規模で）、農民の「革命本能」を喚起し、専制打倒の戦いを引き起こすために、農村へ「人民の中へ」赴いた。しかしながら、この運動は、完全な失敗に終わった。ナロードニキの思考や主張は、農民には理解されず、受容されなかった。人民の革命性という信条を失うとともに、知識層が専制と戦わなければならないと考え、ナロードニキの一部はテロ行為に走った。テロ行為の結果として皇帝アレクサンドル二世や高官たち多数が殺害されたのであるが、それは学生や創造的職業に従事する人々に支持された。軍隊にも官僚の中にも支持者がいた。

「日本における人民主義」は、自由党の結成へと進み、その構成員は、戦闘団を結成し、政府高官へのテロ行為を計画した。しかしながら政府は、一八八五年から一八八六年にかけて、党の非合法組織を粉砕し、反対運動は沈静化し始めた。

このように、ロシアでも日本でも、民衆蜂起を促す知識層の試みは、失敗に終わったのである。

一九世紀末のロシアが日本と異なっていた点のひとつは、知識層のかなりの部分が社会主義、後にはマルクス主義を受け入れたこと、また、ただ受け入れるだけでなく、こうした思想の「実践」に積極的に取り組んだことにある。

一八九五年までに、V・レーニンとY・マルトフの指揮の下、マルクス主義者たちは、労働者階級解放闘争同盟を結成し、また一八九八年にはロシア社会民主労働党が結成され、その党内でボリシェヴィキが社会主義革命、資本主義の破壊、プロレタリア独裁の確立を提唱する一方で、メンシェヴィキは君主制の打倒とブルジョア民主共和国の創出を主張した。

社会民主労働党はテロ行為に反対しており、個人のテロ行為は政治的目標達成にとって有害であるとみなしていた。

一八九〇年代末には、ナロードニキが「社会革命主義者」と呼ばれるようになった。一九〇五年には社会革命党が結成され、既存の秩序の転覆と階級のない社会主義社会の創出を目的として設定した。社会革命党員たちは、テロ行為と自らの思想の積極的プロパガンダを組み合わせることが有効だと信じていた。党の戦闘団が組織され、一九〇二年から一九〇七年にかけて、一連の政治的殺人（三〇〇〇人以上の高官や警察官が命を落とした）が行われた。

一九〇四—〇五年における戦争と、そのロシアにとっての残念な帰結は、抗議や反対運動をより一層強めた。左派系政党のみならず、地方自治体や貴族会までもが、立憲政治を要求した。大学講師、弁護士、農家、医者、ジャーナリスト、作家などの多くの労働組合が結成され、憲法採択のための憲法制定会議の招集を要求した。皇帝ニコライ二世は、専制権力の放棄は屈辱であり、かつ神聖なる義務の放棄であると考えており、彼の意思が法によって縛られるなどとは考えてもみなかった。しかし、多方面からの圧力、社会的不満の爆発に直面して、一九〇五年一〇月一七日に、詔書を出さざるをえなかった。その詔書では、国民の自由の保障——人身の不可侵、良心の自由、言論の自由、集会の自由、結社の自由——が宣言され、国会（ドゥーマ）の選挙権が拡大され、立憲君主制の形成への道が開かれた。そしてロシア史上初めて立憲民主党（カデット）や「一〇月一七日同盟」などの合法的な政治団体が現れ始めた。

しかしながら、ニコライ二世と宮廷の特権階級は、リベラル勢力への譲歩に甘んじることなく、その後は全力で戦い、皇帝の権力を制限しようとする試みを強く阻害した。最終的に、それは一九一七年の二月革命、そしてロシアの歴史的発展にとって悲惨な結果をもたらした十月革命へと結びつくこととなった。

ロシアと異なり日本では、合法的な政党は一八八〇年代初めに登場していた。一八八一年に、一八九〇年を期して国会を開設するという詔が発せられると、その直後に政党が結成されたのである。一八八一年には自由党（立憲自由党）が、一八八二年には立憲改進党が結成されている。社会民主党結成の試みはこの時点では成功しなかったが、それは一つには政府による禁止のため、もうひとつには、日本の自由主義・左翼勢力にとって、社会主義、ましてやマルクス主義の思想が魅力的に感じられず、またあまり知られてもいなかったためである。ロシアと日本における近代化のプロセスは、抵抗を引き起こしたが、抵抗は日本よりもロシアにおいて断固としたものであった。日本では、初期の段階における改革への抵抗は、一八七〇年代末の士族の反乱として現れた。ロシアと日本における反改革は、安定を維持し、既存権力を強化し、反対勢力の活動に対する統制を強める目的で行われた。ロシアにおいて、これらの政策は日本よりも残忍な様相を呈しており、それはナロードニキ急進派によるテロ行為、特に一八八一年の皇帝アレクサンドル二世の殺害への対応の必要に起因している。

概して、アレクサンドル二世在位の際の経済・社会状況は、古い秩序から資本主義社会への移行過程にあった。政治システムの改革も準備されていた。旧体制の多くの遺産がそのまま残っていたが、経済的および社会的な圧力の下で、それらは新たな関係に徐々に置き換えられ、このプロセスは勢いを増していった。しかしながら、概してロシアの資本主義は、ゆっくりとしたペースで発展していった。アレクサンドル二世の死後は、このペースは減速したのみであった。

皇帝の暗殺後、すぐに新帝アレクサンドル三世によって、「すべての侵害」から専制権力を守るという決意を宣言した詔書が発布された。国家保安と社会の平静の維持に関する措置法が制定された。政府は「非常警戒事態」を宣言できる権限を与えられた。一八八二年には出版物への管理が強化され、いわゆる懲罰的検閲が導入された。一八八四年には、大学の自治が廃止された。

アレクサンドル三世は、極めて民族主義的な見解を堅持しており、絶対君主制を断固として擁護した。これと関連して、彼はどのような形態であれ、国政における人民代表の考え方に強く反対した。一八八九年から一八九二年には、地方自治体——ゼムストヴォ（地方自治機関）——の権力を縮小する政策が実施された。

抑圧的な政策は、成果をもたらした。アレクサンドル三世の時代には、概して社会的安定が維持され、反政府運動や革命運動は分裂し、活発ではなかった。しかしながら、社会団体や私人のイニシアチブに関する厳しい法規制や官僚機構の強大な権力、市民社会を生み出す動きの欠如、そして異分子の抑圧が、ロシア社会の奥深くに、強い反抗的な感情を発生させ、それはニコライ二世の統治の下で、破壊的な社会変革として表面化するのである。

ヴィッテの証言によれば、皇帝ニコライ二世のもとでは、「国政は初めの頃からぐらつきを見せ、様々な冒険的政策が試みられた。政策は全体として進歩的ではなく、むしろ退行的なものだった。アレクサンドル二世時代の統治原理ではなく、アレクサンドル三世時代の統治原理——先帝陛下も晩年にはその原理から次第に離れられたのだが——を志向したのである」(13)。

日本では、政府と社会の関係がより温和なものであったため、反対勢力に対する抑圧・管理の政策も、ロシアにおけるほど厳しいものにはならなかった。しかしながら、一八七五年には讒謗律が、一八八七年には保安条例が制定された。

五　対外政策

ロシアと日本における近代化政策は、外交政策にも反映されていた。

日本は経済の改革において顕著な成功を収め東アジアでは最強の軍事力を築きあげたことから、他のアジア諸国に対して優越意識を持つようになった。と同時に、帝国主義的な「世界の分割」において欧米諸国に遅れまいとする欲求を抱くようにもなった。日本は大陸に向け、一八九四—九五年の日清戦争に勝利すると、朝鮮半島を手中に収めるために方策をめぐらせた。こうした膨張政策は、一六世紀の朝鮮出兵の失敗以降試みられたことのないものだった。当時、中国や韓国が日本にとって全く脅威でなかった点はここで指摘しておく必要があろう。

ロシア帝国は、一方では自らの安全を保障し、国の中心部への攻撃の脅威を排除するための、絶え間ない領土の拡大、また他方では、経済・社会の発展における後進性を解消するための新たな領土（とりわけ中央アジアにおける）の征服を基盤として形成された。ロシア帝国は、一六世紀には四三年間、一七世紀は四八年間、一八世紀は五六年間、そして一九世紀は三〇年以上も戦争をしていた。ただし、西方向へ向けたロシアの戦争は余儀なくされたものであり、何よりもそれは外からの脅威へのやむを得ない対処であった。

著名なイギリス人歴史学者のA・トインビー（一八八九―一九七五）は、次のように述べている。

確かにロシア軍がヨーロッパまで攻め込んで戦ったことは事実だが、それは常に、西欧諸国同士の絶え間ない内輪揉めに際して、交戦国の同盟国としてやってきたに過ぎない。もし東西キリスト教間の何世紀にもわたる争いに関する年代記が書かれるとすれば、ロシアが侵略の犠牲となり、西欧諸民族が侵略者であったことの方がその逆より多かったことが明らかになるだろう。

ロシアの南方の状況はまた別である。中央アジアへの侵入は、一八二〇年代には始まり、一八八四年まで続いた。一八〇〇年代中頃には、シベリアと中央アジアの砂漠の間に境界線はなかった。

ロシアの中央アジアへの膨張の理由は、外務大臣A・M・ゴルチャコフにより、一八六四年一一月二一日に出された回状における、「歴史的必然」理論という形で明らかにされている。ゴルチャコフによれば、好戦的な部族集団と隣接している国家は、安全保障上の必要、および商業上の利益からして、こうした部族を支配下に置こうと努めざるを得ないという。「アメリカ大陸における合衆国、アフリカにおけるフランス、東インドにおけるオランダ、インドにおけるイギリス、いずれの場合も、野心というよりは防衛上の必要から膨張政策をとらざるを得なかった。大切なのは膨張を避けることではなく、どこで止まるべきかを知ることなのだ」とゴルチャコフは論じている。

経済的な因子は、ロシアの征服の前提条件の一つであったが、決定要因ではなかった。中央アジアにおけるロシアの貿易は、ごくわずかであり、武力による拡張や征服した土地の管理のコストに見合うようなものではなかった。大蔵省も、拡張政策には反対であった。一部の商人や工場主は有利な利権と高収益の獲得を見込んでいたが、その期待は実現しなかった。V・I・レーニンが発展させて人口に膾炙したマルクス主義の理論では、ロシアの中央アジアへの拡張は、資本主義の発展のためには植民地の占有が必要であるためだと説明されていた。しかし、中央アジアの領土が経済的に見てより有望に思えるようになったのは、征服から二〇─三〇年がたち、秩序が回復し、鉄道が建設されて後のことだった。

中央アジアのロシア領土は首都から離れていて、報告・通信手段は発達しておらず、中央政府が出先機関の行動を統制するのは容易でなかった。ロシア軍の司令官が、こうした事情を利用して、自らの裁量で帝国の「国境を押し広げる」ことは珍しくなかった。しかしながら、その人口の大部分が部族社会の段階にあった中央アジアにおいては、ロシアが啓蒙的役割を果たしていたことも事実である。またロシアは、征服した領土を、ヨーロッパ諸国と違って植民地として扱うのではなく、帝国の有機的一部として組み込んだのだった。

皇帝は、相互に競争する複数の派閥からの働きかけを受けており、中央アジアに派遣した総督が勅命に反して領土を併合することが時折あったにもかかわらず、彼らを抑制するような行動はとらなかった。一九三〇年代において、日本軍が同様に、中央の意を汲まずに、中国における軍事行動を実行したことは、注目すべき点である。

ロシアの極東での拡張は、中央アジアでの拡張ほどは積極的ではなかったが、それは多額の金銭および軍事的労力を要したからであった。それにもかかわらず、一八六〇年には、新たな露中の国境を定めた北京条約が締結され、ウラジオストクが建設されたとともに、中国の割譲地におけるロシアの主権が承認された。一九世紀末における中央アジアの征服完了後に開始された、極東、とりわけ中国の支配地に向けたロシアの進出と、日本による同方向への進出は、必然的に衝突に発展し、一九〇四年から一九〇五年にかけて戦争が引き起こされた。

アレクサンドル二世の治世の際に、ロシアは太平洋沿岸における足場を強化し、中央アジアと近東の領土を獲得し、南スラヴ人の解放のために多くのことを為し、パリ講和条約によって課せられた不利な制限を取り除いた。

しかしながら、ロシアの領土は広大で人口は希薄であり、産業や文化は大きく遅れていた。そうしたなかで、ただでさえ乏しい人的・財政的資源を割いて、乾燥したアジアの砂漠の征服が実行されたのである。領土の拡大は確かに国家的自尊心をくすぐるものではあったが、その結果はロシアの政治・社会・経済の発展の遅れであった。征服の代償は非常に高くついたのである。

一九世紀中頃から二〇世紀初頭までの、ロシアと日本の歴史発展のプロセスを比較した場合、次のような結論を導き出すことができよう。

両国は、一面では対外的安全保障と独立保持（これは特に日本に当てはまる）の必要を満たすため、他面では国内における発展の自然な結果として、政治・社会・経済体制の近代化の道を歩み始めた。

ロシアはピョートル大帝の時代以来、大規模な西欧文明輸入の経験を経てきており、その意味では両国の出発点は異なっていた。しかし、両国における改革には、共通した面が多数みられた。

ただ、ロシアにおいては、皇帝を中心とする専制権力の構造や権限に関する改革は、小さな変化も含めて全く排除されており、その点が日本とのきわめて大きな違いとなっている。また、ロシアの歴史的発展にとって特に重大な結果をもたらしたこととして、憲法制定への動きがみられなかったことが挙げられる。このことが結局は、改革の過程と結果に非常に否定的な影響を及ぼしたのである。

ロシアのもう一つの独自性としては、広大ではあるが人口希薄な領土を支配していたこと、そこには多数の民族が居住していたが、その大多数は無教養であったこと、そしてその無教養の度合いは、巨大ではあるが統制のとれない官僚機構によって強められていたことが指摘できる。

最終的にはロシアにもドゥーマという議会が開設され、合法的な政党が結成された。しかしこれは、一九〇五年の革命的状況に際して、専制政府がやむを得ぬ譲歩として許したものだった。しかも、憲法は結局採択されなかった。

ロシアでは、改革が中途半端なものであったことが、世論の反発を誘い、政治活動に対する制限や抑圧が、急進主義や反政府的雰囲気に力を与え、ひいては組織化された革命運動が登場することとなった。運動は一九〇五年の蜂起が鎮圧されたあとは一旦低調になったが、それも一時的な安定に過ぎなかった。

日本では立憲君主制が導入されたものの、軍部が独自の政策を追求しうる条件が作り出され、そうした政策は国家主義団体や、成長しつつあった財閥（原材料の安定的供給源や、製品市場を求めていた）によって支持され、また方向づけられていた。結局のところ、明治の国家体制は、軍部が軍国主義、侵略主義の政策を追求するのを押しとどめることができなかったのである。

注

（1）N. I. Konrad, *Izbrannye trudy: Istoriya*（『選集——歴史』）(Moskva: Nauka, 1974), 195.

（2）N. A. Berdyaev, *Russkaya ideya*（『ロシア思想』）(Paris: YMCA-Press, 1946).

（3）S. Y. Vitte, *Izbrannye vospominaniya*（『回想録選集』）(Moskva: Mysl', 1991), 509–528.

（4）*Ibid.*, 514.

（5）V. M. Golovnin, *Zapiski Vasiliya Mikhailovicha Golovnina v plenu u yapontsev v 1811, 1812 i 1813 godakh*（『一八一一年、一八一二年、一八一三年におけるV・M・ゴロヴニンの日本人の下での抑留記録』）(Khabarovsk: Khabarovskoe knizhnoe izdatel'stvo, 1972), 305.

（6）P. Watson, *Japan: Aspects and Destinies* (London: 1904), 243.

（7）Berdyaev, *op. cit.*, 31–33.

（8）*Ibid.*
（9）*Ibid.*
（10）*Ibid.*, 70.
（11）堺屋太一『日本とは何か』講談社、一九九一年。
（12）Watson, *op. cit.*, 243.
（13）Vitte, *op. cit.*, 597.

III

アイデンティティの相克

——第二次世界大戦終結まで

1　交差する日本とロシアの軌跡――一九〇五―一九四五年

池田　嘉郎

はじめに

日露戦争が終結した一九〇五年から第二次世界大戦が終結した一九四五年までの四〇年間は、国際的に緊張の絶えることが少ない時代であった。日本とロシア・ソ連の関係もまた同様であり、両者の対立は国際的緊張をもたらす主要因の一つでもあった。例外的に、日露戦争終結からロシア革命までの一〇年ほどは、両国の関係は友好的であったし、一九二〇年代後半にも凪のような一時期があった。だが、基本的には日本とロシア・ソ連の間には対立的な関係があり、それは極端な形では、シベリア出兵、数次の大規模国境紛争、それに第二次世界大戦末期の日ソ戦争という、軍事衝突の形をとった。両国の対立の背後には、資本主義日本と社会主義ソ連とのイデオロギー的相違があったが、より大きな意味をもったのは、東アジアでの覇権をめぐる地政学的な緊張関係であった。そして、この地政学的対抗においては、日本の拡張主義的な野心が、事態を昂進させる基本要因であった。

かような対立的な関係にもかかわらず、一九〇五年から一九四五年までの日本とロシア・ソ連とは、一つの立場を共有していた。それは、この期間、両国がともに、西欧諸国の文明的ヘゲモニーから圧力を受けていたということであり、両国はまた、それに対して各自の立場から挑戦することにもなったのであった。具体的にいえば、議会制やナショナリズム、それに私的所有権といった、一九世紀末までに西欧諸国で確立された制度や理念の体系に対して、それを受容するために努力を払うか、あるいは別の体系を打ち出して対抗するか、といった課題にともに迫られていたのである。日本とロシア・ソ連の間の対立もまた、部分的には、各自が西欧諸国の文明的ヘゲモニーに対抗して、独自の代案を打ち出そうとしたことの結果であった。そして、こうした運命を共有していたことによって、両国の間には、単に対立相手を研究するといった動機に留まることのない、互いの社会に対する関心が深まった。

本章では、一九〇五年から一九四五年までの日本とロシア・ソ連の関係について、以上のような観点から概観を行う。とりわけ、相互の社会に対する関心が特徴的に現れている事例を取り上げることで、両国が共有していたものが何であるのかを浮き上がらせるように努めたい。

一　ロシア帝国と日本帝国

「近代ヨーロッパ文明」と日本・ロシア

二〇世紀初頭の世界において、西欧諸国は相互に競合しつつも、全体として一つの文明と呼べる、価値と制度の体系を体現していた。ここではそれを、「近代ヨーロッパ文明」と呼んでおきたい。一九世紀中に確立されたその文明は、私的所有権を根底とし、かつ、そこから生まれる諸権利を相互に守り、調整するために、憲法や議会といった制度を発展させていた。その文明においては、法的に平等な市民同士から構成される政治共同体、すなわちネイション（国民）が、各国の政治的主体となった。ネイション概念は、男性に関する限り、社会の広汎な構成員に政治的な主体意識をもたせるものであり、西欧諸国の経済的・科学的・軍事的発展を強力に後押しするものであった(1)。

一九世紀半ばにこの文明の圧力にさらされた日本は、生き残りをかけて、その理念と制度を摂取する道を選んだ。一八八九年には大日本帝国憲法が制定され、一八九〇年には帝国議会が開設された。これらの制度構築に促され、また、住民構成の均質性の高さにも助けられ、日本では二〇世紀初頭までにネイション形成がかなりうまく進んだ。これに対してロシアは、一八世紀初頭以来、政治的・軍事的には国際関係の中枢メンバーであったが、二〇世紀初頭まで皇帝専制という独自の体制を維持し続けた。憲法も議会も不在であり、私的所有権も十分には根づいておらず、ネイション意識も脆弱であった。広大な国土に様々なエスニック集団（民族）が暮らしていたこと、さらには身分制が堅固に機能していたことが、住民を分断し続けた。一九〇四年から一九〇五年の日露戦争における日本の勝利とロシアの敗北は、かなりのところまでネイション形成の差に由来するものであった。土屋好古が指摘しているように、ロシア政府を批判し、立憲制を求める自由主義者の中には、ストルーヴェのように、日本ではネイション形成がうまくいっているからこそ戦争に勝てたのだと論じる者もいた(2)。

日露接近

敗戦、またそれと直接に結びついた一九〇五年の革命が、ロシア帝国のエリートに「近代ヨーロッパ文明」の諸要素を採用することを余儀なくさせた。もっとも、一九〇六年に導入された憲法および議会は、依然として専制や身分制の要素を残存させていた。それでもストルイピンの改革、とりわけ農村共同体の解体と、農民身分の隔離状態の解消に関わる措置は、やはりネイション形成を進めることを一つの目的としていた。

ストルイピンは対外平和の維持を、国内改革の成功の条件と考えていた。とりわけ東アジアでは、日本との関係改善が進められた。東アジアのもう一つの重要な国である中国は、清朝末期の混乱から、辛亥革命（一九一一年）を経て、中華民国に至ってもなお、安定を見なかった。このような状況にあって、旧清朝周縁部の利権を確保することにおいて、日本とロシアの帝国主義的な利害は一致していたのである。一九〇七年、一九一〇年、一九一二年、一九一六年の四次にわたる日露協約によって、朝鮮は日本が、外蒙古（モンゴル）はロシアがおさえ、満洲は南北で、内蒙古は東西で、勢力範囲を分割した。日本とロシアによる介入自体が、中国また朝鮮の国内的安定を妨げる大きな要因であった。(3)

日露の関係改善は、一九一二年に明治天皇が没したときにもよく現れた。ロシアの多くの論者は、日露戦争の敗北にもかかわらず、ピョートル大帝の改革に比すべきものとして、明治天皇の下での日本の近代化を讃えた。例えば大衆向けの『万人のための新しい雑誌』に掲載された論説は、「日本のピョートル大帝」と題し、「ピョートル大帝の時代のロシア人と同様に、日本も多くの伝統的な風習を急激に変革しつつあるのである」と論じた。もっとも、そうした見方を批判する者もいた。知識層向けの『ロシアの富』に掲載された「睦仁の治世における日本の発展」は、「黄色人種のピョートル大帝」「玉座の偉大な改革者」といった見方は、実際には国民全体の努力でなされたことを一人の人間の営為に帰す幻想であると断じた。(4)これはそのまま、王朝中心のロシア史叙述に対する批判でもあった。日本の国制をめぐるロシアの論説は、ときに自国の政体についての隠れた批判となりえたのである。

第一次世界大戦

もし第一次世界大戦が起こらなければ、あるいはそこに参戦しなければ、ロシア帝国も、日本帝国あるいはドイツ帝国のように、立憲君主制の下で徐々にネイション形成の道を歩んでいけたかもしれない。だが、大戦に参加しなければロシアの大国としての威信を傷つけることになったので、そうした選択がなされる余地は小さかった。そもそもバルカン半島をめぐるロシア帝国とハプスブルク帝国の確執が、第一次世界大戦が始まる重要な前提であったのだから、ロシアにとって大戦は天から降ってきたわけではなく、自ら招いた災禍であった。数カ月で終わると思われていた戦争は長期戦、総力戦と化した。それとともに、ロシアには総力戦を耐え抜くための国内統合の制度が弱体であり、ネイション意識も十分には住民の間に共有されていないことが露わになっていった。ニコライ二世が議会に信をおかず、その開催を長期にわたって阻止していたため、たまに開かれるその会期は、「城内平和」を実現するための場としてではなく、自由主義者による政府攻撃の場としてもっぱら機能することになった。諸民族も独立こそ目指さぬもののの、自治権獲得を視野に入れて独自の動きを活発化させた(5)。他方、日本は主戦場となったヨーロッパやアフリカから遠く離れた極東にあって、大戦から最大の利益を最小の犠牲によって引き出すことに成功した。

一九一四年の開戦から一九一七年の二月革命まで、日露関係は優れて良好であった。両国はともに連合国の一員として、ドイツ側と戦った。早くも一九一四年秋には日本赤十字社によるロシアへの救護班派遣が実現した。一〇月に東京を出発した救護班は、シベリア鉄道で西進し、道中ハルビンでは中東鉄道管理局長ホルヴァートの歓迎を受けた。翌月ペトログラードに到着し、以後、二度の滞在延期を経て、一九一五年四月まで活動した(6)。その後もロシア赤十字社の懇望を受けて三輪美之輔が残り、一九一七年一〇月まで診療活動を続けた。同年一二月に日本赤十字社長石黒忠恵男爵宛てで作成された彼の報告書によれば、日本赤十字救護班病院の入院患者の延人員は、病院を開設した一九一四年一二月から救護班が引き上げた一九一六年三月まで四万四一〇三人、一九一六年四月から一九一七年九月までで七万三一八八人、合計一一万七二九一人であった（この統計に関してのみ、年月は露暦）(7)。日本はロシアに武器弾薬や軍装も提供した(8)。また、開戦まで医療機器や薬品をドイツからの輸入に頼っていたロシアは、新しい輸入先を探さなければならなかったが、日本は綿の主要な提供者であった。ロシア語にも日本語のワタがそのまま入っている(9)。

ローカルなレベルでの交流もあった。例えば一九一六年九月には、モスクワ市会議員のシチェンコフが東京訪問に出発している。紡績業の多いモスクワ・ブルジョアジーの代表らしく、繊維取引が彼の訪問の主要な関心であった。それとともに、モスクワ市所属の技師シェスタコフによって、シチェンコフには日本の港湾建設について調査を行うことも委託されていた。モスクワでも河川航路の港湾を開設する予定であることが、その背景にはあった。都市インフラに関してモスクワが東京を意識していたことがわかる、興味深い事例である。シェスタコフは一九二〇年代に、構想だけに終わった「大モスクワ計画」の策定を主導することになる(10)。

二　革命ロシアと日本

革命と内戦

一九一七年三月にロマノフ朝は倒れたが、この二月革命によってロシアの政治が安定することにはならなかった。農民や労働者といった民衆層は、自らが求める公正を実現するために、私的所有権を無視して工場や土地といった有産層の資産に対する攻勢を展開し、疲弊した兵士は戦闘を放棄した。先述の三輪美之輔の報告書にも、入院している兵士の動向が記されている。それによれば、「革命動乱以来無智なる兵卒は上級者に対する反感熱昂騰により一時に膨張したる誤まられたる自由思想は全く紀律と秩序を乱し、傷病兵も何時かは之に感染し、時には一切義務拘束を認めず、従来の病院の規定に従はず、例えば自由勝手に外出し規定の時間には帰院せず、之に説諭を加ふれば節度序礼を無視する如き輩続出し、吾日本赤十字社救護班病院に於ても一時病院の節度を保つに困難なる時期ありしも、如何に思想は単純、頭脳は空虚なる彼等も治療に対する恩義は忘れ難かりしと思しく、日本人医（余及福田医学士）の説諭には従ふを常とし、他の救護病院に比し幾分の秩序を保留することを得たり(11)」。

各層の利害を調節する制度である議会が未発達の状況において、社会対立は激しさを増す一方であった。民衆層の要望に機敏に対応することができ、なおかつそれを統御するためには暴力も辞さずという強力な意思をもった集団は、ボリシェヴィキだけであった。一九一七年一一月に武装蜂起によって政権を獲得したのち、彼らは一九一八年から一九二一年の内戦中に、身分制のロシアを階級という新たな区分に基づいて再編した。ソヴィエト・ロシアでは私的所有権という「近代ヨーロッパ文明」の根幹は否定され、憲法も形式的な性格が強く、議会（ソヴィエト）も主に動員装置としてのみ機能した。労働組合や職業団体や協同組合が社会生活の基盤となるという点では、ソヴィエト・ロシアに生まれたものは、団体を単位とする体制、すなわちコーポラティズムともいえた。党・国家主導のコーポラティズムによって、私的所有権や市場経済や搾取を否定し、もって真に平等な社会をつくるというのが、ボリシェヴィキの目指したことであった。

ただし、ネイション形成という一点に関しては、ソヴィエト・ロシアには「近代ヨーロッパ文明」と重なる要素があった。つまり、ボリシェヴィキのイデオロギーの下で、国家への共通の帰属意識を涵養することが図られたのである。もっともボリシェヴィキ自身は、少なくとも一九三〇年代初めまでは階級闘争の観点を重視していたから、必ずしも自分たちがやっていることをネイション形成の文脈で把握していたわけではない[12]。

日本にとってロシア帝国の崩壊は、利権獲得のための協調関係が崩れたことを意味した。それだけにボリシェヴィキ政権の成立は、北満洲やシベリアでの権益拡大のチャンスとして映った。一九一八年春からロシアの内戦が本格化するとともに、列強の軍事介入も始まるが、派遣した部隊の規模において日本は他を圧倒した。結局、大義なき列強の軍事介入は中途半端なものに終わり、シベリアの連合国部隊は一九二〇年春までに撤兵したが、日本は出兵を続けた。これに対して、ソヴィエト側は緩衝国として極東共和国をつくった。本国と異なり複数政党制を許容するなど、極東共和国は西欧諸国の基本的政治制度をまがりなりにも備えていたが、その存在はあくまで暫定的なものに過ぎなかった。

一九二〇年三月から五月には、アムール河下流のニコラエフスク（尼港）で、日本軍と交戦していたソヴィエト側のパルチザンが、日本人居留民・俘虜数百名を惨殺するという事件が起こった。この「尼港事件」をきっかけに、日本政府は北サハリンを占領し、日本世論の対ソ感情も悪化した。だが、事件の背後にあったのは、日本軍が和平協定を破棄したことであった。加えてパルチザンの中に朝鮮人がいたことが、日本軍の敵愾心を昂進させていたことも、尼港事件、ひいてはシベリア出兵の東アジアにおける文脈を考える上で看過してはならないことである(13)。

一九二〇年代

一九二一年春までにボリシェヴィキは苛烈な内戦を勝ち抜き、ソヴィエト・ロシアの存在は国際関係における既成事実となった。こののち、日本とソヴィエト側の接近の動きが徐々に開始されることになった。ソヴィエト側としては、アジア・太平洋地域の強国で、イデオロギー的に敵対する日本との関係を改善することは、安全保障上の重要な課題であった。日本にとっても、ソヴィエト・ロシアとの接近は、利権の獲得など、商業上の利益をもたらすことが期待できた。一九二二年一〇月には極東・シベリアからの日本軍の撤兵がなされた。直後の一一月には極東共和国が清算され、ソヴィエト・ロシアに吸収された。一九二三年九月に起こった関東大震災は、ウラジオストクから派遣された救援船レーニン号を日本側が追い返すといった悶着もあったが、総じて日ソの当局者が接触する機会を増やすことになった。一九二五年一月には日ソ国交の樹立がなり、同年五月には日本軍による北サハリンの占領も終わった。

社会主義ソ連は東アジア全体の、そして日本の知識人に強い影響を与えた。一九二二年七月には日本共産党が結成され、モスクワを本部とする共産主義インターナショナル（コミンテルン）の日本支部となった。日本当局はその活動を厳しく取り締まり、日ソ国交樹立と機を同じくして一九二五年に治安維持法が成立してからは、なおさらそうであった(14)。

他方、一九二一年春以降、内戦の疲弊から市場経済を取り入れた新経済政策（ネップ）のロシアは、日本の経済人にも比較的つきあいやすい相手のように見えた。国交回復よりも前にソヴィエト・ロシアとの交易樹立を強く唱え、一九二二年夏にはモスクワ入りしていた山崎亀吉もその一人である。時計業・貴金属業で活躍していた彼は、一九二四年に刊行した『労農露西亜の実情』において、一方では、「多数民衆は、革命勃発以来過去数年に亘る生活の苦痛に、根も精も尽き果て、今は新経済政策の結果として、幾分其の苦痛の緩和せられたるに安堵し、また他を思ふ余裕なきこと」として、共産党に対する民衆の態度が積極的な支持と呼べるものではないことを指摘している。だが、その一方で、「過去数年の間に、労農露西亜が自然の淘汰に際会して、実際生活に適する組織及制度に漸次改まりつつあることだけは事実なり」とも記して、徐々にソヴィエト・ロシアが折衷的な体制に移行していくとの展望を示したのだった。[15]

総じて一九二〇年代のソ連は、外の世界との人の往来が活発であった。興味深い事例では、少し前まで南満洲鉄道株式会社（満鉄）の理事であった大蔵公望が、一九二七年一二月から一九二八年九月まで現地調査のためにソ連に滞在している。これは満鉄社長の山本条太郎の依頼によるものであった。滞在中、大蔵は「幾百の要人に会見し又ロシア国内各地を観察して」いるが、その成果はソ連の政治・経済・社会・文化の諸事項について網羅的に紹介した全一六二四頁の『ソウェート聯邦の実相』に結実した。[16]同じ頃、歌舞伎座のモスクワとレニングラード公演も実現した。一九二八年八月一日の『忠臣蔵』モスクワ初演の模様は、政府機関紙『イズヴェスチヤ』翌日号の文化面（五面）ではなく外交面（二面）で報じられた。人民委員会議議長（首相）ルイコフ、ソ連中央執行委員会書記エヌキッゼ、教育人民委員ルナチャルスキー、商業人民委員ミコヤン、外務人民委員代理カラハンなど、錚々たる顔ぶれが桟敷を埋めた。日本学の第一人者コンラッドの署名記事は、市川左團次の大星由良之助を次のように讃えた。

この役には外面的な意味においてうけるような要素は全くない。そこではすべては内面の経験の深さと強さに立脚しており、外面的な表現方法は極度に抑制されている……。この役は、恐らく、言葉を解さない観客には理解不能なように思われた。だが、偉大な芸術家の仕事は見事にその力を発揮した。眉毛のかすかな動き、視線の回転、気付くか気付かないかの身振り、これらが実に力強い印象をもたらした[17]。

無論、ソ連と日本との基本的な対立関係が解消されたわけではなかった。一九二八年六月には関東軍の暗躍によって張作霖爆殺事件が起こっており、日本が満洲に野心を燃やしていることは明らかであった[18]。一九二八年刊のソ連誌『新東洋』二〇・二一号に掲載されたカントロヴィチの論文「日本経済の現代の諸問題」は、日本の過剰人口問題を取り上げて、国外拡張の圧力が強まっているとした。その際、筆者は、次のような留保を行っている。

本節および続く諸節における叙述の共通の前提をなすこととして、読者は次のことを念頭においておく必要がある。つまり、日本には資本主義体制が存在し、保持されているということである。社会主義日本が、ソ連と、そしてまた、想定されることとして、復活した中国とも同盟関係に入れば、今日とは大きく異なる状況におかれることになろうし、現在の日本がもっていない諸々の可能性を得ることともなろう[19]。

だが、社会主義日本・ソ連・中国の連帯は、当面ありそうもない夢想であった。

三　ソ連対日本帝国

似通う相貌

一九二〇年代、日本は西欧諸国の基本的政治制度に立脚し続けたが、軍エリートの間には「近代ヨーロッパ文明」を否定して独自の道を歩みたいという志向が、伏流水のように存在した。この志向は中国大陸への進出の欲望と結びついていた。一九二九年の大恐慌以降、国際関係の動揺と再編成が始まると、日本の拡張主義は露わなものとなった。一九三一年に満洲事変が起こり、翌一九三二年には満洲国がつくられた。一九三七年には日中戦争が始まる。攻撃的な対外政策と連動して、一九三〇年代の末までに、日本の国内秩序も次第に反「近代ヨーロッパ文明」的なものに改造されていった。

その結果、興味深いことに、日本の相貌はイデオロギー的には敵対するソ連と似たものに変わっていった。私的所有権は否定されなかったが、日中戦争の長期化が明らかになると、「革新官僚」によって統制経済が敷かれていった。マルクス主義およびソ連計画経済がそこには影を落としていた[20]。また、一九三〇年代末までに議会政治も逼塞し、第二次世界大戦開始後の一九四〇年には全政党が解散して大政翼賛会が成立した。職業団体への編成など、コーポラティズム的要素も並行して強まっていった。

日本における統制経済的要素の伸張は、世界的な趨勢の一部でもあった。大恐慌によって自由主義や市場原理の正当性は打撃を受け、他方で一九二〇年代末から工業化と農業集団化に邁進するソ連の姿も、資本主義諸国に強い衝撃を与えることになったからである。計画経済に対する各国の関心が高まっていることは、ソ連でもよく認識されていた。一九三三年には『計画化の仮面に隠れて』という題で、ゾンバルト、ベネディクト・カウツキー（カールの息子）、ローズヴェルトなどによる、計画化を支持する各国の論説の翻訳集が出されている。日本からは、先に名前の上がった満鉄社長山本条太郎の「日本のための五カ年計画」が収録されている。これはContemporary Japan誌の一九三二年六月刊の創刊号に掲載されたもので、彼の下で政友会が一九三〇―一九三一年に作成した、「産業五カ年計画」についての紹介である。無論、この論集の序文においてN・イリユーホフが、計画化の名の下で独占資本とテクノクラート上層部は自分たちの利害を貫徹しようとしていると記したように、ソ連側は楽観的な気分でいたわけではなかった[21]。

社会主義モスクワと帝都東京

日本とソ連の相貌の接近は、都市計画における関心の共有という形でも現れた。一九二〇年代後半から一九三〇年代前半のソ連では、都市計画をめぐって活発な議論が交わされた。東京もまた同じ頃に、規模の拡大をはじめとしてモスクワと類似の問題を抱えていたので、ソ連における議論は日本でも熱心に参照された。独自の道を歩む帝国の首都として、モスクワと東京は似た使命を担っていたのである。

例えば吉川末次郎が『都市問題』一六巻五号（一九三三年五月）に発表した「ソヴェート聯邦都市計画の理論と実際」では、「都市農村対立の解消」や「都市主義と反都市主義の論争」など、理論面での問題が説明されるとともに、第一次五カ年計画中にある工業都市建設についても列挙された。ゴーリキー（ニジニ・ノヴゴロド）の都市計画については、特にソ連大使館のガルコーヴィチ書記官や大蔵公望などから得た資料を使って、詳しく紹介している[22]。

ジャーナリスト長谷川萬次郎（如是閑）の論考にも、明示的に述べられてはいないものの、ソ連での議論の影響が窺える。『都市問題』一一巻四号（一九三〇年一〇月）に発表された「資本主義的都市形態の解消」では、現代都市によってもっぱら消費のみを行う社会群の形成が促されているとし、今後の都市計画においては都市解消の科学が理論的立場とならねばならないと主張される。長谷川は『都市問題』一五巻四号（一九三二年一〇月）掲載の「資本主義社会に於ける大都市の特質」でも、日本の都市の現状を批判した。その論点は、⑴大都市計画を資本主義的企画からできるだけ独立した科学的企画に基づかせること、⑵特権階級のみでなく無産政党の自治体への進出を要求すること、⑶地方的生活の特異性は保持されるべきことである。このうち最初の二点は、ソ連の都市計画を意識していたであろう。この論文が発表された一九三二年一〇月は、東京市が隣接する郡町村を併合して、一五区から三五区へと一気に拡大した時期であった[23]。

また、『改造』一九三二年三月号に掲載された饒平名智太郎「モスクワの計画」は現地の観察記である。第一次日本共産党の中央委員であった饒平名は、ソ連における都市計画の有利について次のように指摘している。

資本主義の都市では、土地と家屋は個人の所有である。だから市当局が如何なる名プランを建ててみた処で、思ふやうに再建設が出来るものでない。処か［ところが］、此処ソヴエート聯邦では、労働大衆を代表する市当局の思ふやうな何んなプランでも実行され得る。

この、私的所有権による制約が生じないというソ連都市改造の利点は、日本を含む各国の都市計画関係者が一様に言及しているところであった。(24)

最後に、東京とモスクワの交流におけるユニークな事例として、一九三三年に製作された初の日ソ合作映画『大東京』を挙げておきたい。ロシア人研究者フィオードロヴァが精力的に分析しているこのドキュメンタリー映画は、ソ連のシュネイデロフを監督に迎え、日本の映画人が帝都東京の姿をソ連また世界に対して発信しようとしたものであった。当時はまだ珍しかったトーキーであり、山田耕筰がモスクワの撮影所で録音を指揮した。(25)

このようにモスクワと東京という二つの帝都には、一九三〇年代に入っても文化的提携が見られたのであったが、それにもかかわらず時間の経過とともに、ソ連と日本は対立の度を深めていった。その舞台は満洲であった。

帝国間の対立

イギリスもフランスも第一次世界大戦後に各自の帝国を維持していたから、その意味では日本の大陸進出は、西欧先進帝国の模範にならっていたともいえた。だが、白人入植地に限ってであれ、帝国をより緩やかなコモンウェルスに再編したイギリスと比べるならば、日本の帝国運営には本土と植民地の間に大きな格差があった。さらに、ソ連について見るならば、その多民族国家運営は、政治的自由の厳しい制約があったとはいえ、それは民族を問わず課されていたし、政治的権利と義務もまた各民族に平等に与えられていた。非ロシア系諸民族に「共和国」や「自治共和国」などの領域を提供し、土着の文化やエリートの保護・育成に努めた点において、ソヴィエト連邦制は、資本主義世界の帝国運営よりも一歩進んだ点を明らかにもっていた。それゆえソ連の存在は、朝鮮や中国をはじめ、アジアやアフリカの植民地・従属地域での反植民地運動を鼓舞するものとなった。

革命期から一九二〇年代にかけてのソ連では、資本主義の残滓である民族意識は近い将来になくなるだろうと考えられていた。だが、一九三〇年代以降スターリンは、連邦全体の安定にとって危険をもたらすと想定された場合には、個々の民族に苛烈な弾圧を加えたが、民族意識そのものの短期的な消滅を想定することはもはやなくなった。それは、工業化と農業集団化を経て、社会主義建設が基本的に達成されたという認識が打ち出されたことと密接に関わっていた。生産や生活の場で使われている言葉や、親しまれている文化は、すなわち社会主義の言葉であり文化となったのである。他方でスターリンは、ソ連全体の発展と安定を支える要として、ロシア人の優位をも唱えるようになった。その上でなお、個別の民族意識とともに、より重要なものとして、ソ連全体に対する共通の帰属意識をも涵養すべく努めた。その目的のために、社会主義のイデオロギーに加えて、より具体的で分かりやすい統合の象徴として、多民族帝国を率いた偉大な過去の人物が顕彰された。こうして一九三〇年代半ば以降、イヴァン雷帝やピョートル大帝といった、ツァーリたちの名誉回復が行われた(26)。

総じてスターリンのソ連には、社会主義イデオロギーに基づく諸政策と、国家の安定を基準とする権力政治的な諸政策とが混在し、ときに結合していた。従属地域に対する外交においても、反植民地運動を鼓舞する要素が確かに存在した一方で、勢力圏の拡張を図り、その際に自治という制度を活用するなど、諸帝国と同様の行動様式も見られた。とりわけ旧清朝との境界地域においては、そうした側面がより強く現れることになった。実際、ソ連と、日本・満洲国との対立は、清朝の衰退に伴って日露がその周縁部を蚕食していった歴史の延長線上にあった。勢力圏の拡大は必ずしも国際的な承認を得ずに行われたから、旧清朝周縁部においては、地位の曖昧な地域がいくつも生じた。一九二四年にソ連は中華民国との協定において、モンゴルが中華民国の一部であることを認めていたが、他方でモンゴルは自治を享受しているとの認識も示し、自らの勢力圏に収めていた。新疆省もまた、中華民国の一部でありながらモスクワが影響を強めており、とりわけ一九三〇年のトルクシブ鉄道建設によってソ連と緊密に結合されていた。さらに、モンゴルの西北隅に位置するタンヌ・トゥヴァも、中華民国の主権下にありながら、一九二一年以来自治を宣言し、ソヴィエト・ロシアの保護国となった（一九四四年にソ連に編入）。日本のマリオネットとして満洲国が成立したことは、帰属の曖昧な「国家」・地域が錯綜するユーラシア内陸部において、同様の単位がまた一つ誕生したということであった。

満洲国の成立によって、事実上日本はソ連と長大な国境線を挟んで対峙することになった。満ソ国境は三二〇〇キロの河川国境と、一〇〇〇キロの陸地国境とからなる。ネルチンスク条約（一六八九年）から奉ソ協定（一九二四年）に至る、ロシア（ソ連）・中国間の一二の条約・協定がその根拠になっていたが、陸地国境の場合、地形の錯綜や標識の消滅によって、また河川国境の場合でも水路の移動によって、境界は不明確であった。満洲とモンゴルの七〇〇キロにわたる国境線も、草原が広がるばかりで境界線は全く曖昧であった。そのこともあって、満洲・ソ連ならびに満洲・モンゴル国境を通じ、満洲国建国以来、一九三六年一月末までだけで二四七件の国境紛争事件が起こったという。(27) その後も国境紛争は絶えることがなく、一九三八年七月には張鼓峰（ハサン湖）事件、一九三九年五月―九月にはノモンハン（ハルハ河）事件が起こるに至った。

ソ連芸術における日ソ対立

日ソの緊張の高まりは、ソ連の芸術作品にも反映した。一九三六年に発表されたパヴレンコの長編小説『東方にて』は、極東における社会主義建設、満ソ国境の紛争を描いたのち、日ソ未来戦の情景を展開させた。極東から出撃したソ連重爆撃機大隊が関東平野に飛来して、東京市を空襲により壊滅させるのである。同じ年に出たジコフスキーの短編集『鉄の鴨』も、日本を主題にしていた。日本はなお迷信が支配する国であるとする「梅子夫人」は、丙午生まれの女性が生年を偽って嫁していたことを告白したことで離縁され、不幸な死を遂げる話である。ほかに、プロトニコフの詩「ツングースが赤軍兵士と協力して日本人を海の向こうに追いやった物語」や、ブリヤート・モンゴル自治共和国の一農夫が口述した童話「猟師フョードルは如何に日本兵を追い払ったか」のように、現地の民話を取り入れて国防意識を高めようとする事例も見られた(28)。

映画界でも、ヴァシーリエフ兄弟が一九三七年にシベリア出兵を主題に『ヴォロチャエフカの日々』を製作した。冷酷な日本軍将校をスヴェルドリンが好演したが、彼は地元民に命じて五右衛門風呂をつくらせ、湯船の中で「すてきだなあ」と日本語でつぶやき草津音頭を口ずさむなど、どこかコミカルでもあった。この映画はソヴィエト側につく元庭師の日本人兵士も登場させて、階級的連帯のバランスをとっていた。パルチザンの捕虜になった彼は銃殺を覚悟するが、放免されたことで心を動かされ、労農露国の隊列に加わるのである。パルチザンとうちとけるシーンで、お前、子供はいるのかいと身振りで問われたのを、元庭師は子供扱いされたと誤解して突然に相手の頬を打つ。すぐ誤解は解けるのだが、小柄で端正な日本人が大男のロシア人に挑み、そして友達になるというシークエンスはロシア人の心をくすぐるようである（一九九七年のエリツィン・橋本龍太郎会談がまさにこれであった）。一九三九年のユージンの映画『気概のある娘』は、極東からモスクワに出てくるソフホーズ娘の話であるが、彼女が乗り込む列車の食堂車のシーンでは、メガネをかけた東洋人の紳士が、いかにもスパイ然とした雰囲気で登場する。同じく一九三九年のプイリエフ『トラクター仲間』は、トラクター手はいつでも戦車手にもなれねばいけないという話であり、ラドゥイニナ演じるヒロインもハサン湖事件の本を読んでいる。この映画の主題歌「三人の戦車手」は、「その夜、サムライたちは国境の川を越える決意をした」「鋼鉄と炎に襲われて、サムライたちは地にひれ伏した」と、侵入してきた日本軍が打倒される様をうたっていた(29)。

第二次世界大戦と日ソ戦争

第二次世界大戦における同盟と対抗は、イデオロギーに依拠するのと同じ程度には地政学的関係にも依拠していた。日独からの挟撃を避けたいソ連と、南方への進出を優先したい日本との利害が一致し、一九四一年四月、日ソ中立条約が結ばれた。この年の六月には独ソ戦争が、一二月には日米戦争が始まり、第二次世界大戦は文字通り世界大の戦争となったが、日本とソ連の間には、その後も四年にわたり平和状態が維持された。しかしながら、ドイツ軍を押し返すことに成功したスターリンにとっては、日本はもはや打倒すべき対象でしかなかった。一九四五年二月のヤルタ会談で、ソ連の対日参戦が確約された。アメリカ軍が広島に原爆を投下した三日後の八月九日、ソ連が満洲への進攻を開始し、日本帝国の命運は完全に尽きた。同じ九日に長崎に原爆が落とされ、一四日には日本政府はポツダム宣言を受託するが、ソ連の進攻はなお続いた。千島列島をすべて占領し、ソ連の攻撃が止まるのは九月五日のことである。

それに先立つ九月二日、連合国に対する日本の降伏文書が調印された日、スターリンは対日勝利を祝する「国民への呼びかけ」を発した[30]。その冒頭、スターリンは「同志諸君！」に続けて、「同胞諸君！」（ロシア語では「祖国を同じくする男女」の意）と言った。表題、そしてこの言葉が示すように、呼びかけ全体がネイションの歴史という観点に立って書かれていた。いわく、一九〇四年二月の旅順奇襲に始まり、シベリア出兵、張鼓峰（ハサン湖）事件、ノモンハン（ハルハ河）事件と、日本は繰り返し「我らの国」を攻撃してきた。ハサン湖でもハルハ河でもソヴィエト軍は日本の攻撃を打ち返し、シベリア出兵も清算された。だが、「日露戦争の時期における一九〇四年のロシア軍の敗北は、国民の意識に重い記憶を残した。それ［敗北］は我らの国に汚点となって残った。我らが国民は、日本が粉砕され、汚点が雪がれる日が来ることを信じ、待った。我々、古い世代の人間は、その日を四〇年間待っていた。そしてその日が来たのである」。かくして、一九一七年には帝政期とのつながりを一切断った革命国家が、およそ三〇年の間に新たなネイション意識を確立させ、いまやその意識が革命以前の過去にまで遡及して投影されているのであった。

さらにまたスターリンは、呼びかけの中で次のようにも述べていた。日本が無条件降伏したということは「南サハリンと千島列島がソ連に移ってくるということ、そして、今後はそれらがソ連を大洋から切り離す手段、我らの極東に対する日本の攻撃基地としてではなく、ソ連を大洋と直接に結びつける手段、日本の侵略から我らの国を防衛する基地として役立つようになることを意味している」。注意すべきは、日本の将来の侵略について言及がなされていることである。かくしてソ連は、将来の戦争を想定した姿勢のまま、第二次世界大戦後の世界に入っていくのである。

むすび

二〇世紀前半、日本とロシア・ソ連はともに、「近代ヨーロッパ文明」から圧力を受ける側として世界史に参加した。国際システムのより周縁にいたがゆえに、日本のエリートはより強い危機意識をもって、「近代ヨーロッパ文明」の摂取に努めた。その反対に、ロシア帝国は専制と身分制を維持し続け、第一次世界大戦によって崩壊した。

ロシア帝国は崩壊したが、革命と内戦を経て、ソ連として復活した。私的所有権の否定をはじめ、ソ連は「近代ヨーロッパ文明」とは異なる社会主義の文明を力強く打ち出した。その姿は日本において、左翼知識人ばかりでなく、より多様な層に強い印象を与えた。とりわけ一九三〇年代に入ってからは、国内の格差の克服や、拡張主義的志向の実現といった課題設定を行う中で、日本は統制経済やコーポラティズムの要素を強め、ソ連と似通った相貌を帯びるようになっていった。よく似た二つの国家は、第二次世界大戦の最後の局面まで互いに戦うことをしなかったが、土壇場になってむき出しの力によって、ソ連がアメリカとともに日本に破滅的打撃を与えた。

第二次世界大戦後、勝利者として立ち現れたソ連は、「近代ヨーロッパ文明」とは異なる独自の道を歩み続けることになる。他方、国力を徹底的に喪失した日本は、大衆の時代における「近代ヨーロッパ文明」の後継者たるアメリカの傘下におかれ、西側陣営に組み込まれた。それでもなお、戦後の日本において、一九三〇年代から一九四五年までに形成された非「近代ヨーロッパ文明」的要素は、完全には解体されずに残ったといえる。つまり、国家による規制主導の経済政策や、職場に半ば全人格的に帰属するようなコーポラティズム的要素の存続ということである。それらはむしろ、戦後復興の中で活用され、再強化されたとすらいえるのではないか。日本におけるこれらの非「近代ヨーロッパ文明」的要素が、一九三〇年代以降に主に形成されたのか、それともより前の時期に起源を遡りうるものなのかについては、今後の検討が必要である。いずれにせよ、第二次世界大戦後もなお、ソ連と日本はともに、非「近代ヨーロッパ的文明」的立脚点から世界史に参与するという立場を共有することとなった。両者の軌跡は、なおも交差を続けることになるのである。

注

（1）「近代ヨーロッパ文明」について、詳しくは池田嘉郎「二〇世紀のヨーロッパ――ソ連史から照らし出す」近藤和彦編『ヨーロッパ史講義』山川出版社、二〇一五年、参照。
（2）土屋好古『「帝国」の黄昏、未完の「国民」――日露戦争・第一次革命とロシアの社会』成文社、二〇一二年。
（3）吉村道男『増補　日本とロシア』日本経済評論社、一九九一年、七―四八、二九七―三〇九頁、和田春樹『日露戦争――起源と開戦』（上・下）岩波書店、二〇〇九―二〇一〇年。
（4）L. Sirotskii, “Yaponskii Petr Velikii,” *Novyi zhurnal dlia vsekh*（「日本のピョートル大帝」『万人のための新しい雑誌』）, No. 8, avgust 1912, 94-95; “Evolyutsiya Yaponii v tsarstvovanie Mutsukhito,” *Russkoe bogatstvo*（「睦仁の治世における日本の発展」『ロシアの富』）, No. 8, avgust 1912, 92, 97, 99, 100.
（5）池田嘉郎編『第一次世界大戦と帝国の遺産』山川出版社、二〇一四年、序論、第六章。
（6）河合利修「第一次世界大戦中の日本赤十字社による英仏露国への救護班派遣」『軍事史学』四三巻二号、二〇〇七年九月、五―七頁。ホルヴァートについては、「露国行救護班歓迎」『博愛』三三八号、一九一四年一一月一〇日。

（7）日本赤十字社史料、ファイル戦七一八「欧州戦乱　露国派遣救護班報告」、大正七年救第八七「在露都日本赤十字社救護班病院状況三輪医員概報」。史料調査にあたっては、保管先である日本赤十字豊田看護大学の河合利修准教授（当時。現在は日本大学教授）のご協力を得た。ここに記して謝すものである。

（8）エドワルド・バールィシェフ『日露同盟の時代　一九一四―一九一七年――「例外的な友好」の真相』花書院、二〇〇七年。

（9）Rossiiskii Gosudarstvennyi Voenno-Istoricheskii Arkhiv（ロシア国立軍事史アーカイヴ）, F. 2018, O. 1, D. 95, L. 9ob.

（10）*Kitai i Yaponiya. Obzor periodicheskoi pechati*（『中国と日本――定期刊行物概観』）, No. 245, oktyabr' 1916 g.（Khabarovsk: Tipografiya Shtaba Okruga, 1916）, 65-67; Timothy J. Colton, *Moskva: Governing the Socialist Metropolis*（Cambridge: The Belknap Press of Harvard University Press, 1995）, 233-236.

（11）注(7)の文献。カタカナをひらがなに直し、濁点を補った。

（12）池田嘉郎『革命ロシアの共和国とネイション』山川出版社、二〇〇七年。

（13）原暉之『シベリア出兵――革命と干渉　一九一七―一九二二』筑摩書房、一九八九年、和田春樹「シベリア戦争史研究の諸問題」『ロシア史研究』二〇号、一九七三年四月。

（14）富田武『戦間期の日ソ関係　一九一七―一九三七』岩波書店、二〇一〇年、三七―五〇、五九頁、黒川伊織『帝国に抗する社会運動――第一次日本共産党の思想と運動』有志舎、二〇一四年、池田嘉郎「関東大震災と日ソ関係――局地紛争の時代の災害」史学会編『災害・環境から戦争を読む（史学会一二五周年リレーシンポジウム三）』山川出版社、二〇一五年。

（15）山崎亀吉『労農露西亜の実情』山崎亀吉、一九二四年、四二―四三頁。

（16）大蔵公望『ソウェート聯邦の実相』南満洲鉄道株式会社、一九二九年、序二、五頁、大蔵公望『大蔵公望乃一生』大蔵公望先生喜寿祝賀委員会、一九五九年、九〇―九一、九七―一〇一頁。

（17）*Izvestiya TsIK*（『イズヴェスチヤ』）, 2 avgusta, 1928, 2.

（18）満洲をめぐる日本・ソ連・中国の錯綜する対立関係については、麻田雅文『満蒙――日露中の「最前線」』講談社、二〇一四年。

（19）A. Kantrovich, "Sovremennye problemy yaponskoi ekonomiki," *Novyi vostok*（「日本経済の現代の諸問題」『新東洋』）, No. 20-21, 1928, 2.

(20) 有馬学『帝国の昭和』（日本の歴史二三）講談社、二〇〇二年、二三二―二四九頁。

(21) *Pod maskoi planirovaniya. Sbornik statei*（『計画化の仮面に隠れて――論文集』）(Moscow, Leningrad: Gosudarstvennoe izdatel'stvo "Standartizatsiya i Ratsionalizatsiya," 1933), 34, 107–111; Jotaro Yamamoto, "A five year plan for Japan," *Contemporary Japan: A Review of Japanese Affairs*, Vol. 1, No. 1, June 1932, 45–51.

(22) 吉川末次郎「ソヴェート聯邦都市計画の理論と実際」『都市計画』一六巻五号、一九三三年五月。

(23) 長谷川萬次郎「資本主義的都市形態の解消」『都市問題』一一巻四号、一九三〇年一〇月、同「資本主義社会に於ける大都市の特質」『都市問題』一五巻四号、一九三二年一〇月、東京市役所編『東京市政読本』東京市役所、一九三六年、一一五頁。

(24) 饒平名智太郎「モスクワの計画」『改造』一九三二年三月号、引用は三三―三四、四七頁、池田嘉郎「スターリンのモスクワ改造」『年報都市史研究』一六号、二〇〇九年二月、三八頁。

(25) アナスタシア・フィオードロワ「トーキー移行期における日本像の形成――日ソ合作映画『大東京』の製作・公開を例に」杉野健太郎編『映画とイデオロギー』ミネルヴァ書房、二〇一五年。

(26) 池田嘉郎「ソヴィエト帝国論の新しい地平」『世界史の研究』二三四号、二〇一三年二月。

(27) 東京日日新聞社・大阪毎日新聞社編『露国の心臓を衝く』（第三版）東京日日新聞社、大阪毎日新聞社、一九三六年、一五一―一五五、一七六、一九三―一九七、二〇五―二〇六頁。

(28) 『日露年鑑　昭和一三年版（一九三八年）』日露通信社、一九三七年、五六四―五六六頁。

(29) 『トラクター仲間』について、田中まさき「スターリン時代のミュージカル・コメディーに見る農村描写の変化」『スラヴ文化研究』六号、二〇〇六年。

(30) I. V. Stalin, *Sochineniya*（『著作集』）, t. 15, ch. 3. (Moskva: Izdatel'stvo ITRK, 2010), 890–892.

参考文献

麻田雅文『満蒙――日露中の「最前線」』講談社、二〇一四年。

富田武『戦間期の日ソ関係――一九一七―一九三七』岩波書店、二〇一〇年。

原暉之『シベリア出兵――革命と干渉　一九一七―一九二二』筑摩書房、一九八九年。

バールィシェフ、エドワルド『日露同盟の時代　一九一四―一九一七年――「例外的な友好」の真相』花書院、二〇〇七年。

和田春樹『日露戦争――起源と開戦』（上・下）岩波書店、二〇〇九―二〇一〇年。

2 和解と対立

K・O・サルキソフ
（山脇大・池田嘉郎訳）

一 日露戦争からロシア革命

国のアイデンティティないし文明の型というものは、国を構成する要素の特殊性から成り立っている。そうした要素としては、国家、社会、宗教、イデオロギー、文化を挙げることができる。「国家」とは、権力のモデルとエリートの支配がもつ、制度的諸特徴のことである。「社会」とは、社会構造、社会的諸制度、国家に対するそれらの依存度、および国家に対するそれらの影響のことである。「宗教」とは、他の信仰に対して圧倒的な意義をもつ宗教の存在ないし不在、それに国制や支配的な政治システムにおける宗教的要因のことである。「イデオロギー」とは、支配的な世界観や現実認識、世界における自らの役割と意義に関する理解、グローバルな諸課題への見解のことである。「文化」とは、社会において優勢な政治的、倫理的、そして審美的な価値観、規範、実践のことである。

明らかに、これらの要素はすべて密接に結びついており、相互に影響を与えている。これらのものが及ぼす効果は、多かれ少なかれ人間社会の普遍的法則に沿って生じているのであるが、国民性を特徴づける特殊性もまた存在する。この特殊性は、様々な要因の影響を受けて形成されるものであるが、その基本には、時間と空間という最も一般的な要因がある。時間的要因は、文明発展の水準における差異を規定し、空間的要因は、地理的・気候的特徴、とりわけ国の配置（島国か大陸国か）、国の規模、他民族（アイデンティティ集団）の有無を規定する。比較分析は、類似性と本質的な差異とを明らかにしつつ、両方のパラメーターを取り扱うのである。

日露戦争後のシステムの変化

日露戦争後、両国家の発展は正反対の道のりを歩んだ。日本では国家はその地歩を堅固なものにした。戦争の成功を背景として、軍部と、それに結びついた政治家の影響力が増した。元老院は、憲法に規定されていないにもかかわらず、その承認なしには（稀な例外はあったが）、政府のいかなる戦略的に重要な決定も天皇の承認（御璽）を得ることができなかった。その元老院では、一九〇九年一〇月のハルビンにおける伊藤博文の暗殺後（それ以前もそうであったが、とりわけそれ以後に）、大山巌、山縣有朋、それに桂太郎（一九一二年から）のような、軍の利益を代表すると同時に、そこに対して強大な影響力を保持するような人物が優勢となった。加えて、賠償金獲得を逃したポーツマスでの外交的失敗は、軍部は強いが政治家は弱いというステレオタイプ的な印象を生み出した。

出版物では東郷平八郎、乃木希典、大山巌、秋山兄弟（好古と真之）の名が栄誉に包まれていたのに対して、小村寿太郎（元外務大臣、後に再任）はどうであったか。伊藤博文を含む高官たちは、ポーツマスでの交渉における日本側代表の働きを高く評価して、新橋駅で彼を壮大に迎えようとしたのであったが、実際には小村は暴徒の怒りを避けるために、ひそかに東京に戻らねばならなかった。この憤激は、一九〇五年九月五日の日比谷公園でのデモに流れ込んだ。「本日行われた集会の参加者は、講和条約の条件に異議を唱え、政府系新聞『国民新聞社』編集部を襲撃し、その他の場所でも狼藉を働いた。数名の死傷者が出た」、とロシアの報道機関は東京での事件を伝えた(1)。

日本における抗議運動（ストライキ）の拡大、社会主義政党や労働者政党、組織の結成は、それらを抑止し鎮圧するための国家的装置の強化をもたらした。加えて戦時中にも、全人的・物的資源の動員が、行政の一層の中央集権化と、警察・検閲機関の機能強化を伴っていた。

ロシアでも社会運動の鎮圧策がとられたが、通常それらは逆効果となった。抗議運動は地下に潜り、最終的には革命的状況と、それに当局と社会との長期的な対立を生じさせた。日本では抗議運動はそれほど深い政治的・社会的な根をもっていなかったため、深刻な帰結を招くことなしに抑圧されたのである。

ロシアにおける革命的状況は、日本社会の風潮に影響を与えた。煽動される者もいたが、基本的には恐れおののかせた。日本の新聞雑誌は、隣国のあらゆる政治的・文化的出来事を詳細に報道した。一九〇五―一九〇七年の革命的諸事件も余すところなく伝えられた。革命の波は極東にまで辿り着いたため、シベリア鉄道で旅行した日本人は逮捕者を乗せた客車を目撃することになった。そのうちには多くの政治囚がいたが、囚人服が不足していたために、彼らも、護送中の兵士と将校も、同じ軍服姿であった。ウラジオストクでの蜂起の噂も届いた。そのうちの三度目のものは、一九〇七年一〇月に起こった(2)。

日露戦争は、両国に過去を深く再検討することを求めたのであり、両国は深刻なシステム的試練の前に立たされた。ロシアでは敗戦は、不可避的にシステム自体――専制――の敗北であると受け止められた。公衆と、側近である一連の政治家の圧力の下、いまだポーツマス講和会議の最中の一九〇五年八月六日、ツァーリはドゥーマ（下院）の開設を布告した。続く一九〇五年一〇月一七日、国家秩序の改良に関する詔書は、ドゥーマの承認を受けぬ法律は一つたりと効力をもつことがないと規定した。だが、ツァーリには拒否権とドゥーマの解散権が保証されており、これは後に一度ならず行使された。この時点で、ロシアの国家体制の基礎は明治憲法に接近していた。一九〇六年四月二七日に開会された第一ドゥーマは、制限された民主主義の初めての試みであった。

最初のロシア議会はどのような運命を辿るのか――これはロシア自身のみならず、全世界、そして言うまでもなく日本にとっても重要な問題である、と『朝日新聞』は社説で述べた(3)。

しかしながら、この局面は長くは続かなかった。後に『朝日新聞』は、ドゥーマ解散に触れて、これは「当局によるあからさまな暴力」であると評した(4)。日本における議会の実際の権力はそう強くはなかったが、それでも自由主義的改革の後退という点で、ツァリーズムを批判する根拠を与えるに足るものであった。

社会主義運動、労働運動、女性解放運動、普通選挙権やその他の民主主義的権利を要求する運動の抑圧については、多くの共通点が存在していた。すでに一九〇〇年に日本で制定されていた治安警察法は、言論の自由、集会の自由、結社の自由を制限した。それはストライキの実行を制約し、女性の政治結社への加入を禁じた。民主主義的自由をめぐる状況を改善しようという試みは、成功を収めなかった。一九〇八年には、衆議院で採択された法律改正案が貴族院で拒否された。同年七月、新聞は社会主義者の投獄について報じていた。

事態のその後の展開は、両国の体制に若干の安定状態をもたらした。ロシアの経済状況は好転し、革命の波は退き始めた。日本では一九一〇年の韓国併合後、政治システムの帝国主義的特徴が急激に強まった。韓国併合は、日本のアイデンティティにとって多大な試練となった。今や日本のアイデンティティは、己れを他国民に強制し、自らに内在する諸特徴を喪失し、またそれらを不明瞭にし、本来的ではない攻撃的性格をそこに付け加えることになったのである。

仮に一八七九年の琉球併合が、この中世王国に対する四〇〇年にわたる事実上の支配と、共通の文化的・言語的起源によって説明できたとしても、また一八九五年の台湾併合が、この島自体が中国の植民地だったのであり、それゆえ戦勝での合法的な代償となったのであると説明できたとしても、韓国併合は、純然たる地政学的論拠を別とすれば、どのような合理的な論拠によっても正当化することはできなかった。

第一次世界大戦は、国家の立場と、その中での軍の役割を著しく強めた。日本はドイツに対して、その中国租借地である青島において、イギリスの純粋に象徴的な参戦のみを得て、迅速かつ圧倒的な勝利を収めた。また海戦においても見事な成功を収め、その結果として日本は太平洋のドイツ領の島々をすべて獲得した。

この時期の両国における地政学上の差異は、以下のことにあった。ロシアでは帝国は終わりを迎え、日本では帝国は始まったばかりだったのである。ロシアでは、革命とともにポーランドとフィンランドで解放運動が強まった。極東でも中国がより一層熱心になって、満洲とイリ地方でかつて喪失した権利を回復しようとしていた。これらすべては、一九〇七年、一九一〇年、一九一二年の日露協約の背景でもあれば動機でもあった。そこには、満洲とモンゴルにおける勢力圏分割について、また他国、とりわけアメリカとドイツの立場が強まるのを阻止することについての秘密条項が含まれていた。

二月革命後、多くのことが変わり、十月革命後はましてそうであった。ロシアの国家体制における変化は、非常に根源的なものであったため、日本人に強烈な印象を与えた。彼らは自国の歴史において、そうした急激な転変に慣れておらず、明治維新や一九四五―一九五二年の占領改革期のような激変の時代においてすら、継続性を維持したのであった。

二月革命後の最初の諸改革は、何よりもまず専制を廃絶するものであったが、新しい共和制の導入はなかなか進まなかった。新権力自身が、矛盾に引き裂かれていたようであったし、そのことは日本でも認識されていた。とりわけ、勝利した革命においては常にその後に起こることであるが、理想と厳しい現実との懸隔がすぐに感じられていた。経済的混乱や、帝国の周縁部と中心部（カザン）における民族運動のように。

ロシア帝国崩壊後の両国関係

ロシアの国家体制の変化は、日本では複雑な感情をもって受け止められた。そうした受け止めにおいては、支配階層と社会全体の間に著しい差異があった。支配階層にとっては、それはやはり激変であった。というのは、中国との関係が十分に安定していない中で、この最重要隣国に対する日本の戦略においてロシアは基本的なパートナーであったのだが、そのような状況に深刻な地政学的変動がもたらされる恐れがあったからである。アメリカとの関係はより一層敵対的なものとなっており、イギリスとの同盟にも亀裂が走っていた。ロシアの出来事を広く追っていた新聞は、ロシアにおける政治変動と体制転換の主要な原因を、政府が社会の気分を考慮しようとせず、ドゥーマの要望を頑なに無視し続けたことに見ていた(5)。

一九一七年一〇月の革命は、日本では今日ロシアで解釈されがちなクーデタとしてではなく、「急進派（過激派）」による政権獲得として理解された。二重権力、革命派の内部における完全な理念的・政治的混乱の中で、彼らは権力を獲得したと考えられたのである(6)。

ロシアにおけるさらなる事件の進展、および内戦の勃発は、ロシア新国家にのみ新たな試練となったのではなかった。日本もまた選択の前に立たされた。介入の誘惑が立ち現れていたのである。すでに一九一八年二月には、ロシア極東への出兵の可能性について熱心な議論が始まっていた。ただし、国内世論にはこの件について、いかなる熱意も感じられなかった。新聞はそうした措置がはらむリスクを公然と論じた。出兵に反対するいくつかの重大な理由が存在していた。日本兵をそんな遠くに戦うために送り出すことは、何のためなのかわからず、危険であるばかりか犯罪的でもあった。明白な地政学的な利点と直接的な経済的利益があった中国とは異なり、シベリアへの介入はあまりに費用が嵩む一方、得るものはわずかであった。中国での活動に対する注意がおろそかになる可能性があったし、日露戦争の後に友好的となったばかりのロシア人の反感を呼び起こしかねなかったし、ただでさえ直接衝突の間際にあったアメリカとの矛盾を激化させる恐れもあった。

二月革命はロシアにおける君主制の崩壊を意味した。ツァーリとその弱さに対する、また堕落した「取り巻き」に対する、間接の、また時に直接の批判が強まり、君主制の権威の低落が顕著になったのであった。

ロシアの諸革命と「大正デモクラシー」

日本では絶対主義のイデオロギーはその地位を保持し続けた。しかしながら、カリスマ的な個性の持ち主であった明治天皇の逝去とその息子の即位とは、この権威を揺さぶった。それとともに、玉座の脇に侍る元老の権威が増加したものの、「大正デモクラシー」の諸要素もまた感じられるようになった。

「啓蒙君主制」のシステムは、明治憲法における民主主義的要素の実現を通じて、大正天皇の在位中にいくばくかの発展を遂げた。嘉仁の振舞い自体、より「民主的」であった。一九一二年九月にはすでに天皇として彼は、父親の葬儀のために訪れた、ドイツ、スペイン、イギリスの君主の名代たる三人の王子を、一〇日と一一日の二日連続で自ら新橋駅で出迎えたのであったが、そのことは亡き君主の思い出に対して表された敬意に、謝意を示したものとして説明することもできた。しかしながら、一九一六年一月一二日、改築されたばかりの東京駅のプラットホームで、ニコライ二世の特使であるゲオルギー・ミハイロヴィチ大公を出迎え、がっちりと握手を交わしたとなると、これは最早前例のないことであった。

日本では、本章で検討の対象とする期間は、立憲君主制の理念をめぐって、諸政治勢力が鋭い、だが外面的にはおおむね秩序ある闘争を繰り広げた時期であった。その理念を敷いたのは、日本の国父であり創設者であり、憲法外のグループを構成していた元老たちであった。その中ではまず、初の政党であった立憲政友会（多くの場合、政友会）を率いた伊藤博文が挙げられる。しかしながら、国父たちの中には、そもそも国会が有用であるか疑問視していた者もいた。影響力では伊藤に次ぐ元老である山縣有朋がそうであった。本章で扱う時期には、日本の国家における総選挙は内閣の構成に本質的な影響を与えたのであり、伊藤博文の後継者として政友会を率いた西園寺公望は、一二年間（一九〇六―〇八年）にわたって政府を率いた。

しかしながら、日本の国会と、ロシアの第一ドゥーマから最後の召集となった第四ドゥーマまでの、政党の政治的構図を比較するならば、ロシアでは左派から右派に至る政治的スペクトルはずっと幅があったと結論することができる。日本では一九三〇年代まで、このスペクトルの極左と極右の翼をブロックすることができたので、ある時期までは安定性を維持することができたし、革命的激震を許すことがなかったのである。

日本の社会主義および労働運動にとっての理念と熱意の起源は、ロシアではなくヨーロッパであった。これはロシア自身がそうであったのと同じである。この理念は、一八四八年のフランス革命のスローガンとなった、市民権と自由を求める政治運動の影響を受けて一八五〇年代に誕生し、ドイツとフランスで発展したが、社会主義者たちは抑圧を受けてイギリスへと逃れ、そこで長年にわたって避難所を見出した。ロシアの初期社会主義者の著作は、社会主義思想の共通「バンク」の一部をなすことになったが、彼らもまた同じ道を辿った。様々な傾向の日本の初期社会主義者が、彼らの本に読みふけった。加えて、日本の社会主義者は、両国の状況が類似しているとの発想に立って、ロシアの理論家の著作中に、自分たちにとっての問題の答えを見つけ出そうとしたのである。

一九〇一年五月一九日に神田警察署に出された社会民主党結成の届出は、翌日に内務省によって却下された。五年後の一九〇六年一月二八日、堺利彦らによって提出された日本社会党結成の届出は、肯定的な返答を得た。ロシアでの出来事を背景として、以前（桂内閣）よりもリベラルな西園寺公望の政府は、社会的激変を避けたがっていた。ある意味では、西園寺はヴィッテと同様の動機に導かれていたのだった。体制を「緩和」しようとする志向が失敗に終わった点でも、両者は共通していた。一方は非常に早く、他方はよりゆっくりとではあったが。

ロシア第一革命の影響力は限定的なものであったが、革命それ自体、またロシアでの諸事件は、若き作家やジャーナリストの一定の部分の知的傾向に、強い影響を及ぼした。そのことは、警察との衝突や逮捕を伴った、個々のデモという形をとって顕在化した。そうした事件の一つが錦輝館赤旗事件であったが、新聞雑誌はそれについて「日本の露西亜化」と書いた。一九〇八年六月二二日、東京初の映画館である神田の錦輝館で、『平民新聞』若手記者である山口孤剣の出獄歓迎会がもたれた。その閉会後、社会主義者とアナーキストの一群が赤旗を翻し、革命歌を歌い、「アナーキズム万歳」と叫んだのである。(7)

理想の国家体制はどのようなものであるべきかをめぐる、革命的な性格をもったイデオロギー的教義は、一九世紀末からヨーロッパ、ロシア、アメリカで広がり始めたが、日本ではロシアと同様に、発生と同時に厳しい監視と弾圧の下におかれた。しかし、ロシアにおいて、それがボリシェヴィキ政権という形をとって何十年にもわたって国の運命を決することになったのだとすれば、日本ではそれはあまり発展せず、いくらかでも深刻ないし決定的な影響をもつことにはならなかった。なぜそのようになったのかという問いには、いまのところ明確な答えはない。弾圧だけでそれを説明できないことは明らかである。日本における君主制のイデオロギーは、このときまでにすでに二五〇年を数えていたロシアと比べて若かった。それは明治維新の後に誕生し、近代化とヨーロッパ化のイデオロギーの基礎に据えられた。それらが国家建設と、何よりも経済において成功を収めたことは、自ずから明らかであった。一八九四―一八九五年の日清戦争における勝利、そして日露戦争における勝利もこの証左であった。また、この権力が「神に」起源をもつという神話に疑いを挟もうとするいかなる試みも、「不敬」とされた。

ロシアでは逆に、君主制のイデオロギーは同じ理由で攻撃にさらされた。戦争と経済発展におけるすべての失敗、当局の道徳的腐敗は、君主制が国にダイナミックな発展を保障できないからだとされた。ヨーロッパで発生したが、ミハイル・バクーニンやピョートル・クロポトキンといった、広く知られたロシアの著者たちの仕事において独自の発展を遂げたニヒリズムとアナーキズムのイデオロギーが、社会主義のイデオロギーと編み合わされた。それへの反動として、君主制を擁護する運動が急激に強まった。それは通常急進的な、あるいは極端に反動的でさえある、理念的・政治的グループや政党の形をとった。左翼から右翼に至るイデオロギー的なスペクトルは、専制への態度を基準として形成された。左側の極には社会主義者＝革命家党（エスエル）、社会民主主義者がおり、後者の中から急進的なボリシェヴィキ派が現れ、後に「プロレタリアート独裁」の旗の下に権力につくのである。スペクトルの真ん中には立憲民主党（カデット）がおり、右側には君主主義的な数多くの政党があった。

日本ではアナーキストへの言及は、一八八一年八月のアレクサンドル二世暗殺について報じた新聞の中に見出すことができる。当時彼らは「ニヒリスト」と呼ばれたが、この運動の名称が否定的な連想を引き起こしたことは、この語を文字通りに「虚無党」と訳したことの中に感じられる。より後には、一八九四年からロンドンに拠点をおいていた、有名な人民の意志党員でテロリストのステプニャーク＝クラフチンスキーの名が他の者とともに現れるようになる。一八九六年二月、『朝日新聞』はロンドンで前年に死去したステプニャーク＝クラフチンスキーの追悼記事の中で、ヨーロッパとアメリカにおけるロシア人アナーキストの激しい革命宣伝活動に触れながら、これらの才能ある人々が一人また一人と死んでいくことに深い遺憾の念を表した(8)。

アナーキストの著作の日本語での出版は、「大正デモクラシー」の時代である一九二〇年代に可能となった。バクーニンの最も印象深い著作である『神と国家』について、日本の翻訳者が何号かにわたってエッセイを連載した(9)。神と人間に関する深い洞察に溢れたこの著作は、宗教的なものだけではなく、神の理念自体も、人間を奴隷化するものとして鮮やかに批判している。野蛮な専制と、教会と国家による卑劣で不公正な人間の搾取について、また、人間の抑圧という動物的本能の産物である権力がもつ権威について、また、歴史の主要な目的であり意味であるところの人間性の勝利について、バクーニンが記した言葉が君主制国家である日本においてどのような印象を呼び起こしたのか、想像するのは容易ではない(10)。

歴史の急激な曲がり角では、宗教的要因はイデオロギー闘争の中心となる。両国のアイデンティティにおいて、宗教的要素の影響はそれぞれの特徴をもっているため、本章で検討する時期、そうした要素のパラメーターは異なるものになる。ロシアでは君主制維持の闘争において、宗教が中心的な位置を占めた。「信仰のため、ツァーリのため、祖国のため」が、全保守勢力を統一するスローガンであった。皇族の信心深さ、終わりなき祈禱と教会の祭日への参加、あらゆる聖人、ロシアの守護者への祈禱請願、日露戦争の日々に普通になったこうしたことのすべてが、今や特別な発展を遂げるようになった。自分自身の確信のためではなく、かなりの程度まではまさにそのため、左翼とアナーキストはロシアで反宗教スローガンを唱えたのである。

日本初の社会民主党の指導者は、幸徳秋水を除いた全員（安部磯雄、片山潜、河上清、木下尚江、西川光二郎）がキリスト教徒であった。[11] 彼らはキリスト教からヒューマニズムと社会的平等の理念を汲み取っていた。社会関係を階級的、敵対的関係であると理解することを通じて、キリスト教の否定に至るまでには、まだだいぶ待たねばならなかった。

ロシアの左翼はイデオロギー的に雑多であり、右翼と比べて内在する矛盾がより深刻であった。だが、カール・マルクスのような外国のイデオローグと理論家が優勢であった左翼諸政党にあって、一人の強力なロシア人の姿が聳え立っていた。その人は、ボリシェヴィキとエスエルを含むあらゆる革命勢力・イデオローグによって、等しく尊敬されていた。それはロシア・アナーキズムの理論家ピョートル・クロポトキンである。ステプニャーク＝クラフチンスキーについての前述の記事は、アナーキズムに関するピョートル・クロポトキンの著作にも触れている。そうした著作は、日本の社会主義者でありアナーキストであった幸徳秋水の主張を形成する上で、決定的な役割を果たした。明治天皇暗殺計画の咎で、幸徳秋水とその同志たちに死刑判決を下した起訴状にあっては、「無政府共産主義者」ピョートル・クロポトキンの名が引かれていた。その翻訳書を束にして幸徳秋水は東京の仲間たちを訪ねたというのである。[12]

ロシアの新聞は、日本人社会主義者グループに対する死刑判決が日本で出されたというパリからの報道を掲載しながら、とりわけ幸徳秋水の名を、「トルストイ、マルクス、クロポトキン」を日本人読者に知らしめた学者であり文筆家として強調した[13]。

日露戦争後の両国接近の心理

ロシア第一革命の頃と、後の第一次世界大戦の頃では、社会意識は変化していた。ロシアとの戦争が終結するとともに、日本では対外脅威に関する認識が変わっていく。かつての敵との接近が、国民的な理念とも国家的な政策（「国策」）ともなったのである。

戦争の後、こうした風潮はとりわけ目立つようになっていった。一九〇六年三月一〇日、本野一郎日本公使との最初の会談において、ロシア外務大臣ウラジーミル・ラムズドルフは、不幸なことに両国間には戦争が起こった、個人的にはそれを何としても回避したかったのだが、と述べた。しかしながら、過去についてではなく、将来について考える必要がある。極東の二つの大国には、多くの点で共通の利害がある。それを守ることが我々両国の使命ではないだろうか。日本はその強さとエネルギーを実証したが、ロシアは日本のそうした資質に敬意をもっている。だからこそ、古いいざこざはアーカイヴに片付けて、過去のことを忘れて将来に備える必要がある[14]。

同様の精神で、当時まだ大臣会議議長であったヴィッテも本野と会見している。

ロシアは日本に対していささかの敵意も感じていない。それどころか、その不屈さと一貫性において、また自らの尊厳に対する強い感情と誠実さにおいて、日本を尊敬し始めている。これらの資質はロシア人に非常に通じるものがある。今や将来のことを考えて、それに備える必要がある。我々を仲違いさせようと望んでいる者がいる。だがまさにそのため、我々は団結して、一緒に行動しなければならないのだ。ロシアはその歴史上、最も困難な試練の前に立たされている。だがその困難を克服するだろう。秩序は回復されよう。我々は、日露関係がより親密で堅固なものとなるよう、あらゆることをしなければならない(15)。

過ぎ去った戦争の評価と、将来の友好への期待は、ツァーリの口からも発せられた。一九〇六年三月二二日のツァールスコエ・セローでの日本公使謁見の折、ニコライ二世はこう述べた。

朕はネリードフ氏（外務次官）の報告によりて卿（本野）の我国に対する深き同情を知悉し、卿の此地に任命せられたることを大に悦ぶものなり。朕においては吾々が戦争中互に公明正大の敵たりし如く、将来において互に誠実の友たらんことを祈る。これひとしく貴我両国のために最大の慶福たるべし(16)。

戦争における損失（満洲および南樺太における譲歩）でさえも、ロシアはどこかの時点で国辱として考えるのをやめてしまった。対日講和締結を祝するヴィッテ宛ての電報で、ニコライ二世は強調した。

……敵方の収めた成功の結果を、然るべき程度において受け入れつつ、諸君は、私の指示に従って、ロシアが始めたのではない戦争遂行のための戦費支払いを、いかなる形でも拒否した。そして、一八七五年まで日本に属していたサハリン南部を日本に返還することだけに合意したのである(17)……。

第一次世界大戦の開始とともに、とりわけロシアがその軍事力とリソースをヨーロッパでの戦争に集中せざるをえなくなるにつれて、極東での日本との同盟は焦眉の課題となり、また互いの国民感情においても基本的な変化が生じてきた。

つい近頃まで見られた猜疑心、慎重さ、用心深さ、ある程度の自制は、明らかな好意、共感、誠実さに取って代わられた。……今日、我らの祖国と、我らに公けに共感を示している日本との、本来あるべき接近のときが来たのである(18)。

青島での日本の勝利はロシアにおいて、ドイツのこれまでの挑発に対する積年の恨みが晴らされたという感情を呼び起こした。ドイツは然るべき報いを受けたのである。一八九七年に「些細な口実」によって青島と山東半島を占領することで、ドイツはロシアに旅順と遼東半島を獲得するよう挑発したのだ。それはロシアの関心とリソースをバルカン半島および中東から逸らすためにである。ドイツはロシアを極東での冒険的行為に追いやり、ロシアと日本・中国とを仲違いさせ、イギリスとアメリカをもロシアに敵対させた、と『ノーヴォエ・ヴレーミャ（新時代）』紙は書き、こう結論づけた。

今ではこれらすべてのことは、ようやくそこから覚めることができた悪夢のように思い出されるのである。そして……青島陥落の報が入ってきた。ドイツ外交の巧妙なゲーム（この点では彼らを公正に評価しないわけにはいかない！）によって引き込まれた結界、我々がかくも長いことその中でもがきあがいた結界が、ようやく最終的に解けたのである。これはドイツの終わりの始まりだという考えが、思わず頭に浮かんでくる。運命とは頑なものだ。だがそれは公正であり、各人に「因果応報」をもって対するのである。(19)

第一次世界大戦の過程で、両国の関係は具体的な問題における協力を通じて特に親密の度を増した。日本の多大な支援によって、ロシア軍は武器、主にライフルの供給を助けられたのである。ライフルは戦争の最初の段階、一九一五年末まで、破局的に不足していた。陸軍大臣シュヴァーエフ時代のロシア軍参謀総長であり、帝政ロシア最後の陸軍大臣ともなったベリャーエフは、こう証言している。「日本の銃は、我々が一九一五年前半に軍に供給することができた唯一の銃であった(20)」。

外務大臣サゾーノフは、マレフスキー在東京ロシア大使に次のように打電した。

我が軍への供給に対して与えられた援助を、我々がどれだけ評価しているか、日本政府に表明する機会を決して逃してはならない。なぜならば日本人は現在に至るまで、我々の発注を最も確実かつ正確に遂行してくれているのであるから(21)。

両国関係が高い水準にあることは、ロシアの最も権威ある新聞の一つに、過ぎし一九一四年の政治に関する新年の回顧において、両国の軍事・政治同盟はすでに事実上存在していると書かせるに至った。

ロシアは、日本との強固な関係のおかげで、アジア部の国境について心騒がすことなく、極東の軍事力をヨーロッパに振り向ける可能性を得た。事実上、我々と日本の関係は、正式な防衛同盟と同等である。(22)

日本人義勇兵がロシア軍に加わって、第一次世界大戦の諸戦線で戦ったことに関する文書もまた、両国の国民意識の変化を証明している。アムール州とプリアムール州、そして北満洲で、ロシア軍への入隊を志願した日本人の数は四五九人に上った、と『朝日新聞』は伝えた。(23)『朝日新聞』のペテルブルク特派員は、東プロイセンでの勇猛果敢な戦闘を讃えて東京帝国大学の林という学生に聖ゲオルギー十字章が授与されたと報じた。(24)この件はヴィリニュスのロシア地方紙も伝えていた。(25)

八月二日、次のような報道がなされた（たしかに、未確認情報ではあったが）。第一五歩兵連隊に配備されていた、ウラジオストクの三人の日本人のうち、一人が戦死したということであった。一九一六年一月には、カフカース戦線での戦闘で二人の日本人が死んだという新たな報道がなされた。そこでは、ロシア軍の隊列で、ウラジオストクの生き残っていた二人の日本人と、さらに七人の日本人が戦っていた。(26)

ドイツの捕虜となった日本人義勇兵への処遇は、際立って苛烈なものであった。捕虜になった日本人の一人が、報復として両耳を切り取られ、ロシアに送り返されたと日本の新聞は報じた。(27)

二　ロシア革命から第二次世界大戦

第一次世界大戦は、日露両国のナショナルアイデンティティに対して地政学的要素がもつ影響を強めることとなった。半世紀、わずか二世代の間に、封建的日本はヨーロッパの植民地帝国とアメリカとに肩を並べるまでになった。

第一次世界大戦後の日本の国境は、カムチャツカ半島のロパトカ岬の南から、グアムのリティディアン岬の北にまで広がっていた。アジア大陸では朝鮮と中国の一部が日本に属していた。一九一七年のロシア革命の結果、日本は中国の当該地方の全域を支配することが可能となり、次いで事実上の併合を行った。

反対に、ロシアにおいて第一次世界大戦は、一九世紀初頭にスウェーデンの海岸沿いのオーランド諸島からアラスカまでの巨大な空間を覆っており、大戦の開始時点ではポーランドの一部をも含んでいた広大な帝国を解体させた。しかしながら、その廃墟の上にただちに立ち上がったソヴィエト・ロシア（ソヴィエト連邦）は、以前のものに近い版図を復活させた。

一九一六年七月三日に調印された第四次日露協約は、二月革命以降もその効力を保持した。だが、社会主義革命以降は効力を停止した。公式にはようやく一九二四年になって破棄されたのであったが。そして、二国間において復活した地政学的対立には、新たなイデオロギー的（システム的）対立が追加された。それらのうち、どちらがより主要であったかを判別するのは難しい。それらは相補的であった。イデオロギー的要素は、単に価値観的志向の違いをもたらしただけではなく、互いが敵対勢力であるという恒久的認識をもたらすことになった。

アイデンティティにおける変化は、国民の運命に影響を与える巨大な出来事の際に生じるものである。ここで取り上げる時期においては、そうした出来事はそれまでよりも多かった。

・二月革命とロシア帝国の終焉／共和制による統治の短い移行期間とロシアにおけるボリシェヴィキの政権獲得
・日本は勝者となり、ロシアは勝者からは除外された形での、第一次世界大戦の終結
・ロシアにおける内戦とボリシェヴィズムの勝利（一九一八—二二年）／日本の地政学的野心——日本のシベリア出兵とその完全な失敗／イデオロギー的・地政学的対立の長い時代の始まり／コミンテルンの結成（一九一九年三月）とイデオロギー的破壊活動の開始

・一九二一―一九二二年のワシントン会議と日英同盟の破棄（一九二一年一二月一三日に調印された四カ国条約）／日本のアメリカおよびイギリスとの対立の開始
・一九二三年九月一日の破局的地震／国内の警察体制の引き締め、左翼、アナーキスト、民族的少数派の取り締まり
・日本によるソヴィエト連邦の承認と国交の確立（一九二五年）／昭和時代の幕開けと体制引き締めへの動き
・世界および日本における一九二〇年代末の経済危機／ソヴィエト・ロシアの恐慌のない発展、ソ連の五カ年計画の成功
・一九三〇年代、日本による満洲占領と満洲国の創設（一九三一―三二年）／二国間が接する陸の国境の出現――これは継続的な緊張と潜在的な紛争の温床となった（一九三四年二月―四月）／一九三五年の国境線における小競り合い／ソ蒙相互援助議定書とモンゴルにおけるソ連軍の進駐（一九三六年三月）、そして満洲国との軍事衝突／ハサン湖（沿海地方）における軍事衝突とハルハ川（モンゴル人民共和国）近くでの「小戦争」
・ボリシェヴィキの党内闘争、スターリンの手中への権力の集中、彼に敵対する政治的反対派への制裁（一九二七―三八年）
・日本における「政党政治」と議会の権威の急速な弱体化、政治的反動の到来／一九三二年の五・一五事件／一九三六年の二・二六クーデタ
・日独防共協定（一九三六年一一月）と他の国々の段階的な合流
・中国ファクター――中国における内戦、中国国民党（南京国民政府）に対峙する中国工農紅軍／ソヴィエト・ロシアと中国の階級的連帯
・日本の中国との二度目の戦争（一九三七年）、モンゴルにおけるソ連と日本の軍事対立、満洲国に対峙するモンゴル人民共和国／ボリシェヴィキ党における粛清の時期の完了と、個人崇拝的全体主義国家の形成の完了／日本におけ

る軍部の影響力の増大、拡張主義的イデオロギーの伸長
・一九四〇年代、日独伊三国同盟（一九四〇年九月二七日）
・太平洋における日本の戦争とドイツに対するソヴィエト・ロシアの戦争／日ソ中立条約――両国の戦略的策略と敵対の一時的中断／第二次世界大戦時の脆弱な和解状態
・ソ連の対日参戦／勝利と国民へのスターリンの呼びかけ（一九四五年九月三日）

二つの革命と国交樹立までの最初の数年

日本は臨時政府を、その形成から二週間後に承認した。一九一七年四月四日、在ペトログラード日本大使であった内田亮平は、パーヴェル・ミリュコーフ外務大臣へ国交樹立に関する通牒を手交した[28]。日本がソヴィエト・ロシアを承認したのは、八年後になってからであった。

臨時政府にとって、一九一六年七月四日付の日露協約は、帝政ロシアにとってと同様の価値があった。しかしながら、過去のステレオタイプが復活した。日本が混乱を利用して「背後からの一撃を加える」――極東を攻撃し占領する――準備をしているのではないかという疑念である[29]。

一〇月の諸事件――宮殿警備兵とクロンシタットの水兵を味方にすることに成功した労働者と兵士の部隊が、ロシアの首都の主要拠点を占拠した――は、日本において最初は表面的に認識された[30]。

その後、ケレンスキーが彼に忠実な部隊を率いてペトログラードに今にも帰還しそうに思われ、カレジーン将軍の名が轟いた。しかしながら、ボリシェヴィキが近いうちに敗北しそうだというしるしは時を追うにつれ小さくなっていき、それとともに新政権は己れの生命力をより一層証明した。レーニンが率いたスモーリヌイの政府（人民委員会議）は、新しい外交ドクトリンを宣言した。その教義は現在起こっている戦争と、それに国際関係全般に対する「階

級的アプローチ」に基づいていた。

新政権はその最初の一歩から、日本も含めて交戦状態にある諸国家に対して、即時停戦と「併合と賠償」なしの講和締結を呼びかけた。この呼びかけは、ソヴィエト政権の他のすべての行為と同様に無視された。

ソヴィエト権力が敵対的な性質をもっているということは、当面は日本の利益への脅威や軍事介入の口実としては認識されなかった。しかしながら、一九一七年一一月、パリにおける三国協商国会議の舞台裏ではすでに、日本が「過激派」に対する軍事行動に参加することについて提起されていた(31)。フランスは、日本軍とアメリカ軍が、ウラジオストクからモスクワまでのシベリア鉄道を占領することを支持した(32)。

敵の内部対立を誘うために、新政権は一九一七年一二月二〇日に日露協約の秘密条項のテキストを公表した(33)。ワシントンとロンドンに対して、この協約は彼らに対するロシアと日本の秘密裏の共謀であったのだということを納得させる必要があった。

特別な効果は得られなかった。日本はソヴィエト・ロシアのみならず彼ら自身にとっても脅威なのであると協商国に確信させようとした（と彼自身が告白している）トロツキーの試みも、甲斐なく終わった。

［イギリス軍、フランス軍、アメリカ軍は、］本格的な軍事攻勢を行うことができるとすれば、ただ日本軍の支援あってのみのことである。日本軍が、協商国を援助し、ロシアをドイツ人から解放するためにロシアの地に進駐するなどと考えることができるのは愚か者だけだ。日本がロシア問題に介入するというならば、それはただロシアを奴隷化するという目的によってのみであろうし、ドイツ軍と出会えば彼らに友情の手を差し伸べるだろう(34)。

トロツキーの論拠に聞く耳をもたなかった協商国は軍事介入の準備態勢を整えた。そこで主要な役割を担うとされたのが日本とアメリカであった。四月二日、退任に先立ち本野一郎外務大臣は、ロシア極東への日本軍派遣の必要性に関する長大な覚え書きを寺内正毅首相に宛てて提出した。一九一八年初頭時点での状況を詳細に分析した後に、本野の報告は、協商国からの要請があり次第、東シベリアへの派兵にすぐに取り掛かるように推奨していた。この計画は、「過激派」に対抗して「穏健派」の側に立って、内戦そのものに積極的に介入することを想定していた。前者との戦闘において後者を支援し、シベリアからの彼らの追い出しを促進すること。鉄道の支配を維持しつつ、東シベリアにおいてロシアの民政当局の形成を助け、すでにボリシェヴィキとの戦闘の温床となっていたヨーロッパ・ロシア南部との連絡確立を支援すること。必要であれば西シベリアをも占領し、シベリアの両部分の独立を宣言すること。(35)

日本の干渉と、ウラル以東のロシアにおける「反革命」に対するその支援とは、「革命の大義」への極めて敵対的かつ最も危険な侵害であるとしてボリシェヴィキに認識された。日本軍は、旧ロシア帝国版図に侵入した最初の外国軍であり、そこを去った最後の外国軍であった。極東への国際的干渉の始まりは一九一八年八月であるとされている。しかしながら、事実上は一九一八年四月五日早朝、小規模の日本軍の上陸部隊、それに続きイギリス軍が上陸したウラジオストクにおいて開始されていた。口実となったのは日本人二人が殺害され、一人が傷つけられたことである──これは日本企業「石戸」の従業員たちであった。(36)

その同日に、現地ソヴィエト当局（労働者・兵士・コサック代表ソヴィエトおよび地方自治体極東地方委員会）は、「軍事力による国際法と我らの祖国の不可侵権の重大な侵害」と日本を非難した。(37)

この抗議の主な内容は、日本人にとって、彼らの新聞を通じて知られるようになったということを指摘しておく必要がある。(38)ソヴィエト・ロシアにとって、ドイツやどこであれ他のヨーロッパ諸国による占領の方が日本によるものよりもましであろうというトロツキーの失言もまた、広く知れ渡ることとなった。

もし仮に……ロシアが一時的ではあれども、日本による占領かドイツによる占領かを選択せねばならなくなったとすれば、無論、日本による占領はロシア国民の運命にとって危険性がより少ないのではなくより多いということを認めないわけにはいかないであろう。なぜならば、近い将来日本において深い内的変革が生じる可能性を我々が期待する根拠は、ドイツに関してよりも遥かに少ないからである。[39]

「多くの日本市民、さらに当局の関係者さえもが、ロシア連邦ソヴィエト共和国政府に敵対している反革命分子の側について、内戦に直接に参加している」と、一九一八年四月二四日付の外務人民委員（大臣）代理チチェーリンの通牒では述べられていた。[40]「新たな戦争を開始することをレーニンは望んでいないのだが、それでも彼は日本との戦争を宣言する準備ができている」、と国際報道機関は伝えた。[41]

最終的に日本では、シベリアの占領地域をバイカル湖以東に限定することについて決定がなされた。干渉に関する問題は日本のエリートを、そうした行動の積極的な擁護者と懐疑論者へと分裂させた。陸軍の軍人たちに加えて、十月革命以前は親ロシア派に含まれていた政治家――本野一郎外務大臣や後藤新平内務大臣（四月に本野を引き継ぎ、一九二四年からはソヴィエト政権との国交樹立に関する秘密交渉を行う）――もまた前者であった。過去にまさに「タカ派」に含まれていた政治家――元老山縣有朋や加藤高明前外務大臣――は、干渉反対の立場であった。[42]

二〇年代初頭までには、干渉勢力のうちシベリアに居座っていたのは日本軍だけとなった。否応なしに日本は、多大な戦死者と破壊を伴いながら、ロシア内戦に引き込まれていた。二年間（一九二〇―二二年）に、極東では「赤軍」と「白軍」との間で、凄惨かつ非妥協的な戦いが繰り広げられた。後者の勝利の望みはすでに薄かったため、極東共和国のような妥協的構築物ないし緩衝国への東京の準備をもってしても、白軍側に立っての日本の干渉に成功の見込みは全くなかった。

「赤軍」も「白軍」も、日本人に対して外国かつ他所の勢力として接していたが、一方は敵として、他方は一時的な、しかし無私無欲ではない同盟者として接していた。この点に関してはパーヴェル・ミリュコーフが亡命中に記述している。[43]東京が果たそうと試みた「中立的役割」は、まともに受け止められず、またこのような役割を果たそうとする試みは、占領軍自体へのリスクを伴った。これが顕著に現れているのが、一九二〇年前半のニコラエフスク（尼港）事件である。一九世紀中頃は中心都市でありロシア総督の居住地であったこの小都市において、すべての日本軍守備隊と日本人居留民、総勢約八〇〇名が殺害されたのである。

ニコラエフスク事件の後、ロシア共産党（ボリシェヴィキ）中央委員会極東ビュローの一員であるセルゲイ・ラゾが、報復として日本当局に逮捕され、白軍へ引き渡された。ラゾとその仲間たちの、蒸気機関車の火室における「生きたままの焼却」、それに復讐としての「赤軍」による白軍の大量殺害が、実際にそれがどう起こったかとは関係なく、日本人の責任によるものとされてきた。

極東における「日本軍の残虐行為」とそれに対する英雄的な抵抗は、長きにわたってプロパガンダと、愛国主義の精神によるソヴィエト人民の新たな世代の教育にとって肝要な要素であった。セミョーノフ頭領の部隊やコルチャークのロシア軍の残党、同様に日本軍によって支持された小規模の抵抗拠点に対抗した、シベリアにおけるパルチザン運動は、英雄として描き出されるとともに、日本の否定的なイメージを形成した。

その一方で日本においては、シベリアへの干渉は日本の愛国主義や国益保護の現象であるとはみなされなかった。軍務を全うし、戦死した兵士や将校を賞賛しつつ、新聞はこの重大な政治的ミスを犯した政治家の責任を追及した。「何千もの日本兵の生命、六億円以上の軍事費、隣国ロシアにおける反日感情、列強との関係の破損——これらが介入の哀れむべき結果である」、と新聞は書いた(44)。

シベリアにおける干渉自体と、その完全な失敗は、日本の内政にも悪影響を与えた。二〇年代において、日本の君主制の保守主義と、建国者たちが埋め込んだ立憲主義との均衡が崩れ始めた。

大正天皇による自らの権限の委任（一九二一年一一月二五日）後、保守派の影響が強化され、後継者である皇太子裕仁の摂政時代が開始された。一九二二年二月、軍の非公式のリーダーであり元老の長であった山縣有朋元帥の死は、元老制度の影響力の最終的な弱体化につながった。元老は、そのあらゆる保守性にもかかわらず、明治憲法の民主主義原理の排除を許さず、向こう見ずな軍国主義者を抑止してきていたのである。

同時期に、ソヴィエト・ロシアにおいては、新政権が確固たるものとなりつつあった。当初は四つのソヴィエト共和国で構成されていたソヴィエト連邦の形成と、二年後の新憲法（一九二四年）採択が、国家権力をめぐる戦いに終止符を打った。一九二二年一二月二九日の条約は、新たなソヴィエト国家の構造や機能、そして権限を規定した、完全な法的文書であった。

新たな「労農国家」は同時代的なモデルに基づいており、そこには後の一九三六年憲法に現れることとなる、ボリシェヴィキ党の「指導的かつ先導的役割」という権限は登録されていなかった。党は陰の中にあるようであったが、その全体主義的役割は、内務人民委員部の一部局であり、反革命・サボタージュ取締全ロシア非常委員会（VCheKa）を受け継いだ国家政治局（GPU）の構造が証言していた。その前身と同様に、GPUは純粋な懲罰機能を有していた。それは、アナーキスト、メンシェヴィキ、ブント、エスエル党員、反ソ的農民、旧白軍・憲兵・懲罰者・看守、ユダヤ人の諸グループと政党、右派政党、反ソ志向の知識人と若者、正教会、諸宗派とセクト、ザカフカースの諸民族政党およびメンシェヴィキ、全連邦共産党（ボリシェヴィキ）の元党員、非合法政党、そして労働者と失業者の抗議行動との戦いであった。

日本におけるGPUの類似物――特別高等警察は、ずっと早い一九一一年に設置され、さらに早い時期――一九〇〇年――に制定された治安警察法に基づき活動した。一九二二年には、この法律は引き締めの方向で改正された。特別高等警察による警察監督の対象リストは、GPUのそれを彷彿させた。アナーキストは、ソヴィエトの懲罰機関のリストの最初に掲げられ、また日本のそれにおいても、最初のものの一つであった。ユダヤ民族やザカフカース民族の諸グループの位置は、民族的少数派たる朝鮮人によって占められた。GPUは正教会や諸宗派、セクトと闘ったが、日本の憲兵隊は新宗教やセクトと闘った。

一九二一年一〇月、神道に近しいが、新宗教とみなされたセクト「大本」の寺院が警察によって破壊された。一九二二年七月には、信濃川の支流である中津川の水力発電所建設において、一〇〇〇人の土工のうち、六〇〇人が日本へ強制連行され重労働を課された朝鮮人であった。彼らは低劣狭隘な共同住居に住まわされ、賃金は二束三文であった。蜂起鎮圧の際に、彼らの中の数十名が殺害された。一九二三年九月一日に発生した地震の直後に、朝鮮人への警察の弾圧が、大規模に達した。大反響を呼んだのは、日本のアナーキストの指導者たちにこのとき下された制裁である。大杉栄とその内縁の妻である伊藤野枝は、大杉の六歳の甥とともに、憲兵隊構内において、特別高等警察によって扼殺された。

日本においてアナーキストは、既存体制へのその危険度において、一九二二年三月に結党した共産主義者と同一視された。結党直後に、共産党は地下に潜った。共産主義は、天皇主義に極めて敵対的な教義であるとみなされ、共産主義者は「第五列」であると考えられた。警察権力は、恐らく日本における共産党設立はコミンテルンによる指示であり、最初の党綱領案もそこで書かれたという情報をつかんでいた。その中身を読んでみれば、疑いが残りようもなかった。民主主義的スローガンと、労働者と農民の権利のための闘争に加えて、党の課題として、君主制と日本の議会における貴族院の廃止、軍隊や警察、憲兵隊や秘密警察の解散、そして朝鮮、中国、台湾やサハリンからの日本軍の撤退が宣言されていた。このような綱領の下では、共産党が非合法の存在を運命づけられていたことも明らかであった。(45)

一九二四年北京において国交正常化に関する交渉が開始されたとき、相互関係の基本原則に関する条約文案（一九二五年一月二〇日付北京条約）では、日本側の主張で以下のような第五条が入った。それは、いかなる国もが、その法的権限の及ぶ範囲においてもつ、各自の生活を築くための「無条件の権利」を尊重すること、そしてまた、日本とソ連のいかなる領域内でも、秩序と安寧を公然、非公然に損ねるような人、組織に支援ないし財政援助するためのあらゆる活動を控え、許さないことを、両国に義務づけるものであった(46)。

レーニンと大正天皇の後で――関係の正常化と一九二〇年代後半

国交が正常化した一九二五年一月までに、両国は根本的なシステム変革を経験した。一九二六年一二月二五日の大正天皇崩御の後、裕仁天皇による新たな統治の時代が始まった（昭和時代）。立憲君主制は、社会生活のあらゆる面における軍部の影響力強化とともに、「軍事君主制」という変種へと変容し始めた。中国への拡張的気分が著しく高まった。

その理由となったのは、国内外における変化であった。日本における社会主義運動や労働運動の成長は、速いテンポでの工業化と都市化によって、また社会構造の大きな変化によって引き起こされた。根本的な変革は、外交政策にも起こっていた。一九二一年の海軍に関するワシントン会議において、二〇年間にわたり国の外交政策の中心であった日英同盟が廃止された。日英同盟への深い愛着にもかかわらず、一九一六年の日露協約は、それに置き換わりうるものであった。だがそれは革命によって破棄され、最終的に東京はドイツを選好することとなった。アメリカのウィルソン大統領の「公正で民主主義的な講和」という考えは、ソヴィエトの概念であった「無併合・無賠償による講和」と同じく、イデオロギー的手段によって自分の地政学的目標を達成するためのこれら二大国のトリックであるとして、日本では等しく敵視された。

日本では、大正天皇の崩御が新たな政治的な時代の幕開けとなり、ソヴィエト・ロシアでは鋭い党内闘争の後の一九二四年一月のレーニンの死が、新たな時代――スターリン主義――の始まりを導いたのである。全連邦共産党（ボリシェヴィキ）の第一四回党大会（一九二五年一二月）において、スターリンを排除しようという「左翼反対派」（トロツキーの中立の下での、カーメネフとジノヴィエフ）の試みは失敗に終わった。大会では、党書記長を更迭するという彼らの提案は支持されなかった。これは、党内および国内における個人権力の独裁確立にまで至る、党の他の指導者に対する制裁の始まりとなった。

本質において似通った現象が二国において様々な形態と文脈で進行した。日本において全体主義への動きが一〇年間を要し、明治国家の原理が弱体化した結果であったとするならば、ロシアにおいては国家は実質的にただちに全体主義的となったのであった。ロシア社会民主主義の最も急進的な分枝であったボリシェヴィキ党の独占的統治は、後に憲法的規範となった。「階級闘争」と「プロレタリアート独裁」の理念を通じて、ボリシェヴィズムは新しい型の国家、「ソヴィエト権力」国家の政治的中核となった。

経済面に関していえば、スターリニズムは市場関係の維持の控えめな試みに終止符を打ち、資本主義的関係は、私的所有の完全否定とさらには法的抑圧をも伴って、土地と生産手段の国家所有に完全に取って代わられた。経済の計画的・指令的発展が、市場を縮小させただけではなく、最終的にはそれを清算した。それは巨大な動員ポテンシャルを有しており、ある特定の段階では目覚ましい結果を示したのではあったが、第二次世界大戦の後に来た停滞、退化、そして崩壊は、自己改善メカニズムの欠如、それに外部環境の変化や新たな文明的可能性（科学技術や情報技術の進歩）の出現への柔軟的対応の欠如と関連していた。これは、システムとして資本主義に敗北したのではなく、文明的発展の新たな挑戦に応えることができなかったのである。

ソヴィエト経済システムは国家資本主義の一形態であった。日本における国家資本主義は、制度としての私的所有の維持とともに、一部の巨大独占体――財閥――の手中への、高まる一方の資本集中という形で現れた。悪名高き四企業（三井、三菱、住友、安田）は国内市場と外国貿易売上高の三割から五割を占めた。政府や諸政党に対する、これらおよび他の独占企業の近さは非常に明らかであったため、三〇年代中頃の軍事クーデタの時代には、それらは極右勢力からのテロの対象となった。三〇年代中頃には、日本の幾次もの政府において、経済の国家統制という問題が真剣に検討され、それは戦前と戦時中に実現された。

精神面では両国において攻撃的な愛国主義のイデオロギーが形成された――日本では伝統的価値観の、ソヴィエト・ロシアでは新たな価値観の称揚を、それぞれその土台としていた。日本では拡張主義の思想は汎アジア主義の装いの下で成長した。ソヴィエト・ロシアではプロレタリア国際主義と世界革命の理念の下で、「革命の輸出」が実施された。大衆意識への新たな理想の強制的な注入によって、文化はイデオロギーに服従し、決まり文句、陳腐な表現、教条が生み出された。

だが、日本は階級的指標によるアイデンティティの分裂を避けることに成功し、いわんや日本の文化的アイデンティティが他のものに代替されることをも防いだ。明治維新の際には、分裂や内戦の事例が見られたが、それは第一に氏族間の衝突であった。イデオロギー闘争の方はといえば、「保守派」と「リベラル」――国民の生き残り手段としての近代化の支持者――の間に発生した。保守派はアイデンティティの維持を提唱した。だが改革の支持者もそれを否定したわけではなかった。ただ時代遅れで生命力を失ったその特徴を拒否することだけを目指したのである。そのため、階級的教義のために保守派もリベラリズム（モダニズム）もイデオロギー的かつ物理的に抹殺された、ロシアで起きたような分裂や共倒れの闘争にまでは至らなかったのである。

日本において両陣営の和解は、利害の妥協によって早期に訪れた。穏健リベラル陣営の代表者は、時には軍部による支配を厳しく批判しながらも、公的機関からの迫害は受けなかった。彼らは超国家主義者によるテロの犠牲者となったのだが、そうした行為は非難され、殺害を実行したテロリストたちは起訴されたし、一九三六年のクーデタの際にはその多くが処刑された。

ロシアでは結局分裂は克服されなかった。稀な例を除いて、過去のエリートは新国家において何らかの重要な地位を得ることはなかった。すでに内戦時における「赤色テロ」は、とりわけ左派エスエル党によるレーニン暗殺未遂後、残っていたエリートを抹殺し、彼らが祖国へと戻ってくる道をも閉ざした。

権力構造における三つの機能的要素——政治的、官僚的、経済的——のうち、ソヴィエト・ロシアにおいては、政治的（政党的）要素が圧倒的であった。経済階級は、党—経済管理階級によって代表され、官僚階級は、党—行政管理階級によって代表された。一見すると、国家統治の二重構造（機構）——官僚機構（人民委員会議）と政治機構（全連邦共産党（ボリシェヴィキ）中央委員会）——と見えたものは、実際には単一の党機構なのであった。党のヒエラルキー（党暦および党内ヒエラルキー）が重要なのであった。いかなる系統のものであれ、すべての機関と団体は、二重の統治構造を有していた——行政的構造と政治的構造である。前者は管理部によって代表され、後者は党委員会によって代表された。党員資格の喪失、または党内ヒエラルキーにおける降格は、自動的にその他すべてのステータスの喪失ないし降格へ直結した。これは公務員の特殊な部分——公安機関を含めた軍と警察——にも適用された。彼らはみな、党による厳格かつ直接的な監督の下にあった。軍では、その構造的単位の全レベルにおいて、政治将校とコミッサールが任命されていた。

日本軍においては、政治将校の制度はなかった。軍を監督するためには、他の権力制度——天皇——が用いられた。天皇と陸海軍の関係は、伝統的に特別なものであった。国を守るというとき、軍部は第一に国ではなく天皇とその神聖な玉体を守っていたのである。それは公式のものとなった神道の神話に従ってなされていた。そうした神話は、狂信によって天皇崇拝を宗教の一種と化した。

陸軍参謀総長と海軍軍令部総長は、宮廷への直接のアクセスと天皇に奏上する権利を有していた。この奏上においては、特別に招聘されることなしには、天皇の輔弼者——内大臣——を含め、他者が同席することはできなかった。二人の関係する大臣と首相は奏上の内容を知らされるのみであった。こうしたことは明治憲法には記されていなかったが、一八八九年にそれが発布されたのちに採択された規定でそうなっていたのであった(47)。

しかしながら、「天皇―軍部」の結びつきにおいて、天皇の人格における「神性」が増えれば増えるほど、その下に残る実際の権力は少なくなっていった。そのため次第に、天皇が陸海軍に影響を与えたというよりは、むしろ逆になっていった。このような状況の欠陥性は、明治憲法に内在していた曖昧さによるものであり、その第一条では天皇が日本を「統治する」と定められていたが、第四条ではこの統治を彼は憲法の諸規定に基づいて実現するとされていた。この曖昧さは、天皇の法的地位に関する二つの理論において現れた。一方は、天皇が国家の主権者であると主張したが、他方は、主権者は法人としての国家であり、天皇は国家元首、つまり最高の地位にはあるものの、やはり国家機関なのであると主張した。後者の解釈は、議会を含む国家機関の権威を高めることとなったが、それによって軍部を不倶戴天の敵とすることになった。一九三五年八月に政府は特別声明を出し、「天皇機関説」を厳しく非難し、それを禁止した。天皇の権威を神格崇拝にまで高めることによって、軍部は自らのために動いていたのであった。

ソヴィエト・ロシアでも領袖の法的（憲法的）地位はやはり曖昧、もしくは単に不明確なものであった。とはいえ国家の全リソースは彼を高みへと引き上げることに向けられていたし、彼自身、国家統治や多かれ少なかれ重要な決定の採択に関わるすべての手綱を自らの手中に収めていた。一九二四年憲法においてはボリシェヴィキ党に関する言及は総じて存在しなかった。三〇年代中頃には、日本と同様に、この曖昧性は消えていく。一九三六年の新憲法の「市民の基本的権利と義務」の項の第一二六条において、全連邦共産党（ボリシェヴィキ）は、すべての社会的ならびに国家的団体の「指導的中核」として規定された。これに関して、領袖の像は神聖な性質をより一層獲得していった。神聖さに近い理念として、彼の無謬性、賢明さ、全能性があった。それらを疑うことは刑事犯罪とされるのみならず、「冒瀆」、全人民の感情に対する侮辱としてみなされた。神格化に近かったのが、「我々にとってスターリンは実の父以上である！」や「同志スターリン、我々の幸せな子供時代をありがとう」、その他諸々の類の言葉である。

スターリン崇拝は、レーニン崇拝の土壌の上に芽生えた。これは、新たな領袖の権威を「神聖化」するために必要不可欠であった。二つの崇拝の存在は、「神とその預言者」の定式に対応していた。日本においては、神の子孫であるという定義によって、天皇が前者の役割に適合していた。「預言者」の役割は、かつては統治の「御意」(御璽)を菊の玉座から受け賜った将軍が自任していた。明治維新後、この地位は憲法によって、理念上は議会に代表される国民へと与えられた。実際は、文民権力機構の弱さによって、この地位は空席のままであった。軍部の政治的影響力の成長は、この役割の侵害への兆しであった。しかしながら軍部には、「領袖」の役割を主張できるような、明確に現れた指導者は存在しなかった。加えて、軍部自身も「武闘派」と「穏健派」に分かれていた。日本の文献では通例彼らは「皇道派」と「統制派」の支持者として言及される。そのため、日本陸海軍の参謀本部が、それが玉座との間でもっていた前述の特別な関係を考慮すれば、「集団的領袖」の役割をひとまずは担っていたということになる。

しかしながら、このアナロジーにおいて重要なことは別にある。レーニンに対してスターリンがそうしたように、日本軍部も天皇崇拝を極端にまで高めることを目指し、彼によって自らの権力を「神聖化」しようとした。日和見主義、弱腰、「レーニンの規範」からの逸脱、「レーニンの事業」の裏切りとして敵対者を非難しつつ、スターリンは党内の自分の敵を抹殺するために以前の領袖に対する崇拝を利用した。そうした敵の中には、レーニンとともに革命を行った、往時のレーニンの戦友も含まれていた。

軍部の「イデオロギー」において天皇崇拝は、「堕落した」文民権力と銀行家の権力に対する狂暴な批判のために必要であった。その極端な形として、軍部は天皇の絶対権力の「復活」という目的で、文民権力の打倒と独裁の導入を主張した。海軍の青年将校たちによる一九三二年五月一五日のクーデタは、陸軍士官候補生の支援の下、「昭和維新」のスローガンによって実行された。

三〇年代の日ソ両国では権力崇拝的要素が強化されていったが、その動機においては類似点と相違点があった。日本では動機は基本的に大陸への拡張政策と結びついていた。ソヴィエト・ロシアではそれは、世界革命の幻想の終焉と結びついており、また、権力の高度な集中とあらゆる異論の抑圧を求める「包囲された要塞」のイデオロギーの強化とも結びついていた。粛清と身体的抹殺を被った「レーニンの親衛隊」は、基本的には「民主集中制」という、論争や分派をも前提とする古いボリシェヴィキのイデオロギーの担い手であった。レーニンが創設したコミンテルンの理念は、スターリンの下ではイデオロギー的な性格は薄まっていき、地政学的目的をより果たすようになっていった。

レーニンの名前は、その崇拝的な性格を維持しながらも、次第により形式的なものとなっていった。スターリンの名前は「預言者」から「神」そのものの範疇へと入っていった。それは国（祖国）の名そのものと結びつくようになっていった。「祖国のために、スターリンのために」という叫びとともに兵士は突撃し、そして死を受け入れた。日本では、三〇年代に中国の戦地における日本兵士は、「天皇陛下万歳！」という叫びだけをあげた。というのは天皇とはすなわち祖国であったから。

崇拝に起因する大衆の熱狂は、領袖への献身における類似の像および模範を生み出した。日本では、天皇に命を捧げる兵士の理想像は、日露戦争の際にすでに現れていた。満洲征服後、中国正規軍と散発的な戦闘が開始された三〇年代、そうした戦闘の一つ（一九三二年二月の第一次上海事変）において、天皇に命を捧げる戦士の像が登場した。

彼は意識のない状態で捕虜となり、捕虜交換の後に日本軍病院に移されたが、「虜囚」の辱めに耐えることができず、再び捕虜となった戦場へと向かい、そして「天皇陛下万歳」と叫びながら自決した[48]。第九師団歩兵第七連隊隊長の空閑昇のこの勲功は、当時の映画や文学において讃えられた[49]。

ソヴィエト・ロシアでも同様の像が、第二次世界大戦の際に現れた。アレクサンドル・マトローソフの勲功「ドイツ軍のトーチカの砲火を身を挺して防いだ」は、公式データによれば彼自身の勇気と自己犠牲の行為の前後に同様の事例が三〇〇回あったのだが、出版物上で讃えられ顕彰された（これに一番似ているのは戦前の日本で讃えられていた橘周太大尉の行いである。彼は日露戦争の最中、一九〇四年八月末の凄惨な遼陽の戦いで、下士官に大隊の指揮をまかせ、軍曹とともに難攻不落の要塞に突撃し、仲間たちの命を救い、自分は敵の銃弾の雨をうけて死んだのである)[50]。ゾーヤ・コスモデミヤンスカヤとシューラ・コスモデミヤンスキーやその他の人々の勲功についても同じことが当てはまる。

二つの崇拝の間には深刻な相違が存在していた。日本の天皇は、決定の策定と採択とに直接には参画しなかった。彼はそれらを聖化した、つまり「御裁可を下された」のである。ソヴィエトの崇拝の伝統では、指導者たちには「人間性」と「単純さ」が帰された（特にレーニン）。これにより、彼らが人民に属していることが強調された。日本では逆に、国民が天皇に帰属していた。一九三六年末以降、日本国民の意味体系においては「皇民」、つまり「天皇の民」という言葉が登場し、後になるほどより頻繁に用いられるようになった。日本では天皇は神々の子孫とみなされていたため、平民と結びつけることは到底できなかった。

「日本人」の類似物である「皇民」という表現においては、民族的帰属は均された。そのため、日本の植民地における住民の強制的同化は、日本人化ではなく「皇民化」という用語で呼ばれた。興味深いことに、日本軍もまた国外における戦闘では、一般に用いられる「日本軍」に加えて、一八九四—一八九五年の第一次日中戦争［日清戦争］より、「皇軍」の名称も用いられるようになった[51]。台湾と朝鮮での懲罰作戦の際に、しばしばこの言葉が用いられた。

ソヴィエト・ロシアにおける類似の現象は、「ソヴィエト人民」の概念を通じて実現された。この現象は、ソ連に加入している諸民族のエスニックな性質を融解するものであった。ロシアでは諸民族共和国の「ソヴィエト化」は、イデオロギー的共通性を通じた、その「穏やか」な同化を意味した。

「満洲事変」から戦争まで——真正なる敵対と地政学の偽善

日本とソヴィエト・ロシアのイデオロギー的、地政学的対立において、三〇年代全体を通して大きな位置を占めていたのが中国であり、そこにおける共産主義運動の成長、「抗日戦争」と呼ばれた戦いであった。当初はソ連のコムニストの共感は、外国人支配との戦いにおける中国国民党の側に寄せられていた。しかしながら、三〇年代初頭から、モスクワの共感は中国共産党の側に向けられるようになった。それは不思議ではなかった。コミンテルンを通じた、中国共産党員へのモスクワの影響力は巨大であった。コミンテルンの「提言」に従い、中国共産党中央委員会は一九三一年九月一一日、複数の地区において、「中華ソヴィエト共和国」および毛沢東率いる「中華ソヴィエト共和国臨時政府（人民委員会議）」を樹立した。一九三二―一九三三年には中国工農紅軍の再編が完了した。

同時にコミンテルンは、アジア方面全体の広範な領野において活動することを試みた。「太平洋労働組合書記局」を通じて、ソ連の出版物上で、植民地と帝国中心の労働者間の「戦闘呼応」が掲載され、「中国、インド、朝鮮、日本における数千万もの失業者および半失業者の、恐るべき貧困と飢餓」の像が描き出された(52)。

日本に占領された満洲と、隣接する朝鮮——日本の植民地——における勤労者の貧窮状態に関する資料が、より頻繁に現れるようになっていった。日本の「ブルジョア新聞」を引用しながら、この国の政治犯、その拘禁の非人道的な環境、朝鮮知識人の間での左翼思想の流行、それに一一月七日のロシア革命の日に合わせた、ソウル諸企業のストライキの取り締まりに向けた日本警察の措置について、伝えられた(53)。

満洲併合後、日本は積極的に中国本土への関与を深めた。ソヴィエトの出版物で書かれていたのとは違って、この巨大な国を「奴隷化」する可能性に特別な幻想を抱くことなく、東京は中国において「助言を与える」、つまり統治することが可能になるような、自らにとって友好的な体制を形成することを試みた。在南京ソヴィエト大使であったボゴモーロフの情報によれば、中国国民党の政府において、一九三六年初頭の段階で、日本出身の大臣が六人いた。国民党では親日派が、反日的ではあるが中国共産党に主要な危険を見ていた人々と水面下で戦っていたのであるが、対照的に中国共産党は非妥協的な反日勢力として立ち現れた(54)。

モスクワが彼らを全面的に支援したことは、三〇年代における両者の敵対の度合いを高めることになった。南京で精力的に活動していた日本のスパイの報告によれば、ボゴモーロフは南京政府の外務大臣と会談し、中国北部に対日「統一戦線」を形成するよう助言するとともに、その見返りとして新疆における活動の停止と中国人商人に対する外モンゴル（モンゴル人民共和国）の国境開放を約束した。もし中国国民党が日本と共産主義者に対する軍事協定を締結することになり、外モンゴルに対する日本の軍事行為がありうるならば、ソ連は中国国民党政府を自らの敵とみなさざるをえないであろう、とも伝えられた。(55)

中国共産党の影響力の強まりの中に、東京はまずは中国および全東アジアの「ソヴィエト化」というモスクワの計画を見出しがちであった。一九三六年一二月一六日付の、在北京日本大使川越茂へ宛てた電報において、有田八郎外務大臣は、「東アジアにおける共産主義の浸透との戦いは、日本の国家政策の基本である」ことを想起させた。(56)

これらのことの理由となったのが、数日前（一二月一二日）に蔣介石が拘束されたことで起こった中国の鋭い政治危機であった。西安において、二人の反乱司令官――張学良と楊虎城が、抗日統一戦線の形成を拒否したことで、国家元首を軟禁したのである。蔣介石の代わりに、日本の傀儡である汪兆銘が中国国民党の権力の座につくことを危惧し、コミンテルンは中国の共産主義者に対して、彼らの最悪の敵を解放することに力を貸すよう勧めた。「赤」と日本人、どちらがより危険であるのかというジレンマを前にしたとき、「後者の方がより危険であることを認めるときである、なぜならば中国そのものの破滅をもたらしかねないからだ」、と『プラウダ』は説いた。(57)

同年一一月二五日にベルリンで日独「防共協定」（反コミンテルン条約）が調印されていたことが、蔣介石の監禁に影響を与えた。蔣介石がこれに加わるということがありえたし、そうなれば内戦におけるあらゆる妥協は幻となったであろう。

防共協定は、この時期までに高度に緊張していたソヴィエト・ロシアと日本の敵対関係を先鋭化させた。しかしながら、東京はソ連との戦争は望んでおらず、有田はベルリンの日本大使である武者小路公共に特別に慎重になるよう呼びかけた。ベルリンとの協定は、東方におけるソ連の軍事力の成長を、そしてまた、中国共産主義者を煽りたてるその政策を抑えるはずのものであったが、ソ連を戦争へと挑発することは決してその狙いではなかった(58)。

協定文書は、「軍国主義」者の一人であり、「皇道」派の一員でもあった寺内寿一陸軍大臣大将によって裏書された。その結果、一九三七年一月二一日、代議員であり日本政治の重鎮であった濱田國松と彼との問答が、政治危機につながった。組閣は林銑十郎大将に委ねられた。内閣はたった四カ月間しか持続しなかった。予算成立の翌日、林は議会を解散し、新政府の政党の立場を強化することを期待して、新たな選挙の実施を定めた。しかしながら、正反対の事態が生じた。議会に初めて穏健左派政党が進出したのである。そのうちの一つである社会大衆党は三七議席を獲得した。選挙における敗北は、林内閣を総辞職へ追い込んだ。

そうしたことは当時のソ連最高会議においては見られなかった。それどころか、一九三四年一二月一日のキーロフ暗殺後、ソ連では大量抑圧キャンペーンが開始された。数十万人の人々が粛清された。日本では共産主義者やその他の反体制派に対して苛酷な弾圧がなされた。その他の人々は無傷のままであった。前述の濱田國松は一九三八年に男爵の称号を授かり、宇垣一成は、林内閣の退陣後に権力を握った近衛文麿の内閣において外務大臣となった。

ソヴィエトの出版物ではこの時代の評価はイデオロギー的な決まり文句に基づいていた。時には流血の殺害事件につながるほどの、保守派と右翼リベラル派という二つの陣営の現実の闘争は、大衆を欺くために演じられた「見せかけ」であるとみなされた。林大将内閣が退陣したことと、一九三七年四月三〇日の総選挙後に近衛公爵が権力の座についたこととは、「支配的ブルジョアの巧みな策略」であると考えられた。近衛自身は――より洗練され、抜け目のない政治家であり、イデオロギー的には林大将がそうであったよりも日本帝国主義の反動的ファシストのグループに近かったのであるが、より巧みに「彼らの司令を実行する」ことができた。

政友会と民政党は、ブルジョアー地主政党であり、その議会における政策は、反動への抵抗ではなく、軍部―ファシスト的改革に対して、それが「十分に柔軟に」なされるという条件下での合意であると規定された。他方で、日本軍の参謀本部は、「ブルジョア合法性の立場に（ひとまず）留まることが、自らにとって有益であるとみなしていた」。ヨーロッパ諸国に対してと同様に、ソヴィエトの共産主義出版物は、日本の社会民主主義をとりわけ激しく批判した。中道左派の社会主義的大衆党（社会大衆党）が、「反ファシスト的な選挙人の背中によじ登って」、議会に進出したと指摘しながら、ソヴィエトの共産主義機関紙は、議会での彼らの振舞い、中国での日本の戦争に関する彼らの発言のあからさまに「卑屈な調子」を、「醜態」であるとした(59)。

一九三七年の中国との戦争開始は、ソヴィエトと日本のイデオロギー的、軍事的対立における新たな分水嶺となった。この年はまた、軍部の政治支配の強化と、全体主義に近い体制の日本における形成という点でも画期となった。ソヴィエト・ロシアでは一九三七年は、後に「大テロル」と呼ばれることになる年であった。新聞は「トロツキスト＝ジノヴィエフ派ブロック」に所属する敵を激しく糾弾した。彼らは、「帝国主義者の下手人、ファシストのエージェント、それに日本軍国主義者の代理人」というレッテルを貼りつけられた。「反ソ・トロツキスト・センター」に対する裁判が広く報道される中で、トロツキーとヒトラーおよび日本の軍国主義者との結びつきの「証拠」が紹介された(60)。

この時期には、日本とソ連の間で最初の軍事衝突が始まっている。一九三二年三月一日の満洲国建国後、両者の間に初めて共通の陸の国境線——継続的な緊張と潜在的な紛争の温床——が成立した。一九三四年二月から四月にもそうした状況があったし、国境での小競り合いは翌一九三五年にも起こった。一九三六年三月には、ソ蒙相互援助議定書が締結され、それによってモンゴルにソヴィエト軍部隊が進駐した。今や、潜在的な紛争地帯である国境線は、数千キロにわたる、遥かに長いものとなった。

両軍の最初の深刻な衝突は、一九三八年七月二九日、満洲国と朝鮮の国境にあるハサン湖周辺地区で生じた。それはわずか数日間だけ続き、八月一一日に終結した。それに先立って、関東軍による度重なる国境侵犯と「神経戦」が起こっていた。[61]

衝突の直前には、内務人民委員部（NKVD）の最高位の役職の一つについていたゲンリフ・サモイロヴィチ・リュシコフが、満洲国に逃亡していた。日本の新聞はこのテーマの記事や、逃走者自身の「供述」で溢れ、またスターリン、エジョフ、それにこの事件が命取りとなったブリューヘルの肖像画を並べ立てた。大活字の見出しには「血の粛清」という言葉が踊り、それによって内政上の失敗や戦争への準備を隠そうとするスターリンの意図が語られた。[62]

ハサン湖におけるソヴィエト軍の勝利は心からの熱狂を呼び起こし、公式のソヴィエト・プロパガンダによって広く活用された。その際に、日本兵は「サムライ」という卑称で呼ばれ、戦勝者は英雄として表彰された。六五〇〇人の兵士と将校が勲章やメダルを贈られた。二六人がソ連邦英雄となった。[63]九五人にはレーニン勲章が贈られた。[64]

一年後（一九三九年五月―九月）、ハルハ川での戦闘［ノモンハン事件］では、双方の側から数万人の兵士が参加し、五〇〇の大砲、機関銃、飛行機が導入された。これらの数字を基準とすればこの衝突は小規模な戦争に分類されてもよいものであり、それはまた再びソ連軍の勝利で終結した。日本側の人的損失は数倍多かった［人的損失の数字については諸説ある］。圧倒的な勝利がまた、ソ連においてより一層の熱意を呼び起こした。

この衝突は、第二次世界大戦前夜に始まり、すでに一九三九年九月一日にそれが開始された後に停戦協定の締結によって終結した。他方、戦闘真只中の一九三九年八月二三日に、独ソ不可侵条約が締結されていた。この条約は、日本にとって衝撃であった。ソ連との本格的な戦争は、ハルハ川の戦いの後には問題の多いものとなっていたが、今やいよいよ空想上のものとなった。一九四〇年九月初旬、東京の千駄ヶ谷の松岡洋右外務大臣私邸における、リッベントロップの特派公使のハインリヒ・スターマー、在日ドイツ大使オイゲン・オット、それに松岡による日独伊三国同盟の締結に関する交渉は、東京に、ベルリンは三国同盟締結後に、そこにソ連を加えるつもりであるとの確信を抱かせた。このリッベントロップの考えは、ヒトラーによって拒否されたが、ヒトラーもまた、東欧においてスターリンと相互理解を達成することには同意していた[65]。

松岡との交渉においてスターマーは、これはリッベントロップが彼の口を借りて語っているのであると言いながら、ドイツは日本とロシアの関係が複雑化することには反対であり、東京とモスクワの間の問題解決を仲介する準備ができている、と表明した[66]。

一九四一年三月には、状況は根本的に変化した。松岡は中立条約の締結を期待しながらモスクワを訪れた。ヒトラーとスターリンの関係は急激に悪化しており、すでに一九四〇年一一月には「バルバロッサ作戦」が採択されていた。だが今や日本はソヴィエト・ロシアとの戦争を近い将来のこととしては考えておらず、その視線の先を南方へと向けていた。

「大統領アーカイヴ」の特別ファイルに保管されている、一九四一年三月二四日と四月一二日におけるスターリンと松岡の二回の極秘会談の記録は、両国の利害衝突における地政学的、イデオロギー的特徴の分析のための多くの糧を与えてくれる。

第一回目の三月の会合では、日本の大臣のベルリン訪問を控えて、地政学的な立場の慎重な探り合いが相互に行われた。そこでは松岡の要請によってイデオロギーが特別な位置を占めた。

「日本ではすでに以前から共産主義がある」と日本の大臣は衝撃的な声明を行った。「日本皇帝である『天皇』の大権」を彼は「道徳的共産主義」と呼んだ。「天皇とは国家であり、すべてがそれに属する」。日本の最悪の敵はアングロサクソンとその価値観——個人主義（個人の独立）と（自由な）資本主義の理想——である。「アングロサクソンの伝統は日本に害を与え、工業的な革命は道徳的共産主義の発展を阻害した」。日本では、今のところはまだ小さいが、政治家のグループが、東アジアの広大な空間に、「正義に基づく世界平和」を意味する「八紘一宇」（「八つの方位を一つの屋根で覆う」)のスローガンの下、自分たちの理想を広めることを支持している。このグループは「資本主義と個人主義打倒」をスローガンとして打ち出している。中国で日本は中国およびその人民とではなく、アングロサクソン、つまりアメリカとイギリスと戦争を行っているのであり、資本主義および個人主義と戦争を行っているのである。蔣介石はアングロサクソン資本家たちの僕であるに過ぎない。

「資本主義および個人主義との戦争」――これは共産主義のスローガンではないか！　両国とその国民のイデオロギー的、精神的基盤の類似性を確信し、松岡はスターリンに、「手に手をとって」一緒に歩むことを提案した。領袖の反応は、慎重なものであった。両国のイデオロギーがいかなるものであっても、それは両国の実践的な接近を妨害すべきではない。明確に、特別な動揺なしに両国を接近させてきた唯一のものは、スターリンの意見によれば、アングロサクソンに対する姿勢であった。「ロシア人は一度たりとも彼らの友人であったことはなく、現在も恐らく、彼らと友人になりたいと強く望んでいるわけではない」(67)。

ベルリン訪問の後、クレムリンにおける四月一二日の会談において、松岡は再び両国のアイデンティティにおける精神的共通性の問題に立ち戻った。彼は、すべての日本人に「道徳的共産主義」の傾向があるわけではないことは言っておかねばならないとした――「半世紀以上前に日本に到来した資本主義の多くの疾患は、日本国民の中における個人主義と資本主義の浸透に現れてきた」。「日本では、資本主義と道徳的共産主義の間で、はっきりとではないが激しい闘争が起こっており、彼は日本が道徳的共産主義に回帰できると確信している」。

地政学のテーマに移りつつ、松岡は「切り札」を次から次へと「賭けた」――「ソ連がインドを抜けてインド洋の暖かい海へ出ようと求めるのであれば……それは容認しなければならない、そしてもしソ連がカラチ港を保有することを望むのであれば、日本はそれに目をつむるであろう」、「アジアの運命は二つの力――日本とソ連――が決めるのであり……そのため……日本とソ連は争うよりも、手に手を取って歩んでいくほうが良いであろう」、「アジアを解放するためには、アングロサクソンを取り除く必要があり、そのため……些細な問題は脇にのけ、大きな問題において協力する必要がある」。

地政学的な諸問題に関して、今回のスターリンは三月の会談時よりも、より率直であった。彼は日本と不可侵条約を締結する準備ができていた（松岡はもはや期待していなかったのであるが）。のみならず、彼は「大きな問題」に関して三国同盟側と協力し、それを四国とすることも許容範囲であると考えていた。問題はただヒトラーによる、「自分は軍事的支援を必要としない」という声明だけにあった。四国同盟に関する問題は、ドイツと日本の事業の状態が悪くなった場合には顕在化するだろうが、当面は日本との不可侵条約にとどめておこう。これは大きな問題に関する将来的な協力へ向けた重要な一歩となるだろう。三〇年間にわたりロシアと日本は互いを敵として認識してきた。ロシアと日本の間には戦争があった。平和が締結されたが、平和は友好をもたらさなかった。そのため、彼は、もし中立条約が結ばれたならば、これは本当に敵対から友情への転換になるであろうという松岡の意見に同意したのである。(68)

翌日の一九四一年四月一三日に、中立条約が調印された。しかしながら、敵対から「友情」へのいかなる転換も起こらなかった。両国は、全体主義的特徴とイデオロギーの類似性にもかかわらず、互いに敵対勢力であり続けた。とはいえ、両国の戦略は、スターリン自らが松岡を駅で先導したことからも見てとれるように、その署名の恩恵を受けていた。一九四一年中頃から一九四五年中頃までの戦争の全期間において、両国は互いに直接衝突することを恐れることなく、それぞれの戦争における最懸念事項に従事することができた。

しかしながら、戦争への準備は、互いに急速に開始された。誰が最初に始めるかは、他国との戦争の進展に依存していた。すでに一九四三年中頃には、太平洋におけるアメリカとの戦争で日本が敗北するであろうことが、多かれ少なかれ明らかとなった。ヨーロッパにおけるドイツのように、日本は電撃的勝利を収めることができず、長期戦において両国は敗北する運命であった。

一九四三年一一月二八日、テヘランにおける「ビッグ・スリー」の会談において、スターリンは協定が失効するのは一九四六年四月一三日になってからであるということを全く構わず、原則的には対日参戦に関して合意した。彼が確認したのは、日本との戦争のために、極東におけるソヴィエト軍の数を、少なくとも三倍に増員する必要があるということのみである。「我々がドイツを降伏させたときに、それを行うことができるであろう。そうなれば、日本に対する共同戦線で戦おう」[69]。しかしながら、同じテヘランにおいてローズヴェルトが出した、日本の都市の爆撃のためにソヴィエトの極東に飛行場を提供してほしいという要望、またその他の多くの要望に、スターリンは同意しなかった。アメリカ側の史料によると、日本はアメリカとの戦時中に、ソ連から四〇〇〇万トンの石炭、一億四〇〇〇万トンの木材、五〇〇〇万トンの圧延材、一〇〇〇万トンの魚、大量の金を輸入していた。「ソ連との貿易に助けられて、日本はアメリカと戦争することができた」[70]。

ヤルタ会談において、ローズヴェルトは若干の戦略的な譲歩によって、対日参戦に関するスターリンの同意を得ることに成功した。アメリカとイギリスは、モンゴル人民共和国の現状維持を承認するとともに、日露戦争で失った南サハリンと中国における利権のソ連への返還、および、一八七五年のサンクト・ペテルブルク条約によって日本に帰属していた、クリル諸島のソ連の主権下への移行に関して合意した。

ソヴィエト・ロシアと日本の戦争は、一九四五年八月九日に始まり、三週間続いたが、それはハルハ河畔の戦闘よりも非常に短かった。それまでは中立的な調子を維持してきたソ連の出版物であるが、この当時は敵への憎悪の言葉で溢れていた。突出していたのは軍の新聞であった。イデオロギー的な決まり文句が、人種差別的発言と混合していた。「呪われた侍の卑劣さと姦計」が、ロシア人の「機知」や機転と対比された。「サムライ」を「古来の呪われし敵」と呼びながら、軍の新聞は「革命的警戒心と緊張感」を呼びかけた[71]。

この感情に覆われていたのは軍人だけではなかった。日本への勝利に関するスターリンのソヴィエト国民への呼びかけに応えて、ウクライナの人民詩人マクシム・ルィリスキーは次のように書いた。

日本は、理解不能でゾッとするような忍耐力によって、世界中の平和を脅かした。いや、脅かしただけでなく、絶えずこの世界を侵し続けてきた。……

……現代のサムライは、全力を一つの目的――殺戮と抑圧――に注いできた。世界の先進諸国は、現在の日本の危険と不気味さを理解し、それと闘った。この戦闘において、ソ連がそれら諸国に対して高潔な手を差しのべたのである。創造と解放が、我々のモットーである。この壮大で寛大なモットーに導かれ、我々、ロシアの人民、ウクライナの人民、ベラルーシの人民、兄弟であるすべての共和国の人民、そしてソヴィエトの偉大な家族の人民こそが、日本に致命的な打撃を与えたのである。偉大な歴史的正義の事業が完遂されたのだ(72)。

一九四五年九月二日の、ソヴィエト国民へのスターリンの呼びかけもまた、プロパガンダ的で感情的であり、過去の敗北や屈辱、そして犠牲者への正当なる復讐という感情で満たされていた。一九〇四－一九〇五年のロシア軍の敗北に関して、「それは我らの国に汚点となって残った。我らが国民は、日本が粉砕され、汚点が雪がれる日が来ることを信じ、待った。我々、古い世代の人間は、その日を四〇年間待っていた。そしてその日が来たのである」。領袖の語彙と世界観は、一九四一年三月と四月におけるそれとは、非常に異なっていた。「日本は、世界におけるファシズムと侵略の二つある温床のうちの一つであった。日本はドイツと同様、世界大戦を解き放ち、人類とその文明を死の淵に追いやった(73)」。

南サハリンとクリル諸島がソ連に戻るだろうことについて、スターリンは未来形で述べていた。それは、平和条約の調印が必要になることを念頭においていたからである。しかしながら、まさに一九五一年、対日平和条約の締結に際して彼がとった姿勢は、国際的に法的効力をもつ文書において、それらのソ連への帰属を確実なものとすることを妨げたのであった。そしてそのことが、両国の世論に悪い影響を与え、将来の両者の接近を邪魔する要因の一つとなったのである。

注

(1)『ロシアの言葉（*Russkoe slovo*）』一九〇五年九月七日（八月二五日）。
(2)『朝日新聞』一九〇七年一一月八日。
(3) 同右、一九〇六年六月一一日。
(4) 同右、一九〇七年六月二〇日。
(5) 同右、一九一七年三月一七日。
(6) 同右、一九一八年四月一二日。
(7) 同右、一九〇八年六月二三日。
(8) 同右、一八八一年八月一九日、一八九六年二月四日。
(9) 同右、一九二三年六月二八日—三〇日。
(10) M. A. Bakunin, *Izbrannye filosofskie sochineniya i pis'ma*（『哲学作品選集』）(Moskva: Mysl', 1987), 494-521.
(11)『朝日新聞』一九〇一年四月三〇日。
(12) 同右、一九一一年一月二二日。
(13)『ロシアの言葉（*Russkoe slovo*）』一九一一年一月二五日（一二日）。
(14)『日本外交文書』第三九巻、第二冊、第四〇事項「露国内政関係雑纂」（日本外務省、一九五九年）、六五一—六五二頁。
(15) 同右、六五二—六五三頁。
(16) 同右、六五三—六五四頁（読みやすさを考えて原文に手を加えた）。
(17) Rossiiskii Gosudarstvennyi Istoricheskii Arkhiv（ロシア国立歴史アーカイヴ）, f. 1622, o. 1, d. 235, l. 1.
(18)『新時代（*Novoe Vremya*）』一九一五年三月二日（二月一七日）。
(19) 同右、一九一四年一一月八日（一〇月二六日）。
(20) Gosudarstvennyi Arkhiv Rossiiskoi Federatsii（ロシア連邦国立アーカイヴ）, f. 1467, o. 1, d. 480, l. 281-282.

（21）*Mezhdunarodnye otnosheniya v epokhu imperializma: dokumenty iz arkhivov tsarskogo i Vremennogo pravitel'stva 1878–1917 g. g.*, ser. 3, t. 8(2)（『帝国主義時代の国際関係——帝政政府と臨時政府のアーカイヴ文書より、一八七八—一九一七年』第三シリーズ、第八—二巻）(Moscow, Leningrad: Gos. sots.-ekon. izd-vo, 1935), 310.
（22）『新時代（*Novoe Vremya*）』一九一五年一月一四日（一月一日）。
（23）『朝日新聞』一九一五年二月一八日。
（24）同右、一九一五年五月二九日。
（25）『新時代（*Novoe Vremya*）』一九一五年五月二八日（五月一五日）。
（26）『朝日新聞』一九一六年一月二六日。
（27）同右、一九一五年八月九日。
（28）『日本外交文書』一九一七年、第一冊、第一三事項「露国革命関係一件」（日本外務省、一九六七年）、四八一—四八二頁。
（29）同右、四九三頁。
（30）同右、五六二—五六三頁。
（31）『朝日新聞』一九一七年一一月一五日。
（32）『日本外交文書』一九一八年、第一冊、第一五事項「『シベリア』出兵関係一件」（日本外務省、一九六六年）、七三三頁。
（33）『イズヴェスチヤ（*Isvestiya*）』一九一七年一二月二〇日。
（34）『全ロシア中央執行委員会イズヴェスチヤ（*Isvestiya VTsIK*）』一九一八年六月二二日。
（35）『日本外交文書』一九一八年、第一冊、第一五事項、七五一—七五三頁。
（36）*New York Times*, Apr. 8, 1918.
（37）『勤労権力（Vlasti Truda）』（イルクーツク出版の新聞）一九一八年四月一二日 [http://scepsis.net/library/id_2829.html]。
（38）『読売新聞』一九一八年四月一五日。
（39）『全ロシア中央執行委員会イズヴェスチヤ（*Isvestiya VTsIK*）』一九一八年六月二二日。
（40）同右、一九一八年四月二六日。
（41）*New York Times*, Aug. 7, 1918.
（42）L. A. Humphreys, *The Way of the Heavenly Sword: The Japanese Army in the 1920's* (Stanford, CA: Stanford

University Press, 1995), 25.

(43)　P. N. Miliukov, *Russia Today and Tomorrow* (New York: Macmillan, 1922).

(44)　『朝日新聞』一九二二年一〇月二八日。

(45)　R. A. Scalapino, *Democracy and the Party Movement in Prewar Japan: The Failure of the First Attempt* (Berkeley, CA: University of California Press, 1953), 329-333.

(46)　『日本外交文書』一九二五年、第一冊、第一一事項「一一条約締結」「日ソ基本条約締結関係」（日本外務省、一九八二年）、四八一―四八二頁。

(47)　P. Wetzler, *Hirohito and War: Imperial Tradition and Military Decision Making in Prewar Japan* (Honolulu: University of Hawaii Press, 1998), 166.

(48)　『読売新聞』一九三二年二月二四日。

(49)　『朝日新聞』一九三二年四月二日。

(50)　同右、一九〇四年九月二八日。

(51)　同右、一八九五年一一月九日。

(52)　『プラウダ（*Pravda*）』一九三一年二月二三日。

(53)　同右、一九三三年一二月一〇日。

(54)　『日本外交文書』一九三六年七月―一九三七年七月、昭和期Ⅱ第一部、第五冊下巻、第七事項「三―ソ連邦との関係」「対中国関係」（日本外務省、二〇〇八年）、一三九七頁。

(55)　同右、一三九九頁。

(56)　『日本外交文書』一九三六年七月―一九三七年七月、昭和期Ⅱ第一部、第五冊下巻、第五事項「二―西安事件」「対中国関係」、一一四二頁。

(57)　『プラウダ（*Pravda*）』一九三七年一月一一日。

(58)　『日本外交文書』一九三六年、昭和期Ⅱ第二部、第五冊、第四事項「三―日ソ外交関係」「対欧米・国際関係」（日本外務省、二〇〇八年）、四二一―四二三頁。

(59)　『プラウダ（*Pravda*）』一九三七年九月一三日。

(60)『イズヴェスチヤ（*Isvestiya*）』一九三七年一月三〇日。
(61) I. Nish, *Japanese Foreign Policy in the Interwar Period* (Westport, CT: Praeger, 2002), 130.
(62)『朝日新聞』一九三八年七月二日、一九三八年七月一四日。
(63) A. A. Grechko, red., *Sovietskaya voennaya entsiklopediya*, t. 8（『ソ連邦軍事大事典』第八巻）(Moscow, 1976), 366-367.
(64) *50 let Vooruzhennym silam SSSR, 1918-1968*（『ソ連軍五〇周年記念——一九一八—一九六八年』）(Moscow, 1968), 219-220.
(65) W. Young, *German Diplomatic Relations 1871-1945: The Wilhelmstrasse and The Formulation of Foreign Policy* (iUniverse, 2006), 284.
(66)『日本外交文書』一九四〇年「日独伊三国同盟関係調書集」（日本外務省、二〇〇四年）、六〇頁。
(67) Arkhiv Prezidenta Rossiiskoi Federatsii（ロシア連邦大統領アルヒーフ）, f. 45, o. 1, d. 404, l. 83-88 [http://www.alexanderyakovlev.org/fond/issues-doc/1011552].
(68) Arkhiv Prezidenta Rossiiskoi Federatsii（ロシア連邦大統領アルヒーフ）, f. 45, o. 1, d. 404, l. 91-101 [http://www.alexanderyakovlev.org/fond/issues-doc/1011552].
(69) [http://www.hist.msu.ru/ER/Etext/War_Conf/tehran02.htm].
(70) G. L. Perez, ed., *Japan at War: An Encyclopedia* (Santa Barbara, CA: ABC-Clio, 2013), 343.
(71)『ソヴィエト祖国のために（*Za Sovietskuyu Rodinu*）』一九四五年八月一五日。
(72)『イズヴェスチヤ（*Isvestiya*）』一九四五年九月四日。
(73)『プラウダ（*Pravda*）』一九四五年九月三日。

IV

冷戦時代のアイデンティティ

1―葛藤する日本とソ連

下斗米伸夫

はじめに

二〇世紀後半、特に一九四五年の第二次世界大戦終結から一九九一年一二月のソ連崩壊までの時期における日ソ両国について、お互いの表象の交錯を通してアイデンティティの確立を辿ること、これが本章の課題である。

日本とロシアとが互いをいわば他者として意識するようになったのは、相互の接触が恒常化する一八世紀後半以降であった(1)。とりわけ江戸幕府は「赤蝦夷」と呼ばれたロシア人たちが北方領域に出没すると、通商と開国要求を繰り返す存在として、それまでのアジア的冊封体制とは別世界の主体として、受け止めるようになった。実際一九世紀初めにフヴォストフらロシア人がエトロフ・クナシリに侵入した危機は「露寇」ともいわれ、朝野に衝撃を与えた。

その後も隣人であるロシア人と日本人とは、近代から現代において、日露戦争時のように敵であったり、あるいはその後の日露協商のように同盟であったりした。日本の対露イメージという観点から両国の接触を分析した黒澤文貴は、一方で「体制変革モデル」、つまり改革や革命のモデルとして見る場合と、「劣等国・脅威」イメージでとらえる場合とがあった、ともいう(2)。相手を通商やビジネスの対象と見るか、それとも脅威の対象と見るか、対象と時代によってその関係枠、相互表象は変化した。他方ロシアにとっても日本は、古儀式派のユートピアが日本など東にあるという「白水境」伝説は擱くとしても[3]、近代化の遅れた弟分か、あるいはオランダ、英国など外国の支援を受けた「東からの」脅威の源泉となることもありえた。

なかでも一九世紀半ばにはクリミア戦争の敗北という危機が帝国ロシアを新しい課題、つまりは近代化という課題に向かわせた。ロシアは外交課題としてアジア・シフトを行う。こうして日露和親条約が締結された一八五五年を境界に、日本とロシアとは一九世紀後半、西欧の衝撃のもと近代化という試練をともに受けることになった。

二〇世紀に入って最初に起きた軍事衝突、日露戦争が果たして不可避だったかは新しい議論が生じている[4]。この対立はその後の両国関係に深い傷を残した。とりわけ帝国ロシアは大敗を喫し、そのことが引き金となって一九〇五年革命といわれる民主化の試練を受けた[5]。この社会変動の主体は、当時のマルクス主義者が想定した近代的なプロレタリアートによる革命の先駆というよりも、おそらくは古儀式派起源のソヴィエトや共同体復活のような復古的な革命でもあったという見解が近時は有力である。

特に両国関係、相互表象は、第三の関係国が絡むことによって複雑化した。江戸時代のオランダ、開国時の英仏、そして戦後の米国と、相互表象は第三国の磁場の中でゆがんだり、矮小化したりもした。日露がおかれている歴史的位置をも理解しながら互いに向けられた視点を整理し、変貌する国際環境の中で、相互の立ち位置と関係の構図を示すということは重要であろう。

本章が取り扱う戦後日ソ間の相互交錯の歴史はその意味では逆説的でもある。一九四五年八月以降の戦後において、ソ連は二七〇〇万人もの人的犠牲を払ってかろうじて勝利者、そして戦後世界の一方の雄ともなった。他方日本は三一〇万人の犠牲者，そして六〇万以上の抑留者を残して敗者となった。その後両国が辿った軌跡は非対称的な行路となった。戦後一転して超大国となったソ連は東欧と同盟関係を強いた。他方アジアにも共産党の影響は及んだが、中華人民共和国の成立とともに、「世界社会主義体制」は双胴的な中心を持つ複雑な構造となった。スターリンの死後も社会主義的発展には大きな課題が待ち受けていた。とりわけアジアにおける革命中国の存在は、スターリン批判からその後は文化大革命、米中和解などを巻き込むことで日本にも多大な影響を与え、中ソ対立は日本国内の政治勢力にも影響した。

他方、第二次世界大戦後真の勝利者となったのは米国であった。戦後の世界経済、冷戦といわれる核の抑止構造と市場経済、自由主義イデオロギーの担い手として世界に君臨した。連合国の占領のもと戦後日本は、戦後革命の短い幻想の挿話を経て、一九五二年の独立後はむしろ軽武装国家として経済成長に邁進できる条件が成立、その結果六〇年代からの高度成長で急成長した。そのもとで生まれた大衆社会は安定をもたらした(6)。一九七一年の米中接近のなか「戦後革新」を通じたソ連と社会主義の魅力は漸次的に喪失した。

なかでも日本が「三極委員会」の一員として台頭する一九七〇年代は両者が微妙に交差した時期だった。ソ連はエネルギー大国としてデタントの一方の雄ではあったが、日本もまた省エネ経済で多極化する大国として東アジアでの雁行型新興経済を推進しつつ浮上していく。その間、日本の関心はシベリアでのエネルギー開発より、省エネ型経済を構築することに向けられたため、ソ連との相互依存度は進捗せず、また、拡大する鄧小平の中国の存在が日本のソ連への接近を限界づけた。

一九八〇年までにソ連はゼロ成長に転落、社会主義モデルの魅力は日本のような先進国だけでなく、韓国やシンガポールのような新興の工業国にすら後れを取り始めた。何よりも毛沢東の後一九七八年の鄧小平の現代化路線の成功の影でソ連社会主義モデルの魅力は地に落ちた。一九七九年アフガニスタンへのソ連の介入で第三世界の知的政治的潮流はイスラム急進主義に取って代わられた。それでもゴルバチョフ書記長が開始したペレストロイカについて、八〇年代半ば以降、ソ連崩壊を招くことを予想する専門家は少なかった。日本もまた米国に代わるナンバーワンどころか冷戦後の相対優位が失われ、九〇年代にはバブル崩壊を経験する。日露はともに九〇年代に失われた時代を経験する。

その意味で、この時期のソ連が日本に与えた影響と、日本がソ連に与えた影響という両国の交錯を研究することは、有益な比較の視座を提供しよう。なおこの交錯の考察は、両国の代表的な専門家や著述家などの相手認識を分析することを通じて行うものとする。

一　戦争、革命、抑留＝戦後革命幻影の崩壊（一九四五―五五年）

終戦と革命幻想

一九四五年九月二日、ミズーリ号上で日本政府代表が降伏文書に署名した時、ソ連のヨシフ・スターリン首相は、日露戦争の復讐を果たしたと戦勝の意義を強調した。日露戦争での敗北を「進歩」とたたえたレーニンを捨ててまで行われたスターリンの言明は、逆にいえば帝政ロシア時代、新興国日本に敗北したことに対する、革命家を含めたロシア人の屈辱の大きさを物語った。同時に、米国が日本本土占領を担当したことと対比し、ソ連が戦後クリルを占有したことは、対日関係における地政学的限界をもたらした。米ソ関係はこの点でも非対称だった。

第二次世界大戦末期、日ソ間では中立条約がまだ法的には有効で、日本側は終戦の仲介さえ依頼中であったが、その中で強行された日ソ戦争は、大方の日本人の親米傾斜を決定づけた一因となった。戦後のソ連国民にとっても五月九日のナチス・ドイツとの記念日とは異なって、実感のわかない勝利でもあったといえよう。

戦後ソ連の目的は、敗戦国日本を米国の影響圏から剥離し、できれば中立的立場に置くことであった。ソ連はアジア太平洋でのプレーヤーとして、米国と並ぶことを願ったものの、占領した千島列島を除けば、ソ連の影響力は米国と比較すべくもなかった。こうして日米ソの相互関係はアンバランスとなった。それでも中国東北部への影響、朝鮮半島への拠点を確保できたソ連は、アジアでそれなりの利益を得た。

日ソ戦争がソ連国民にとって実感のわかない勝利であったとすれば、対米占領から一九五二年の独立を経て親米民主化路線を進み始めた冷戦期日本は、ソ連にとってどこまで固有の「敵」だったのか。現に日本人捕虜工作を行ったのちソ連共産党中央委員会で対日問題を担当した責任者から見ても、一九五〇年二月の中ソ友好同盟相互援助条約の中にある「日本軍国主義」の表現は、実態に即したものというより、宣伝的な仮想現実でしかなかった(7)。

実感の伴わないソ連の「戦勝」に対応していたのは、現実の伴わない日本での戦後革命幻想、もしくはそれへの危惧であった。実はこのソ連由来の革命への危惧という論点こそ、逆説的にも一九四五年八月に本土決戦を避けて国内的な終戦が可能となった最大の要因であった。日本の敗戦に際し、米国の核兵器とソ連赤軍の参戦とのいずれが重要であったかの論争があった。最近では後者に重点を置く解釈が有力になっている(8)。しかしそれは日本人が赤軍参戦で敗北するというより（実際戦闘があったシュムシュ島では赤軍が敗北した）、それをきっかけに軍内部で「急進派」による「革命」が進展し、ついに「君主制」が崩壊することへの懸念であった。

実際、一九四五年二月ヤルタ会談の前後、日本の最高レベルの指導部では、敗戦が革命へとつながり、戦後革命で天皇制が終焉することが懸念された。二月に元首相近衛文磨ら重臣から昭和天皇へ提出された近衛上奏文は、敗戦は必至であるとして和平の模索が提言された。背景となったのは「共産革命」によるソ連の台頭の恐れ、戦後革命をめぐる言説であった。長引く戦争と親ソ的気分、日本軍の混乱、革新官僚による革命、「左翼分子の暗躍」、一九一七年二月革命後のツァーリの運命、共産革命の恐怖が終戦時の天皇制にとってフラッシュバックになった(9)。

四月に発足した鈴木貫太郎内閣は、ソ連の参戦がありうるとみたが、その阻止のためにスターリンに仲介を依頼した。ロシア革命を現地で見た経験を持つ首脳、特に元総理大臣米内光政は、東郷茂徳と並んでソ連を通じた終戦工作と和平派の中心であった。[10] もっとも参謀本部にも種村佐孝大佐のような「日ソ提携による戦争完遂」をはかる動きもあって状況は複雑であった。[11] こうして一九四五年八月ソ連の対日参戦と昭和天皇の降伏宣言がスターリンへの期待を最終的に払拭した。日本は敗戦と同時に親米路線を運命づけられた。

抑留という名の学校

ソ連が促す革命幻想の広がりは、スターリンとソ連の想定を超えていた。社会運動家の石堂清倫は終戦時のハルビンで、戦前の日本ではマルクス研究が盛んであったことなど全く知らないソ連高官と会って逆に驚いたという。[12] 粛清の内実も知らぬままスターリンへの過大な幻想を持った日本知識層、特に戦前進歩派のソ連認識も現実無視という意味では、スターリンに仲介を依頼する指導層の「ナイーブさ」と紙一重でもあった。それでも満鉄など戦前の「革新」官僚や知識人が媒介した社会主義経済の神話は一部で戦後革新の基盤ともなった。岸信介から社会党に連なる革新官僚まで意外に接点は大きかった。

そのように朝野を超えて広がった革命幻想であったが、戦後これをいきなり打ち砕いたのは六〇万人以上を巻き込んだ日本将兵の「シベリア抑留」であった。[13] なかでも二〇〇〇冊以上の回想録が示すものは、ソ連をめぐる幻想と現実との落差であった。夢見られていた「革命後の社会」の内実がいわば「収容所」として日本人の前に現れた。[14]

もっとも受容の仕方には今では想像できないような懸隔もあった。むしろ純粋培養された青年将校の中にこそ「赤化」する軍人がいたことは、瀬島竜三や板垣正、志位正二のような青年将校のその後の軌跡にも窺われる。彼らの多くが抑留体験を沈黙して語らなかったことに断絶の大きさがわかる。実際戦後共産党の指導者クラスにも満鉄などの関係者がいた。

シベリア抑留は六〇万人以上の日本人を将兵として関与させ、したがって戦後日本の多くの関係者を巻き込んだ。

またその反応も決して一様ではなかった[15]。高杉一郎はエスペランチストで戦前からスターリンにあこがれていたが、「赤い帝国主義」のもとの抑留という現実に直面してその隔絶を知る。

そうしたなか作家の長谷川伸は市井の作家であったが、『日本捕虜志[16]』の中で大量な遭遇経験を持つ日本の庶民とロシアなど各国官憲との交錯を通じて、日本人のシベリア体験、文化接触を相対化させたことには注目できる。彼は日本人が捕虜となったり、外国の敵をどう日本が扱ったかを一〇〇〇年以上の歴史の幅で認識したのである。特に日露戦争時の日本とロシアとの「騎士道的」「サムライ的」関係が、自ずと抑留批判ともなっていた。

他方、この日本人のシベリアなどへの抑留に関する研究はアレクセイ・キリチェンコをはじめとする先駆的業績によって明らかになりつつあり、日本でも（なぜ自民党政権はこの問題を正面から扱わなかったのか）民主党政権後は研究も増えてきたが、これを当時のソ連人がいかに見ていたのかといった研究は乏しい。もちろんソルジェニーツィンのような代表的作家からの論究がある。この中でシベリアの寒村で育った少年を扱ったヴィタリー・カネフスキーの映像『動くな、死ね、甦れ！』（一九八九年）は日本人抑留収容所がある村で育ったソ連少年の教養映画として、日本人抑留に触れた点で珍しいものである。スターリン時代の抗日を描いた宣伝映画と比較して淡々とした記述の中に、諦観にも似たロシア人の日本へのまなざしが感じられる。ここに登場する日本兵はほとんどしゃべらない。むしろ通奏低音として流れる日本民謡の中に監督らの日本人への思いが伝わる。

こうしてソ連こそ戦後日本の理想であり、その掲げる共産主義こそ課題であるという考えは、結局は多くの日本人には受け入れられなかった。とりわけ抑留者六〇万人、死者六万人以上とも言われる抑留の事実はソ連幻想を打ちくだくのに十分であった。日本は戦後冷戦の地政学的現実を受け入れ、経済復興に邁進した。その度合いはパノフ大使が、むしろ戦後改革こそ世界史に革命的意義をもつものと最近喝破しているほどである[17]。ただしこれは二一世紀の言説である。

革命幻影の崩壊

革命言説はこうして最初からハンディをもって受容された。日本ではイタリアやフランスのようなレジスタンスもなかった。むしろ日本の革命はアメリカ軍の占領とも重なって見えた。そして早々と米ソ冷戦が始まる一九四六年五月までに、民主化選挙で勝利したはずの鳩山一郎が公職追放され、かわって吉田茂が連合国占領軍の意図を体現する政府を組織した。

それでも戦前抑圧された共産党活動が再開され、若者などに一定の支持の動きがなくもなかった。しかし一九五〇年前後に日本共産党国際派として、当時最も親ソ的とみなされた宮本顕治らが、その後最も自主独立を主張するグループへと変針したことほど、イデオロギー面での日ソ関係の逆説を示すものはないだろう。宮本派と呼ばれた国際派の理論面での若手に、のちのソ連東欧経済の研究者佐藤経明もいた（横浜市立大学名誉教授）。佐藤は当時宮本の秘書役として、一九四五年に金日成を育て、のちにソ連共産党日本課長となるコヴィジェンコと一九五〇年初めに会っている。しかし彼らの工作の主眼は「所感派」という国内派的主流派にあった。

そのこともあって徳田球一ら所感派日本共産党最高指導部は本拠を北京に移し（北京ビューロー）、中ソ共産党の国際的圧力のもと、武装闘争＝革命路線をとることになる。[18] しかしその無謀な戦術は多くの犠牲者を生み出す。戦争直後は不屈の獄中闘争という評判から三九名を出した国会議員も五二年には武装闘争が祟り、ゼロとなった。そのことが朝鮮戦争後、特に一九五五年の六全協と、そして翌年のフルシチョフによるスターリン批判を契機として、左派運動の分裂が出てくる背景となった。

この危機をめぐる運動家、知識人の分裂の中に戦後日本の軌跡を見ることができる。例えば評論家として共産主義からの離脱と市民・社民主義とを架橋した安東仁兵衛がいる。[19] 彼はいわば菅直人など二一世紀民主党の育ての親でもあった。また民主化運動家が経済成長の担い手となる例は、堤清二に見出せよう。著名な実業家堤康治の息子、全学連の活動家経験をもつ堤はその後は実業を通じてソ連とも関わった。父は鳩山一郎の国交回復にも反対する反ソ派であったが、一九七〇年に初めて訪ソし、「胸の内なる理想郷に大きな疑問」がわくことを書いている[20]。その後一九八四年に彼は「日本デザイン展」を開催、労働者の国の「理想」と現実の生活との落差にまた当惑する[21]。

他方で、学生運動のなかから戦後保守の論客が登場することにも注目していいだろう。彼らは「民主化とスターリン批判」を一時期求め、ハンガリー革命をめぐる混乱の中で、新左翼運動から一部が戦後自民党のブレーンになる[22]。こうして共産党本流が軍事路線を捨てた一九五五年をもって日本の革命幻想の時代は終わる。それは経済高度成長への道でもあった。

二　国交回復と高度成長（一九五六―七二年）

ソ連は一九五〇年の中ソ友好同盟相互援助条約で示されたように、「日本軍国主義」が敵であり、その復活を阻止するというスターリンの認識を踏襲した。だが日本の軍事化は多くが幻想でしかなかった。朝鮮戦争のさなか一九五二年に日本が独立すると、経済回復は特需もあって驚異的スピードで進行した。米国占領から日本独立を経て経済成長する日本をどう見るべきか。ソ連共産党の対日専門家にもこの成長を評価すべきだという考え方も実は生まれていた。その代表格は日本課長コヴィジェンコであった[23]。彼らソ連指導層は当時スターリン＝毛沢東流の日本共産党を通じた武装闘争に実は批判的でもあった。

革命や戦争に代わり戦後日露のアイデンティティの形成に一定程度寄与したのは核をめぐる認識であった。核兵器の開発と投下が米国によるものである限り、後発開発国のソ連と被害国日本とは核認識を一定共有できた。現実にマレンコフ首相は一九五五年に核戦争では人類滅亡があると説いて、フルシチョフから批判され解任されたが、そのフルシチョフ政権も平和共存政策は継続した。何よりも戦後論壇では、米ソ冷戦下、とりわけ核のハルマゲドンからの解放を主張する議論が論壇の主流となりつつあった。杉並市民が始めた反核運動は予想外に広がった。もっともソ連の核の性格をめぐって革新陣営の平和運動は身贔屓を批判された(24)。

何よりも一九五四年末に誕生した鳩山政権は吉田親米政権と比較して多極外交を目指したが、その一番の相手はソ連邦となった。冷戦下米ソ間の「競争的共存」のもとでの日本の課題が出てきた。

こうした世論を背景に、一九五四年末から一九五六年一〇月の鳩山一郎政権による日ソ国交回復に至る時期は、両国関係に新たな展開をもたらした。

第一に、国交回復から二島論での領土問題決着を含め、積極的な動きはソ連側指導層からやってきた。ただしその指導者も、冷戦期の宿痾である東欧などの危機に再会し、対日改善のテンポは緩めざるをえなくなる。他方日本でも、何より日本を占領してきた米軍や外務省など官僚層の抵抗もあり、日露関係好転のためのせっかくの機会を失う。一九五六年二月、戦時中はモスクワ勤務だった外務省条約局長下田武三は、突如四島返還論を提起、交渉はデッドロックに向かう。

それでも一九五七年以降日ソはようやく国交回復、日本は国連加盟を果たし、大使館を相互に再開、正常な国家関係を取り戻した。三月に一二年ぶりにモスクワに戻った『読売新聞』の早川二郎は「灯火管制のないモスクワ」という記事を初めて送った。もっとも対文連日本課長のコワレンコは同紙を最も反動的な新聞呼ばわりした。それでも早川はスターリン死後ロシアに、ルネサンスともいうべき春の到来を実感した。特に女流作家ヴェラ・パノワの作風に変化を感じたという(25)。

同様のことは日本でも感得された。この時代の日本における中立と対ソ外交の模索として、論壇の寵児となった坂本義和の言説、平和共存下でいち早くソ連を訪問した大宅壮一の『この目で見たソ連』（光文社、一九六二年）、そして逆にソ連側からイデオロギー抜きの日本を見たフセヴォロド・オフチンニコフの『桜の枝――ソ連の鏡に映った日本人』（サイマル出版会、一八八三年。ただし原著『桜の枝（桜と沈黙）』は一九七一年）を素材に検討したい。

坂本義和（一九二七―二〇一四）は、戦後日本を代表する市民派の国際政治学者である。ロサンジェルスで牧師の家に生まれ、上海で育った坂本は、幼い頃から国際社会の中で育ったという意味で戦後日本ではやや例外的存在であった。一九四八年に東京大学法学部で思想史家の丸山真男のもとで学び、その後シカゴ大学でリアリストの重鎮ハンス・モーゲンソーのもとで国際政治を研究、帰国後東京大学で国際政治講座を初めて担当、直後に「中立日本の防衛構想」で論壇に華々しくデビューした。日米安保に距離を置いた中立主義者、ユートピアを求める理想主義者として、同時代の現実主義者であった京都大学の高坂正堯とよく対比された（高坂は平和主義者と異なり、核時代の防衛構想をも展開した）。ちなみに安東仁兵衛、あるいはノーベル文学賞作家大江健三郎とは友人でもあった。

その坂本がもう一つの核大国ソ連に、日本の論壇の中で常に関心を示し、アメリカでもハト派的なマイケル・シュールマンのスターリン外交を翻訳した。書評では、冷戦の予言者でありながら、次第にイデオロギー化していく米ソ関係に批判的となるG・ケナン『ソヴィエト革命とアメリカ』を評価する。ほかにも坂本は、当時の冷戦思考を批判した信夫清三郎の朝鮮戦争研究を評価した。坂本の中立論が引き金となったかはともかく、かつてソ連に勤務した外交官の中にも、親米一辺倒ではなく西春彦のように日米安保に懸念を示す考えを持った人たちが一九六〇年前後には現れた。

他方、日本の高度成長と大衆社会化とソ連の「非スターリン化」の中で、いわば脱イデオロギー的ソ連観をいち早く日本で書いたのは、ジャーナリスト大宅壮一（一九〇〇―七〇）の『この目で見たソ連』であった。タイトル自体、フルブライト留学生として、現実のアメリカを活写した小田実の『何でも見てやろう』（河出書房新社、一九六一年）のソ連版という側面もあろう。戦前は東大の新人会に属した大宅であるが、この本で、米ソともに実験国家という立場に立ち、スラヴの土台に「チュートン系革新思想」を接ぎ木したという角度からソ連を見た。大宅らしく、スポーツ欄しか見ない党員たちといった「保守国家」ソ連をえぐった。

坂本と大宅がともに雪解け後のソ連を取り巻く冷戦状況を全く別の角度から見ていたとすれば、戦後日本のいわば非政治的実像を取り上げたのがソ連の『イズベスチヤ』紙特派員フセヴォロド・オフチンニコフの『桜の枝』(前掲書)であった。ソ連の日本学者にとっても、米国占領後に起きた日本の民主化を否定することは不可能であった。(26)この本には、いわばイデオロギーという虚飾を脱色してみた日本という、やや平凡だが味わい深い対日観が見て取れる。一九七〇年以降日本に滞在した幾人かのソ連文化人による著作の先駆けとなる、教養の深さが感じられる作品である。

改革と経済交流への日ソでの底流はそれでも一九六一年、六四年の二度のアナスタシス・ミコヤン第一副首相の訪日に始まった。(27)翌年には日ソ経済合同委員会が発足している。もっともこのような相対的な自由さは一九六四年末フルシチョフが官僚のクーデタで失脚したことでブレーキがかかった。ソ連作家ロマン・キムは国交回復後派遣された共同通信の坂田二郎にブレジネフはだめだと言ったという。(28)

六〇年代の政治情勢に大きな影響を及ぼしたのは、毛沢東が率いる中国の存在だった。六三年頃まで中ソ対立は日本でもほとんど気づかれなかったが、保守化するソ連と中国の関係はフルシチョフ時代から厳しくなっていた。一九六四年秋にモスクワを訪問した周恩来は、フルシチョフ失脚を歓迎したものの、マリノフスキー元帥が毛沢東の失脚をも示唆したことから即座に帰国、中ソ和解は暗礁に乗り上げる。

それどころかその中国で、毛沢東と劉少奇、周恩来、鄧小平などの権力闘争にほかならない文化大革命が生じた。当時ソ連の知識人がスターリン批判と重ねて毛沢東批判に乗り出した時、丸山真男や武田泰淳に代表される日本知識人は文革への礼賛に傾斜した。むしろ台湾支持派の佐藤栄作政権の方が、中国分析では正確な認識を持った。これに親中国的だった宮本顕治ら共産党主流派が毛沢東と決裂することで、日本の中ソをめぐる認識も多極化していく。こうして中ソの社会主義「陣営」という認識は完全に終わり、七〇年代からの多極世界への転換がなされた。

三　デタント、多極世界と「比較される」社会主義（一九七三―八五年）

比較の視点

一九六四年に発足した佐藤栄作内閣は対ソ関係改善に意欲を見せ始めた。具体的には赤城宗徳農相訪ソによる漁業技術協力への合意、一九六五年七月からは日ソ領事条約締結交渉、航空交渉が始まった[29]。一九七〇年代以降のソ連の対日観は、中ソ対立が加わることによりやや混沌としたが前進した。中でも一九七〇年代初めにはデタントによる相対的安定の訪れ，特に田中角栄の訪ソに代表される日ソ接近も背景にあった。一九七〇年代初め以降は経済的相互依存が一部で進められ、サハリンからガスを買う計画も始まった[30]。こうして日ソ間のエネルギー協力が財界資源派によって推進された。

六〇年代までのソ連観は、米ソ核冷戦のさなかにあって、日本の進路をめぐるやや抽象的論争の中で形成されたといえよう。ところが七〇年代になると、異論派を含むソ連の「市民生活」の実像が日本人にも透けて見えるようになった。そしてそれをめぐる議論が出るようになる。シベリアでのエネルギー開発と日中接近という多極化する冷戦構造の中、日本では経済的パートナーとしてのソ連と、中国との「多極」共存や「比較」という観点も強く打ち出されるようになった。

この「比較」という視点は、デタントにおいて、中ソ対立が与野党を問わず日本の政界をも引き裂く中、日本での新しい引照基準となる。先の安東らはユーロコミュニズムから独仏の社会民主主義を紹介、中ソ対立から距離をおいた。左派の知的世界でも比較社会主義からユーロコミュニズム論、そして社会民主主義評価へと至った。八〇年代までにブレジネフ長期政権と後半のアフガニスタン戦争、ポーランドでの自主管理労組連帯の誕生で、分極化は一層進んだ。「現存」社会主義の多元化と「比較」という認識枠は、中国、ソ連を含む社会主義をとらえる新たな基準となったのである。

他方、ソ連の中ではイデオロギー的には「日本軍国主義」といった角度からしか日本を見ない共産党のイデオローグ、スースロフやコワレンコといった保守的論調も目立ったが、他方では、日本に対しブレジネフ流の「集団安全保障」やその背後にある中国牽制という角度からの接近も伏流していた。グロムイコ外相ですら七〇年代初めには微笑外交を展開しようとした。中嶋嶺雄など親台派に傾斜する保守派知識人も、多極的社会主義認識の支持者となった。

この時代に比較の視点をもった学者として、渓内謙と岩田昌征が挙げられよう。渓内はスターリン批判後の欧米学会でE・H・カーらと交わり、スターリン体制とその分化という角度から『現代社会主義の省察』（岩波書店、一九七八年）を書く。政治的民主化を主張してペレストロイカまで予言した渓内ではあったが、ソ連の崩壊は理解を超えた。他方、ユーゴスラヴィア留学経験をもつ岩田は独自の経験的社会理論から経済モデルとしての社会主義にかけた。さらに、中ソ社会主義の差異を考察した中には、毛派に傾斜した菊地昌典もいる。中国研究者の毛里和子は、新しいソ連を射程に比較の視座を据えた。このほか、ソ連社会の多元化に対応して現れたアレクサンドル・ソルジェニーツィンやアレクサンドル・ジノヴィエフなどの異論派に対しては、歴史家の和田春樹や文学者の川崎浹らが関心は深かった。

ソ連の多様性が認識されるにつれ、ロシアとの関連も論壇の話題となった。なかでもモンゴル学を学んだ小説家の司馬遼太郎は『ロシアについて――北方の原形』（文芸春秋、一九八六年）を書き、ユーラシアの視点からロシアを論じる視点を提示した。それより早く書かれた『菜の花の沖』（文芸春秋、一九八二年）では、日露和解を演出した江戸時代末期の高田屋嘉兵衛を論じた。ユーラシア主義、そしてロシアという問題が文明論的に提起されたという意味では、ほぼ同時代にユーラシアとロシアを論じたロシアの歴史家レフ・グミリョフにも似た視点が七〇年代に現れた(31)。八〇年代になって「社会主義の危機」状況がいよいよ表面に出ると東欧・ユーゴの専門家木戸蓊やポーランド連帯を議論した伊東孝之らが比較の視点を鮮明にする。「遅れた社会主義」国家の東欧にこそ市場論や「多元的」民主化の根拠があるという議論であった。

このような認識はソ連でも遅まきながら始まった。七〇年頃までに、科学アカデミーはアメリカやアフリカ、極東といった地域に特化した社会科学の地域研究センターや情報図書館を開設、六〇年代の相対的にリベラルな知識人が入り、また若手の研究者を受け入れた。中でも東欧研究センターである世界社会主義体制経済研のボゴモロフ所長をはじめ、シャフナザーロフやアンバルツーモフらといった政治学者の関心とつながった。このセンターは中国に対抗する『平和と社会主義の諸問題』誌の拠点だったが、一九六八年のプラハの春以降相対的にリベラルな潮流が集まり、中ソ、そして東欧の比較という視点を持つことで、新しい改革論を準備することになった。

デタントへの対応もあって、クレムリン周辺にも特にKGB議長アンドロポフ周辺に相対的にリベラルな補佐官クラスが集まった。アルバートフ、ボービン、ルーキン、中国問題のデリューシンなどは、その代表であろう。環境や核問題でイデオロギーから自由になった「ローマ・クラブ」的潮流を汲んで、グローバルな（地球規模的）問題を扱う哲学者や知識人が登場した。中でもイデオロギーに対抗する政治学や社会学を解禁する運動が続けられ、一九七九年には、それまでソ連で公認されていなかった世界政治学会（IPSA）が開催されるようになったのもこのような流れの所産であった。こうしてソ連側にも日本を次第に相対化する政治文化が育った。このような立場を代表したのはソ連の学術機関、特に科学アカデミーのIMEMOや東洋学研究所といった研究機関であった。

なかでもE・プリマコフは東洋学研究所所長として、一九七〇年代後半からのNICS諸国の台頭、日本やドイツの多極化を見ていた。同じような危機感を持っていたのはカナダ大使に左遷されていたヤコブレフであったが、彼らは一九八二年のアンドロポフ政権の台頭、特に八〇年代半ばのペレストロイカで、政治的にも枢要な立場に移行する。そしてアジアの台頭を目の当たりにするのである。両者が学者で、ソ連共産党中央委員の資格を持ち、ＩＭＥＭＯの所長を経て共産党改革の中心に立ったのは偶然でなかった。彼らはアジアの台頭をずっと注視してきたのである。もっともこのような系譜からソ連で新しい日本論が出てくるまでには時間を要した。

ソ連の改革派は、グローバル経済の進展が、デタントの枠を超えることに気づいていた。「非対称的な経済的相互依存」の枠内で、ソ連・東欧の比重が第一世界はもとより、第二世界でも下がり、そして第三世界も革命的気運が衰えるなかで、むしろイスラム的急進主義の変化の方が強まった。アフガニスタン革命の挫折はソ連流社会主義の潮流が第三世界で最終的に潰えた時期とも重なった。

デタントと経済協力の限界

デタントの時代は、日本経済がソ連経済と初めて大規模に接触した時期でもあった。ビジネスという角度からロシア・ソ連の現実と交差する中で、日露アイデンティティ比較という新しい発想が生じた。そのような新しいソ連論の一つが、小説家堀田善衛（一九一八―一九九八）の『一九階日本横町』（朝日新聞社、一九七二年）である[32]。戦後高度成長期日本の世界進出の尖兵となったのが商社であったが、モスクワのウクライナ・ホテルを拠点とした商社マンがソ連社会と出会う様子を描いたこの作品は、経済というプリズムを通じて二つの社会の交錯を捉えたものであった。日露の集団主義的文化は欧米の個人主義とは異なることが強調され始めた。

このデタントの時代は、同時に日本にとってはエネルギー不足からシベリア開発へ関心が深まった時代でもあって、特に財界資源派と呼ばれた今里廣記、永野重雄、植村甲午郎らがシベリア開発に乗り出した。鈴木啓介の『財界対ソ攻防史　一九六五―九三年』（日本経済評論社、一九九八年）は、日本財界資源派がブレジネフ時代のソ連と交錯する様子を記述している。経済界の資源派は、エネルギー大国という観点からソ連極東への関心を深める。佐藤政権・田中政権といった自民党政権の側から、ソ連とのバランスを重視する立場が浮上する。

しかしこのような潮流も一九七〇年代後半になると、中国への関心、経済の減退、指導層の保守高齢化などが重なって減退した。中ソ対立は日本の政財界をも引き裂いた。そしてソ連理解派は劣勢となった。むしろ、保守党の台湾ロビーの方が親ソ的となった。だが、一九七九年末のソ連のアフガニスタン介入によって、この親ソ的潮流は一層弱まった。大平内閣や鈴木内閣は、それでもレーガン政権が展開する「悪の帝国」といった認識とは距離を置いて対ソ政策を続けようと試みた。佐藤誠三郎らが主唱した総合的安全保障の観点からのアプローチであったが、一九八二年に鈴木善幸内閣が挫折し、親米的な中曽根内閣が成立すると、レーガン共和党政権との共同歩調をとる親米路線が強まった。

一九八二年末にブレジネフ政権が終わると、アンドロポフ政権はそれでも対日政策を変えようとした。ソ連崩壊後明らかになった史料によれば、ソ連政治局は、グロムイコが領土の折半による妥協案を出すなど、日本との関係改善に意欲を見せた。しかしその後に起きたＫＡＬ００７問題でこの目的は水泡に帰す。(33) アンドロポフが死去し、改革は一九八五年三月まで凍結状態となった。

四　ペレストロイカというすれ違い（一九八五―九一年）

こうした状況下で現れたのがソ連での改革運動であるペレストロイカであった。ペレストロイカ以前、一九八〇年代初めまでに明確になったグローバル経済内でのソ連社会主義のイメージが決定的に低下した。レーガン大統領、サッチャー首相などの新古典主義による改革の方がダイナミックスを有し始めた。グロムイコ、チェルネンコなどの保守的路線は新機軸を見出しえなかった。こうして新しい書記長人事と関連してソ連の変革への期待が増した。

このペレストロイカと日ソ関係を考える時、最大の謎はなぜ両国がこの絶好の機会を逃したのかということであろう。相補的な政治経済的利害が存在していることは次第に共通理解になるかに思われた。一九八六年三月のソ連共産党綱領にもあるように、ソ連の改革派はヤコブレフ、プリマコフなど多極論者が多く、日本との関係改善は当然意識されていたことであった。

もっとも、実際にはソ連側はグロムイコなどを中心に、米ソ関係での核軍縮というベクトルに関心を高めた。第二期を迎えた米国のレーガン政権もソ連との和解を模索していた。レイキャビックでの核をめぐる共通認識が強まったことは、米ソの核軍縮への道を開いた。この動きには坂本義和などの平和学者や、政界では社会党の土井グループなどが反応したが、ほかには呼応が鈍かった。他方、この時期日本では中曽根首相が対ソ関係改善に熱心であったものの、外務省では消極的潮流が強かった。中国もまた無関心なそぶりをしてソ連との接点を探ることに冷淡な態度を示し、日本の保守的識者も、中嶋嶺雄以外は概ね無関心であった。そうしたさなかに起きた東芝機械事件（一九八七年）によって、日本での対ソ関係改善の潮流は冷却期間を迎えた。対ソ関係では若干の発言力がある日本共産党も、「全人類的価値」といった考えを打ち出したソ連の新思考外交を冷ややかな目で見ていた。

むしろ米国政府の方では、この時期あまりにペレストロイカに対し保守的な日本の姿勢が気がかりであった。米国の民主党シンクタンクは笹川財団とともにペレストロイカ評価の委員会を設立し、米国側はケネディ政権のブレーンであったマクジョージ・バンディ、日本側は外務省の大河原良雄が議長となった。

それでも八〇年代後半には、我が国でもソ連の政治改革をめぐる議論は盛んになり、和田春樹、長谷川毅、さらに多くの若手政治学者も反応した。他方ソ連側では、プリマコフなど東洋研究所や世界経済国際関係研究所の研究者たちがアジア再評価の観点から、対日関係改善に動き出した。コンスタンチン・サルキソフ、ウラジーミル・イワノフ、ゲオルギー・クナッゼといった若手日本研究者が新しい潮流を生み出し、抑留問題ではアレクセイ・キリチェンコ等が日本でも着目されるようになった。

とりわけゴルバチョフ政権下で市場経済が容認されるようになると、ソ連国内は多元化し、ロシア共和国の新しいエリツィン最高会議議長（後のロシア大統領）らの周辺に急進改革派が結集した。アレクサンドル・ヤコブレフ、ペトラコフ、ヤブリンスキー、シャターリンらの識者は「五〇〇日計画のモデル」といった観点から日本を再評価するようになった。当時、政権党としての自民党とソ連共産党改革派をつなぐ役割を果たしていた安倍晋太郎などの動きも、ソ連の対日政策に刺激を与えた。こうして日本評価をめぐるソ連の認識が変化し、ソ連共産党中央委員会の保守派の影響がめっきり低下すると、代わって、日本生産性本部に関心を示したミリチャコフの『日本に学ぶ』などの動きがソ連内部で生じた。これに呼応してソ連との協力を進めようとする日本の動きも顕著になった。

しかしこうなると、対外的なゴルバチョフ人気に反比例して、国内での彼の政治力は低下した。逆に、ロシアなどソ連を構成する各共和国の政治的影響は無視できなくなった。一九九一年四月の海部・ゴルバチョフの首脳会談は、日ソ相互の行き違いによる悲喜劇の典型例であった。すなわち、もはやソ連政府が政治力もないとき、日本でのゴルビー・ブームは最高潮を迎えたのである。そして、何事もなかったかのごとく、ソ連最後の日を迎えるのである。その日、日本を代表する『朝日新聞』は、ソ連崩壊をトップ記事ではなく二番面に掲げたのであった[34]。

おわりに

戦後、日本とソ連とのアイデンティティは、相互に基本的に重なることが少なかった。両者の軌道は戦後全く別のトラックを走り始めた。スターリン晩年の超大国化（ソ連）と対米占領後の経済成長（日本）、平和共存、デタントのもとでの国交回復、エネルギー問題と大国日本の中国市場傾斜、八〇年代の「新冷戦」下での経済停滞（ソ連）と新自由主義大国化（日本）といった相互に対照的軌跡となった。

その数少ない交錯とは、一九四五年八月の日ソ戦争、そして一〇年後の「国交回復」、七〇年代のエネルギー危機、といったものであったが、その相互の潜在力が交差し、加重することはあまりなかった。七〇年代の政治的デタントも中ソ間の対立による多極化現象はあったが、これがソ連観の大胆な変化をもたらすことはなく、ペレストロイカに至って、対ソイメージは向上したものの、ソ連崩壊まで両国のアイデンティティが交錯することはなかった。そこに日ソが共通のアイデンティティを模索する上での限界があった。

注

(1)　五百旗頭真／下斗米伸夫／A・トルクノフ／D・V・ストレリツォフ編『日ロ関係史――パラレルヒストリーの試み』東京大学出版会、二〇一五年。
(2)　同右、第七章。
(3)　中村喜和『増補　聖なるロシアを求めて――旧教徒のユートピア伝説』平凡社、二〇〇三年、第三章。
(4)　下斗米伸夫編『日ロ関係――歴史と現代』法政大学出版局、二〇一五年、第三章。
(5)　下斗米伸夫『ロシアとソ連　歴史に消された者たち――古儀式派が変えた超大国の歴史』河出書房新社、二〇一三年。
(6)　松下圭一『昭和後期の争点と政治』木鐸社、一九八八年。
(7)　イワン・コワレンコ『対日工作の回想』文芸春秋、一九九六年。
(8)　長谷川毅『暗闘――スターリン、トルーマンと日本降伏』中央公論新社、二〇〇六年。
(9)　鈴木多聞『「終戦」の政治史』東京大学出版会、二〇一一年、一一六頁。
(10)　緒方竹虎『一軍人の生涯――提督・米内光政』光和堂、一九八三年、高田万亀子『静かなる楯――米内光政』原書房、一九九〇年。
(11) 鈴木、前掲書、一一五頁。
(12) 石堂清倫『我が異端の昭和史』平凡社、一九九九年、三四七頁。
(13) 下斗米編、前掲『日ロ関係』、第五章。
(14) 抑留に関する回想は二〇〇〇冊以上書かれたにもかかわらず問題がなぜ戦後タブーであったかは、実に興味深いテーマである。左右を問わず戦後五五年体制そのものに関わっていたのか、民主党政権になって初めてこの問題を戦後補償問題として取り上げることになる。学界では博士論文が戦後七〇年たって初めて書かれた。小林昭菜『戦後のソ連における日本人軍事捕虜　一九四五年―一九五三年』博士号学位請求論文、法政大学、二〇一五年。
(15) 内村剛介『生き急ぐ――スターリン獄の日本人』三省堂、一九六七年、高杉一郎『極光の影に――シベリア俘虜記』岩波書店、一九九一年。
(16) 長谷川伸『日本捕虜志』新小説社、一九五五年。
(17) 二〇一五年五月三〇日、モスクワ国立国際関係大学で開かれた「日ロのアイデンティティの比較研究」研究会における発言。
(18) 下斗米伸夫『日本冷戦史――帝国の崩壊から五五年体制へ』岩波書店、二〇一一年。
(19)『安東仁兵衛さんをおくる（一九二七年―一九九八年）』回想版、一九九八年。
(20) 辻井喬（堤清二）『叙情と闘争――辻井喬・堤清二回顧録』中央公論新社、二〇一二年、一八〇頁。
(21) 同右、二八四頁。
(22) 戦後学生運動の担い手から保守系ブレーンとなった佐藤誠三郎、香山健一、あるいは評論家となる森田実、研究者ではやがて『日本人はなぜソ連が嫌いか』（山手書房、一九七九年）を書いた志水速雄、また逆に毛沢東批判からソ連を相対化した中国学者中嶋嶺雄らもあった（佐藤誠三郎追想録編集委員会編『佐藤誠三郎追想録』秀明出版会、二〇一四年）。
(23) 下斗米、前掲『日本冷戦史』。
(24) 加藤哲郎『日本の社会主義――原爆反対・原発推進の論理』岩波書店、二〇一三年。
(25) 日本対外文化協会日ロ歴史を記録する会編『日露オーラルヒストリー――はざまで生きた証言』彩流社、二〇〇六年。
(26) I. Latyshev, *Yaponiya, Yapontsy, i Yaponovedy*（『日本、日本人および日本学者』）(Moskva: 2001), 69.

(27) 杉本侃『サハリンの石油天然ガス開発――日ロエネルギー協力の歴史と期待』日本評論社、二〇一五年。

(28) ロマン・キムは朝鮮の両班の出で、慶応幼稚舎育ち、その後ソ連に渡った小説家だった。ちなみに松本清張の『北の詩人』（中央公論社、一九六四年）は、朝鮮戦争で粛清された林和という南労党系の詩人を扱った国際推理小説だが、そこにもキムらの公式的な視点が投射されているかもしれない。辻井喬（堤清二）の『私の松本清張論』（新日本出版社、二〇一〇年）はこのユニークな、しかし五〇年代の松本を含む当時の冷戦観の限界を示した問題作に触れていないことに注目できる。

(29) 下斗米編、前掲『日ロ関係』、第六章。

(30) 杉本、前掲『サハリンの石油天然ガス開発』。

(31) 司馬遼太郎の『ロシアについて――北方の原形』は一九八六年に出版されたが、もともとモンゴル学を学んでいた司馬らしくロシアをモンゴルやユーラシアの視点で見るという角度がユニークであった。ちょうど一九七五年にカザフスタンの詩人オルジャス・スレイメノフが「イーゴリ軍記」をユーラシアの遊牧民の角度から見るという『アズイヤ（アジア）』を執筆し、レニングラードの歴史家グミリョフがレニングラードの講演などでステップの観点からロシアを見る『ルーシからロシアへ』や『古代ルーシと大ステップ』といったユーラシア主義の観点が登場する動きと軌を一にしていた。スレイメノフについては下斗米、前掲『ロシアとソ連　歴史に消された者たち』、九九頁。ユーラシア主義については浜由樹子『ユーラシア主義とは何か』成文社、二〇一〇年。

(32) 堀田は富山県の北前船の廻船問屋に生まれ、国際派のジャーナリストとして戦中期には上海にあったが、インドやロシアなどの大陸に深い関心のある作家であった。

(33) アンドロポフ、グロムイコ、そしてウスチノフは、いずれもロシア北部の古儀式派的な環境で育った政治家であった。彼らは、ウクライナ南部で育ったフルシチョフやブレジネフなどの旧世代が、パソコンやIT産業など第三次産業革命について行けないことを理解した世代であって、ゴルバチョフらの若手に期待したものの、結局は世代交代を恐れたため、ソ連崩壊に至ることになる。

(34) 『朝日新聞』一九九一年一二月二六日。

参考文献

五百旗頭真／下斗米伸夫／A・トルクノフ／D・V・ストレリツォフ編『日ロ関係史――パラレルヒストリーの試み』東京大学出版会、二〇一五年。

下斗米伸夫『日本冷戦史――帝国の崩壊から五五年体制へ』岩波書店、二〇一一年。

下斗米伸夫編『日ロ関係――歴史と現代』法政大学出版局、二〇一五年。

杉本侃『サハリンの石油天然ガス開発――日ロエネルギー協力の歴史と期待』日本評論社、二〇一五年。

日本対外文化協会日ロ歴史を記録する会編『日露オーラルヒストリー――はざまで生きた証言』彩流社、二〇〇六年。

2――「戦勝国」と「敗戦国」の歩み

D・V・ストレリツォフ
（山脇大・下斗米伸夫訳）

戦後のソ連と日本のアイデンティティの比較を行うことは困難を極める。それはあまりに多くのことが、アイデンティティの基準となりうるからである。本章では、一九四五年から一九九一年の期間における日本とソ連の戦後のアイデンティティに関して、次のような側面が研究される。それは、第二次世界大戦に関する歴史的記憶、政治権力のシステム、社会発展の優先順位、である。また過去の戦争と関係することなく、グローバルな規模で自らを位置づけることを可能とした、戦後の達成を基礎とした「新たな」愛国心、である。

一　第二次世界大戦の歴史的記憶――「敗戦国」と「戦勝国」の犠牲の度合い

戦後日本のアイデンティティの特徴は、第二次世界大戦の結果の解釈と結びつけられた、大衆の意識レベルにおける複雑な倫理的哲学的な構造が形成されたことである。すなわち、自国の軍国主義の過去に対する負の感情が、自分たちもまた犠牲者であったという感情と結びつき、心理的なやすらぎをもたらしたのである。このような事情は、例えば戦後ドイツでは、決して見られなかった。

戦後日本人が数世代にわたり、この犠牲者意識を一貫して保持してきたのには、理由がある。その意識は、保守的な学者の著作や政府の努力を通じて維持されてきたのだ。彼らは国内で「愛国教育」をほどこすことの必要性を定期的に唱え続けてきた。日本の世論のかなりの部分は、自国を醜い国であったかのごとく否定的に描く歴史観は、政治的プロパガンダの産物であって、現実に即したものではないとみなしてきた。通説によれば、一九三〇年代の日本軍は、アジアの諸民族を白人の植民者から解放するという大義のために戦い、アジア諸国に進出したのである。

第二次世界大戦中、日本人は自国でも多大の死者を出し、計り知れないほどの苦しみを味わったのだから、もう罪は十分に償ったという認識が、犠牲者感情の根拠となった。大日本帝国の人口七四〇〇万人のうち約三〇〇万人が戦死したが、そこには約八〇万人の民間人が含まれていた。広島と長崎に投下された原子爆弾では、数十万人の人々が死亡したし、被爆者の苦しみは、戦後何十年にもわたって継続している。事実、すべての日本人は、一九四五年春から夏にかけてのアメリカ軍による空爆をよく記憶している。現に一九四五年三月一〇日の東京空襲およびその後の火災による結果として、約一〇万人の住民が死亡した。

このような意識は、戦後の日本が連合国側から不当な扱いを受けたという現実によっても補強された。東京裁判は「勝者の裁き」であり、その決定は最初から主観的であったという説が広く受け入れられた。この立場からすれば、法廷の判決によって有罪あるいは死刑を宣告されたA級戦犯者は、すでに国民の「罪を償っており」、その後彼らを靖国神社に祀ることは法的および倫理的な問題ではなかった。

戦後の政治的粛清が、ドイツと比べ、それほど大々的に行われなかったことも重要であった。共産主義の脅威と戦う中で、米当局は事実上、当時の日本の政官界と取引を行い、ドイツのような国家規模の大々的粛清をしなかった。

そして「逆コース」を辿るように、かつての政治指導者たちの軍国主義協力を不問に付し、彼らを（部分的に）解放したのである。サンフランシスコ平和条約の条件は、日本にとって非常に寛容的であり、日本は実質的に賠償を完全に免れた。

かつて日本と敵対し、日本の侵略によって被害を受けた国々の多くが、軍国日本の犯罪行為を過度に強調すべきではないという見方をとってくれたことも、日本人自身の被害者意識を培うのに役立ったといえるだろう。

共産中国もまた、一九五〇—六〇年代には、日本を批判し、中国国民を苦しめたことを強調するのは「得策でない」とみなしていた。それには日本政府をことさら刺激することへの気後れもあっただろう。それと当時の中国共産党の目的は、外交的孤立から抜け出し、さらに日本を含めた西側諸国から外交的承認を得ることにあった。加えて、中国の公式史学においては、日本の軍国主義は、最も危険な敵というわけではなかった。遥かに恐ろしい敵としてみなされていたのが蔣介石政権であった。

最後に、共産主義者たちの間では、政府と国民の責任は分けて考えようという立場が優勢であった。この立場からすれば、日本国民もまた、少数の軍閥による被害者なのであって、すべての国民が犯罪行為に対して非難されなければならないわけではなかった。毛沢東と周恩来は、日本の侵略に対しては、少数の軍国主義者がその責任を取らなければならないものの、日本国民全員の責任を問うわけではないと述べていた。まさにこの理由によって、一九五〇—六〇年代の中国において、日本人の犯罪行為に関する大規模な調査は実質的には行われなかったのである。中国政府は日本との交渉において、特に両国の国交正常化の前夜に、賠償問題を大いに提起できるときですら、この問題を持ち出すことはなかった。

一九七〇年代初頭まで韓国では、歴史的過去の問題はあまり国民の関心を呼ばなかった。それが今では日韓の大きな政治課題に浮上しているのだが。一九六五年、日韓の国交正常化を実現するにあたって韓国は、賠償ではなく、総額約五億ドルの「財政援助」を受けるという取引を結ぶことであっさり合意した。これは自らの戦争責任問題を先鋭化させたくないとの日本側の思惑によるところも大きかった。

日本の「歴史的罪」に対しては、アメリカにおいても非常に寛容であった。アメリカの公式史学における焦点は、太平洋戦争、つまりはアメリカ軍の参戦による軍事行動以降に当てられており、日本の中国やその他の東アジア諸国および東南アジア諸国における戦争行為は、その研究対象のいわば周縁に置かれていた。

アメリカ人の日本に対する主な批判として挙げられるのが日本による真珠湾攻撃であり、彼らの観点では、それはアメリカ本土における日本のいかなる軍事行動をも上回っていた。アメリカ軍やその同盟国軍の捕虜への不当な扱いや、フィリピン人やオランダ人への強姦、および日本軍慰安所における強制的な性的搾取なども、アメリカの新聞が取り上げるテーマであった。

さらには、連合国軍最高司令官総司令部はある段階において、日本社会における「愛国主義」という概念を、共産主義との戦いのために日本国民を団結させる手段として利用しようと考え、奨励するようになった（特に朝鮮戦争開始時に、その傾向が強まった）。そのせいで、かつての大日本帝国軍の軍事行動についても、あまり注目されることはなかった。アメリカ占領軍は、国民からの反発を弱め、統治しやすくするよう、国民は被害者であるという考えを支持した。日本国民は軍国主義の被害者であったという考え方は、軍閥と国民との間に明確な境界線を描くことを可能とした（この点において、アメリカの手法は中国のそれと、根本的に異なってはいなかった）。このようにして、日本国民は自らの指導者の犯罪的な決定に対し責任を取る必要はないという結論が導かれた。これは、占領統治の正当性を強化することにつながるとともに、軍国主義の復活を防ぐためにも寄与した。

ソ連についていえば、戦後ソ連の歴史学界が大祖国戦争に多大の関心を向けたのは当然であった。ソ連の対日参戦（ちなみにこれは大祖国戦争の挿話というより、第二次世界大戦の一部としての扱いを受けるようになった）は、日本の侵略に対する報復としてではなく、連合国の一員としてのソ連の義務遂行であると認識された。また、ソ連は中国や韓国などと異なり、一九五六年の日ソ共同宣言署名の後、第二次世界大戦に関する二国間の問題はすべて解決したとみなし、それゆえ終戦時の「未解決」の問題に関心を払う必要性を感じなかった。

ソ日関係は、アメリカとソ連との地政学的競争の影響も受けた。冷戦の論理によって、ソ連は日本をアメリカとの同盟から引き離すか、少なくとも中立化することを望み続けた。主として平和条約という未解決の問題によって、二国間の政治関係が緊張し続けている以上、ソ連は両国の関係が融和へと向かう道筋に、これ以上の障害は作りたくなかったのである。一九六〇年代に勃発した中ソ対立も役割を果たした。中国における大日本帝国軍の行為への激しいプロパガンダ攻撃は、中国の歴史観を補強した。このような条件下でソ連の歴史学界は、日本の軍国主義復活を云々したり、戦時中の日本の犯罪行為を過度に批判したりすることを手控えるようになった。

日本はソ連との関係でも被害者意識を露わにした。それは日本政府による「北方領土返還」要求の中で立ち現れてきた。日本は、クリル諸島の運命を決したヤルタ協定が、自ら知らないところで締結され、その後ソ連との領土問題において被害者側となっている、との姿勢をとり続けてきた。一九四五年八月のソ連の対日参戦は、大部分の日本人歴史家によって、被害者というプリズムを通して認識された。ソ連の行為に対し、ほとんどの日本人が、裏切りと最大級の不正義の証拠だけを見ており（すなわちソ連による中立条約の破棄として認識され）、第二次世界大戦の終結を実質的に早めることができたという史的現実は全く顧慮していない（この点で、アメリカの原爆投下に対する大抵の日本人の認識とは著しく異なっている）。

他方、ソ連国内の事情はどうであったか。権力にとって戦争の記憶は、社会を統合する上での最も重要な方法であった。ドイツに対する勝利は、国威発揚の最重要の要素であった。人々はよりよい未来を勝ち取るために尽力したという自負心を抱いて前線から帰還した。農村部の人々は、コルホーズはすぐに解体されると確信した。多くの人々にとってヨーロッパの生活様式を知ったことが、強烈な「カルチャー・ショック」であった。それは、何百万もの兵士や将校が、彼らの家にあるものと著しく異なるヨーロッパの生活の現実を目の当たりにしたからである。

しかしながら、多幸感は即座に現実へと引き戻された。スターリンは、国民に勝者の尊厳を感じさせることを許さなかった。彼には、完全かつ絶対的服従の体制を確保することが必要不可欠であった。戦後すぐに、スターリンは勝者が「自惚れない」ようにと釘を刺した。一九四七年には、スターリンは戦勝記念日を廃止した。戦勝記念日の祝福は、ブレジネフ時代の一九六五年になって復活したが、それは戦勝二〇周年であり、休日として定められた。一九四七年には、勲章やメダルを授与された者への、毎月の支払いが廃止された。退役軍人にとってこの金銭は、小額ではあったが、銃後の者たちと比べて彼らの地位を向上させたという点で、大きな意義を持っていたのである。一九四七年には、レニングラード防衛博物館が閉鎖され、全ソヴィエト退役軍人会をつくることが禁止された。一九四九年には、基本的には腕や足を失った戦傷病者（その総数は約五〇万人であった）を拘束し、送還するようになった。彼らがその身なりで、ソヴィエトの都市の整った町並みを台無しにしないように、駅や公共施設で拘束し、貨物車に乗せ、そしてシベリアへと送還した。一九七〇年代になって初めて、退役軍人への特権が提供され始めた。

同時に、政府に対する自然発生的な反対行動を防止することを目的として、「反ソヴィエト分子」への抑圧を展開した。一九五四年から一九五六年にかけて毎年（すでにスターリンの死去後であるが）、刑法五八条によって、一九三七年に比べて一・五倍の数の有罪判決が下された。人民の蜂起を恐れたため、スターリン後のソ連政府は、残忍な抑圧方法を取ることを余儀なくされた。それは対話が可能であった場所でさえも同様であった。クラスノダールやノヴォチェルカッスク、アレクサンドロフや他の都市における集会参加者に対して極めて厳しくあたった。

スターリン時代においては、多かれ少なかれ自明であるとしても、なぜフルシチョフは、「勝利者の国民」としてのアイデンティティの確立に注力しなかったのか、なぜ戦争世代を美化するようなプロパガンダ・キャンペーンを展開しなかったのか、という疑問が浮かび上がってくる。これに関しては、いくつかの理由がある。まず第一に、戦時中に最高司令官であり、いろいろ議論はあるにせよ、とにかく勝利へと結びついた重要な決定を行ってきたスターリン像を偶像破壊する目的があった。

フルシチョフにとっては、スターリンを台座から引きずりおろすことは、戦勝というテーマを「封印」するのに必要な措置であったし、少なくとも、社会をまとめるために不可欠であった。第二にフルシチョフは、戦争に勝利したのは上意下達の規律がゆるみ、指導部の統制が弱まった後のことであったから、それを知っている「勝利の世代」を顕彰することは、自由の精神や反抗心を促すことになると考えていた。それは共産党政権の正統性を揺るがすことになりかねなかった。

さらにフルシチョフ個人が、軍の陰謀やクーデタ（G・K・ジューコフが名誉毀損に晒された、一九五七年の反党グループ事件を思い出すことができよう）を恐れていたという事情も考慮に入れておく必要がある。要するにフルシチョフは、自分が率いる体制のアイデンティティが、戦争の過去の記憶を基に確立することを望まなかった。フルシチョフが軍隊においては、強大ではあったものの枢要ではない役職を占めていたに過ぎないこと（戦線の軍事会議のメンバーでしかなかったこと）を思い出すと、「勝者」の権威に基づく個人の権力を構築することは、彼にはできなかったのである。加えて、経済的な理由も存在した。フルシチョフ時代において、いまだ多数存在する戦争世代を賛美することは、彼らへの物質的特権の付与を必要としただろう。それはフルシチョフの「雪解け」の様々な実験により弱体化したソヴィエト経済にとって、追加的負担をもたらすものであっただろう。

状況が変化したのは、ブレジネフ時代においてである。戦争を書物でしか知らない新たな世代が歴史の舞台に現れたことと関連し、追加のイデオロギー的支柱が体制にとって必要とされた。これとともに、現実権力の必要のため、アイデンティティの使用の必要性が本質的に高まった。戦争世代が退出したことで、退役軍人への物質的保障が現実的な面で課題となった。現在まで生きている退役軍人の記憶の中には、個人的な戦争経験と結びついた崇高な瞬間が残っていた。

平和共存政策が、西側諸国との緊張緩和、およびその西との人道的関係の改善に導いた一九七〇年代において、旧同盟国であったアメリカやイギリス、フランスと全面的に敵対する必要性が低下したという状況も役割を果たした。むしろ逆に、国際社会の目には、ソ連の国際的権威は、連合国の国々とともに戦後の国際秩序の最前線に立っている第二次世界大戦の勝者として、より一層映るようになった。この意味で、冷戦が激しさを増すとともに、西側諸国との核戦争が非現実的だとは思えなかった戦後初期の数年と比べて、状況は劇的に変化した。その当時のアメリカを中心とした西側諸国は、もはや民族の歴史的記憶においてでさえ、「同盟国」ではありえなかった。

前述の通り、一九六五年に戦勝記念日が国民の祝日として復活し、退役軍人への実質的な特権が設けられた。軍事愛国教育が、若年層へのイデオロギー的洗脳の一部となった。これに関して、戦争の原因はもちろんのこと、その結果に関する史実までもが、党執行部のイニシアチブによって体裁を整えられた。一九六〇年代末から一九七〇年代初頭にかけて、スターリンの「しのびよる」名誉回復が開始された。戦争物の映画の中で、スターリンが肯定的な意味合いで登場するようになった。しかし戦争に勝ったソ連人のアイデンティティは、逆説的ながら、犠牲の要素も含んでいたのである。その点で、日本人の被害者意識との接点が見出せよう。「偉大なる勝利」の観念の中で、ソ連国民が蒙ったとてつもない損失が重みを増すようになった。

スターリンの時代には、大祖国戦争の戦死者が八〇〇万人であったと言われていたとすると、ブレジネフの時代にはその数は二〇〇〇万人にまで増加していた（現在の公式統計では、その数は二六〇〇万人である）。このように被害者を増やすことになった要因としては、同盟国であった米英との間で第二戦線を開く問題がこじれ、それがゆえにソ連兵の死傷者がいたずらに増大してしまったことが挙げられた。さらには、ソ連の知らないところで同盟国がナチス・ドイツと話をつけようとしているという情報が（しばしば、それらは未確認であったが）、積極的にプロパガンダとして利用された。例えば、これを題材とした『春の一七の瞬間』は、一九七三年に撮影されたソ連で最も有名なテレビシリーズの一つであった。

ここでこのような議論をしているのは、別にソ連国民の死傷者数に関するデータに疑念を抱いているからではない。そうではなく、日本人と同様、ソ連人もまた、戦後になって犠牲者としてのアイデンティティを持つことになったことを指摘したいからである。たしかに両国の犠牲者としての意味合いは異なる。日本は戦争に敗れ、「いわれのない」罰を受けた「敗戦国」として、他方、ソ連は同盟国が不誠実で、膨大な死傷者を出しながら、持ち堪えた「戦勝国」として、それぞれ立場は違う。だが、「犠牲」になったという点で、共通のアイデンティティを有している。

この犠牲者意識という観点から戦後の発展を俯瞰した場合、日本は主要な外交政策目標の一つとして、「戦犯」国というステータス、つまりは「敵」国（国際連合憲章によると）というステータスの克服を定めていたが、その積極的な対外援助政策のおかげで、日本は世界のリーダーと呼ばれる権利を得た。逆にソヴィエト連邦に関しては、戦後世界秩序の創造者としての有利な位置づけを十全に活用し、最大の犠牲者数を出した国家として、世界の運命の決定に関して最重要の関与を行う道徳的権利を感じていた。

犠牲者意識とは、好奇心をそそる現象である。日本の場合、被害者意識から、ワイマール共和国の歴史的経験が証明しているような、報復主義を生み出しても不思議はなかった。しかしながら現実には、犠牲者という認識は、日本の戦後の歴史の様々な場面において、正反対の役割を果たした。戦後最初の一〇年間に日本では、左派および中道志向の反抗勢力を引き込みつつ、社会の意識において平和主義を育んだ。このことは全国民的政治勢力の役割を呼号した統治政党も無視することはできなかった。自民党内で憲法改正の必要性を唱える意見が相対的に優勢であった際にも、その改正の実行は政治的議題に上らなかった。

日本の経済力がアジアからグローバルな規模へと拡大し、経済大国としての位置づけを得るに至った一九七〇年代末からは、犠牲者意識は歴史の修正主義に資する役割を果たした。すなわち戦後の「総括」、アメリカ人による押付け憲法の改正、完全な軍事力の復元、「普通の国家」の提唱、といった現象である。慶応義塾大学の添谷芳秀は、次のように指摘している。

歴史修正主義と西側の価値観を志向する「積極外交」の組み合わせは、敗戦とその後の被占領期間の結果として、日本にもたらされたトラウマ意識の産物といえよう。それは、戦後日本が「不完全な独立国」であるとの意識を多くの人に抱かせることになった。(Yoshihide Soeya, Masayuki Tadokoro and David A. Welch eds., *Japan as a 'Normal Country': A Nation in Search of Its Place in the World* (Univ. of Toronto Press, 2012), 78.)

ソ連に関していえば、犠牲者意識は当初から、軍事を強化し、平和的経済発展よりも優先させ、そして為政者が唱える通り防衛のためには犠牲をいとわないという意識と結びつき、幅広く国民の共有するところとなった。ソ連国民が戦前・戦後に抱いていた敵に「包囲されている」という感覚は、ソ連の指導部が広く国民を束ねるための有効な手段となった。

二　政治権力のシステム――タコ症候群

両国の戦後のアイデンティティを考えるにあたって、ソ連に関してはその独自の政治体制や政治文化を含めなくてはならない。日本においては、その独特の機能のうち、「一党優位政党制」、つまり「五五年体制」という現象を含める必要がある。戦後の世界史において、すべての民主主義制度が維持され、また議会において実際に野党が一定数存在するにもかかわらず、権力の一党制が四〇年間にもわたって続いたような民主国家の例は、恐らく日本を除いては一つもないであろう。自民党政権の持続性は、特殊な「党―政府」の意思決定システムを導いた。国家の政策は、政府の構造と自民党の政策立案機関（政治および一般問題に関する委員会）において並行的に形成され、それが一貫したメカニズムを生み出した。

この観点からみると、日本のモデルは、ソ連の一党支配システムといくつかの類似点を有していた。戦後の民主主義国日本は、外向きには複数政党制を掲げ、西側の民主主義国家とともにソ連の共産主義とは対立してきたものの、実際のところは、両者のシステムの機能メカニズムにおいては、多くの共通点が存在していた。

これに関して、自民党とソ連共産党における幹部人事は、多くの場合、能力主義よりも年功序列の原則に基づいて行われた。

意思決定は集団的ではあったが、非公開的な形でコンセンサスに基づいて行われた（ソ連ではブレジネフ時代の停滞期、議案を配送して署名を集めるという、メンバー不在のまま政治局の決定が下される方式が慣例となった）。両国とも、指導者たちの中にいくつも非公式グループが存在した（自民党においては派閥であり、ソ連共産党の中央委員会においては、同胞の一族、例えば「ドニプロペトロフスク閥」や「レニングラード閥」、部門別閥などであった）。ソ連共産党も日本の自民党も、複数のピラミッド構造を成しており、これが様々な利害のバランスをとる不文律の存在となっていた。

ソ連では権力者の個人的な力は、党首が平均して一年半に一度は変わる自民党に比べ、遥かに強いものであった（ブレジネフは一八年間も党首であった）。しかしソ連の指導者の権威主義は、一度も一定の範囲を超えたことがなかった。ブレジネフの停滞期に絶頂を迎えた戦後ソ連の共産党体制も、日本自民党の「五五年体制」も、それぞれ独自の無定形な姿をした一種の権力分散型システムだと言っていいかもしれない。それはロシアの日本研究者であるS・V・チュグロフの言葉を借りれば、タコを髣髴とさせる統治システムなのである。

そのタコの触手は、日本の自民党政権であれば党の派閥、族議員、各部門の官僚機構内の派閥となり、ソ連であれば各省庁、KGB、内務省、様々なレベルの党機構として独自の動きをしつつ、国内における影響力の行使をめぐって競合している。

両国の政治権力のあり方には、ほかにも多くの類似点があった。官僚の優位、条件付きの計画経済（池田勇人の国民所得倍増計画とソ連の五カ年計画を想起してみよう）、経済・社会面での規制の多さ、司法や立法の名目上の自立等々である。これらの類似性はむろん条件付きであり、あくまで相対的なものに過ぎないにせよ、ソ連からみれば、日本の政治権力の姿は、おそらく西側のどの国にも似ていない。日本の資本主義モデルを「国家資本主義」と呼ぶこともあるが、ソ連のモデルは「国家社会主義」であった。そして両国の国民意識に共通してみられるのは、西側市民社会に対する否定的な態度である。それは混沌と無秩序につながると認識されているのだ。このような観点に立てば、両国の政治プロセスは、西側の規範的理論とは矛盾するものだったといえよう。

三　社会発展の優先順位——均質化された消費水準の社会

両国の戦後アイデンティティの主だった特徴を比べると、社会発展における優先事項に関して、同一とは言えないまでも、社会国家モデルとして対比可能な要素が見出せる。

日本で「五五年体制」の重要な特徴として挙げられるのは、高度経済成長期における国民所得再配分のためのメカニズムである。与党は「保守主義の砦」としてのこわもてなイメージとは裏腹に、地域開発の差異の平準化、強力な中産階級の形成、生活の質の高い国家基準の作成を目指し、社会・経済分野における平等主義、実際には社会主義的政策を実行した。

その実行にあたり、輸出企業の超過利潤から得た税金が使用されたが、その繁栄は主として好調な対外経済状況と結びついており、また一九七三年までは低いエネルギー価格とも関係していた。大都市に住んでいる納税者の大半は、祖先は農村部出身だったという自らのルーツを失っておらず、一世あるいは二世の移住者となっても、地域経済の発展のため、インフラ開発計画を通じて税金が「遅れた」地域に向けられることに同意していた。

他方、ソ連は伝統的に、社会的公正を重要な課題として位置づけてきた。ソ連の道徳教育システムは、集団主義、勤勉さ、誠実さ、イデオロギー、社会的自己主張の手法として私有財産をひけらかすことへの不同意などに重きを置くことで、あからさまな社会的不平等を否定してきた日本人の道徳的価値観とも共通していた。

戦後の社会・経済的アイデンティティの確立という点では、ソ連と日本はともに、個人消費を重んじるようになり、そのため社会的生活を規制する過度のイデオロギーから脱却することが模索された。一九六〇年代を取り上げてみよう。日本では、アメリカとの新たな安全保障条約が締結された一九六〇年代は、国が「後戻りできない点」を通過したことを意識させた。一九五〇年代までは、資本主義的発展と非資本主義的発展の間で代替案が議論されていたが、最終的に、西側の資本主義モデルと軍事・政治システムの成員としての地位を占めることが選択された。一方、ソ連では、同様の「後戻りできない点」は、一九五六年に開催されたソ連共産党第二〇回大会であり、そこで平和共存政策と資本主義システムとのグローバルの経済競争政策が最終的に決められた。

日本における政治面での脱イデオロギー化は、政治地図が塗り替わり、「第三の道」を求める政党が登場し、勢力を伸ばしたことに端的に見て取ることができる。この政党は、アメリカの道を志向した西側の発展モデルとも、ソ連の経験に基づいた社会主義的モデルとも異なり、その代替案として自らを位置づけた。公共の利益は、私生活や個人の幸福と融合されるようになった。ただし、国内消費の伸びは必ずしも社会的な調和をもたらさなかったし、社会的正義の強化にもつながらなかったことは指摘しておく必要がある。

日本人の自己意識を高めたのは、一九六四年の東京夏季オリンピック、一九七〇年の大阪万博、そして他の大規模な国際的催しであった。これらに向けた準備は、急速な都市のインフラ整備や高速幹線道路、新幹線、トンネル、湾岸のホテル、スタジアム等々の建設を伴った。東京オリンピックは、戦後日本の国際社会への完全な「復帰」を象徴するものとなり、また日本経済の発展のデモンストレーションの舞台ともなった。国民精神を統合するための方途として、一九六八年の明治一〇〇年記念があった。国のプロパガンダの強化によって、国が歩んできた一世紀の道程に自信をもち、日本国民が精神を高揚させることが可能となった。「成功の歴史」が強調されるようになったのである。

ソ連でも、ポスト・スターリン期には、人々の福祉が国家政策の優先事項として設定された。フルシチョフ時代においては、共同アパートから個別アパートへの移住に関わる大規模な国家計画（いわゆる「フルシチョフカ」の大規模建設）が開始された。ブレジネフ時代の始まりとともに、住宅建設に加え、過度の豊かさや過度の貧困を防ぐ、個人消費水準の一定の均質化が行われた。

低賃金は、国家により提供された無料の社会的厚生（無償教育、無償医療、極めて安価な住宅・公益サービス、手頃な価格の大衆文化の催しなど）によって、実質的に補填された。たしかに西側に比べて労働生産性の低さや非効率は深刻であったけれども、憲法により保障された労働の権利と国内における失業の根絶は、個人の豊かさの権利よりも重要だとみなされていた。

この社会政策のおかげで、あまり裕福でない市民でさえ、党や政府のノメンクラトゥーラと比べ、さほど格差を感じなかったということは重要であった。物質的特権の存在は、本質的な社会の階層分化や明白な社会の亀裂をもたらすことはなかった。当局も周期的に、多くの場合はプロパガンダを目的として、職員たちの文書への虚偽の記載、贈収賄、西側の生活様式への強い愛着などを告発した。党の管理委員会は、高位の役人の個人消費に対して、しばしば批判した。

労働賃金の額、政府により提供される住宅の社会的基準、車などの耐久消費財を購入する権利、そして核家族が週末に農業を営むためのダーチャや農地の規模が、厳しい規制の対象となった。西側のファッションに身を包み、西洋風のドレスを購入する者たちは、「物質主義」や「むやみやたらに流行を追う者」と烙印を押された。特に強く非難され、激しく迫害されたのは、「闇屋」や投機師、闇外貨取引人であり、つまりは西側社会なら成功したビジネスマンと呼ばれていたであろう人たちである。社会における道徳的風潮を反映していたのは、一九六〇年代のカルト的映画『車にご用心』であろう。その映画の主人公は、富の「不当な」享受によって法を犯し刑務所へ入れられたが、映画の製作者や観客の同情は、むしろ彼の側に寄せられた。

戦後の日本とソ連の社会発展モデルを分析するにあたって、両国の企業の役割や組合管理モデルを比較するのはおもしろいかもしれない。両国がナショナル・アイデンティティを維持するための基本単位として、企業の役割をいくら評価しても、評価しすぎることにはなるまい。日本の会社は、市場経済による社会的損失を最小限に抑えるための、国家の分配政策の主体となった。すなわち日本の諸企業は、高度成長期に社会の連帯が希薄化することから生じる悪影響をできるだけ防ぐためのバッファーとしての役割を担った。

その役割が特に顕著に現れたのは、一九五〇年代から一九六〇年代であった。農村部から「非情」で冷酷な都市部に移ってきた人々を、会社が「軟着陸」させたのである。よく知られている日本的経営のおかげで、この人口移動に伴う弊害が、完全に取り除かれたとまでは言わないにせよ、かなり緩和されたのは事実である。その経営とは、例えば終身雇用制であり、賃金の年功序列制であり、絶対の忠誠を誓う見返りとしての身分保障といった家族的な垂直経営であり、さらには企業内部における労働組合の存在であった。このようなシステムが、都市化に伴い弱まった社会的連帯を補完したのである。

ソ連についていえば、企業の社会的機能は国民のイデオロギー的管理であった。また、イデオロギー的価値観——党への忠誠——に基づいて統一されていたソヴィエト社会の社会的・文化的同質性は、プロレタリア国際主義と社会愛国主義によって支えられた。企業内の共産党およびコムソモールの党細胞を通じ、様々な政治学習や政治テストが行われ、労働者は教育された。この意味において、ソヴィエト企業の役割は、日本企業のそれに似たところがあった。「家族」「養育者」「同志」としての企業は、単なる労働の場でも生活資金を稼ぐ場でもなかった。

日本と同様にソ連でも、終身雇用制度と年功序列賃金体系が、企業内に十分浸透していた。企業の全労働者は、国家公務員と平等な地位を有しており、依願退職は頻繁ではなく、退職者には功労が与えられ、また労働賃金と経済的効率性（社会主義経済における効率性の基準は、非常に相対的なものであったが）はほとんど相関関係がなかった。両国の企業の類似性は、実際の生産活動の体系に見て取れる。表彰状や感謝状といった道徳的刺激や社内の異なる部門間競争が広く浸透していた。日本の「ＱＣサークル」は、熱心なソ連の革新者や発明者の団体と類似していた。両国において、多くの場合、企業への帰属という事実が、どのような職についているのか、またどれほど賃金を得ているのかといった社会的な地位よりも、より重要な要素であった。概して、両国における社会発展を基礎とした社会のコンセンサスは、社会格差の拒絶、アメリカ型の個人の富蓄積（「アメリカンドリーム」）の拒絶、個人の利益に先立つ公益、公益のための自己犠牲の覚悟と結論づけることができよう。

四　「新たな愛国主義」――経済力か、帝国的大国主義か

戦後のナショナル・アイデンティティの変化の一つとして、両国における、戦争の英雄的過去ではなく、国家のグローバルな発展の達成を誇る「新たな愛国主義」の出現が挙げられよう。ただし、日本とソ連では「新たな愛国主義」の根拠は大いに異なっていた。日本で国民の誇りであったのは、二極冷戦期においてはその経済的実力であった。高度経済成長、一九六〇年代における国内総生産世界第二位への躍進、世界中における日本ブランドの知名度（「ト

ヨタ」「ソニー」「パナソニック」など）、中心的な国際機関、なかんずく国連の主要なドナー国になりえた資金力、そして最大のODA実施国。日本独自のマネジメントシステム、日本独自の官僚体系、そして日本独自の精神性などに関する、多くの学術論文が現れた。世界が日本経済の奇跡の発展に瞠目したことが、日本人の「経済的愛国主義」の強化につながった。こうして一九八〇年代には、次の世紀は日本の世紀「パックス・ジャポニカ」になるという思想が浸透した。アメリカ人の「日本株式会社」論――日本は共通の統治の中心を有していない、異端で無情な怪物であるが、系統的にかつ一貫してその目的を達成する――は、日本人にとって不快というよりむしろ光栄であった。それはいまや古典となっているE・ヴォーゲルの著書『ジャパン・アズ・ナンバーワン』（一九七九年刊）に最も明確に表現されている。

ソ連はといえば、国民の愛国主義は経済的な成功に基づいてはおらず、軍事的な成功や科学技術の成功に基づいていた。ソ連にとってそれは、アメリカへの遅れを克服することを意味した一九五七年の人工衛星の打ち上げや、一九六一年の世界初の有人宇宙飛行、そして核ミサイル計画の成功であり、またキューバにおける社会主義政権の勝利に示されるような世界舞台での自らの位置づけの強化や、「第三世界」における社会主義志向の国々の数の増加であった。さらに、世界の主要問題を米ソ二国の話し合いで決めるといった、二極冷戦構造もソ連の誇りであった。

自国の使命感と大国意識が、ソ連の新たな愛国主義の土台であった。イデオロギー意識の強いソ連人は、低レベルの退廃した文化にまみれている西側のブルジョアに対し明らかな優越感をもっていた。公式のプロパガンダは、赤の広場における軍事パレードに重要な意義を与え、それをテレビで放映することで、国民の誇りを鼓舞し、「腐敗した」西側への道徳的優位性を示そうとした。

それにもかかわらず、西洋の大衆文化の普及に伴い、西の先進国の社会的分野における現実の状況に関する正確な情報の普及、ハリウッド映画作品の流行、西洋のポップカルチャーへの若者の関心は、社会主義の生活様式が資本主義のそれを優越するという公式理論をむしばんでいった。そして自分たちが選択した経路の正当性に関する疑念や自らの劣等感をもたらすようになっていく。一方では帝国国家の宣教や崇拝に基づく「誇大癖」と、他方では社会福祉の分野で西側に「追いつき追い越す」ことがソ連にはできないことに起因する劣等感の組み合わせは、社会意識において精神分裂を引き起こした。そしてそれは次第に、大衆の幻滅、皮肉、ニヒリズム、個人の生活における理想への不信として表面化していった。

ソ連共産党第二二回大会でフルシチョフによって出された「新たな歴史的共同体、すなわちソヴィエト国民の確立」に関するプロパガンダの使用が、次第に国民レベルで政治的なアネクドート――真の国民の感情を表現している独自の民間説話――の対象へと変化し、冷やかしを生み出した。匿名の作者らのおかげで、ソ連末期には「ホモ・ソヴィエティクス（ソヴィエト的なヒト）」という用語が流通するようになった。これは「ホモ・サピエンス（智恵のあるヒト）」と対比して用いられたわけである。

これと関連して、「日本人論」という理論にまで高められた日本人独自の自己認識に言及したい。戦後の日本人は、根拠の有無は別として、その独自性を強調するようになった。特有の精神性や生活様式、伝統や文化、言語や食などである。それはユニークなものとされたが、決して他国民より優れているという意味合いではなかった。

両国の自己像の違いをまとめてみよう。まず日本人は、真剣に「日本人論」を受け入れてきただけでなく、そこから生き生きとした力を引き出してきた。そしてグローバル化の圧力の下、失われたナショナル・アイデンティティを維持する助けとしてきたのである。一方、ソ連では、上から植えつけられた「ソヴィエト国民という特別な歴史的共同体」の思想が決して自己のアイデンティティとなることがなく、せいぜい大衆意識のレベルで、「ホモ・ソヴィエティクス」という用語が示すような自己戯画にしか役立たなかったのであった。

V　アイデンティティの再構築——冷戦後の時代

1――安倍・プーチンの新世紀

東郷　和彦
隈部　兼作

はじめに

冷戦終結とソ連の崩壊により、米ソの二極体制は終焉を迎え、世界は一極体制になったとみた米国は、自らが理想とする新たな世界秩序の構築に乗り出した。政治的には自由主義、民主主義、法の支配、といった、米国が主唱した基本的価値が世界秩序の構成において勝利し、これらの基本的な価値に基づき、より平和で安定し豊かな社会の構築が可能になるとの見方が登場した。

けれども、現実の世界は、このリベラルな価値の勝利には至らなかった。むしろ、米ソの核対立という世界秩序の圧倒的な重しがとれたことによって、世界は新たな種類の紛争と対立の中に投げ込まれた。サダム・フセインのクウェートへの侵攻、旧ユーゴスラヴィアにおける民族・宗教紛争の発生。二〇〇一年の九・一一における米国社会の心臓部へのテロ事件は、対アフガニスタンおよび対イラク戦争（二〇〇三年）を生んだ。アラブの春（二〇一〇―一二年）は部族対立をむしろ顕在化させ、一五年には、シリアとイラクを中心に「イスラム国」を自称する狂信的なイスラム原理主義の横行が始まった。中東和平、イランの核化問題をめぐる緊張は氷解するに程遠い。

さらに二〇〇〇年代、「中国の台頭」は将来的に米国帝国主義を脅かしうる最大の世界問題として登場した。一九七八年の鄧小平以来、「改革開放」の旗印の下で経済面の自由化と政治面での中国共産党の力の強化・温存を開始した中国は、経済・政治・軍事面での圧倒的な力の台頭を生み、二〇〇八年には「韜光養晦」の政策を止め、この頃から、新「中華」の価値を打ち出し、西欧近代文明と対抗するという主張が現れ始めた。

そういう「中国新文明」の対極に立つのは、ギリシア哲学に端を発し、ローマとキリスト教を受け継ぎ、近代化のリーダーとなった西洋文明であり、欧州およびその発展形としての米国ということになる。

経済的側面から見てみると、冷戦終了とともに米国は、WTOの設立を主唱し、新自由主義的な一律の制度によって各国の経済的な主権を大幅に制限しようという急進的な政策を志向した。しかしながら、冷戦終結から二〇年が経過した現在、こうした米国の世界戦略は経済的にも行き詰りをみせている。経済自由主義に基づく政策は、資産バブルを引き起こし、二〇〇七年にはそのバブルが崩壊したことでサブプライム危機が発生し、二〇〇八年のリーマンショックによる世界金融危機の影響で世界経済は大打撃を受けた。各国のリーダーたちは、新自由主義を推進したことで顕著になった雇用や所得格差等の問題にいかに対処し、経済を立て直し、持続的な経済発展を目指すのかという課題に直面している。

かかる環境の下、ロシアと日本はどのような政策を進めようとしているのかを概観し、課題等について触れてみたい。

一　ロシア

一九九〇年代

ソ連邦からロシア連邦への転換は、人口において半分、面積において四分の一を失う国の喪失の問題であった。したがって、本章で扱うロシア連邦の形成の問題は、大国としてのロシア連邦の復権の物語であると同時に、ソ連邦喪失の後の新しい国づくりの問題である。

一九八五年政権を掌握したゴルバチョフが目指したのは、「人間の顔をもった社会主義」だった。これは、独自の形で成長してきたロシア型社会主義に西欧流の人間主義を導入することによって停滞を打破しようというものであり、彼が導入した、ペレストロイカ、グラスノスチ、新思考外交すべてが、西欧社会に定着していた価値ないしは政治手法を受け継ぐものだった。

その後に登場したエリツィン政権は、西欧型の民主主義と市場経済を受け継いだ「西欧主義」としての発想を色濃く持った最初の二年間から出発した。しかしながら、この「ユーフォリア期」は厳密に言えば一年も続かなかった。ロシアでは、ソ連という超大国が一五の国に分裂し、それまでの産業連関システムが崩壊した状況で市場経済および民主主義への体制移行が着手された。その結果、ハイパーインフレ、ルーブルの大暴落、失業者の急増、未払い賃金の増大、企業間債務問題の激化、地方財政赤字、不正な民営化、所得格差の拡大等が発生した。「市場経済に移行させる」ということの意味は、すなわち財・サービス取引の「ルール体系」を作ることであるが、まともなルール作りをしなかったために、民営化によりエネルギー資源等を不正に蓄財した政商たちが闊歩し始め、政治に介入し、自分たちに都合のよい政策を推進した。国民の不満はたまり、内閣と議会は対立し、その結果内閣が頻繁に交代するなど、九三年にはまともな経済政策を遂行することができない状況に陥った。また、地方の首長が中央政府の指示に従わないなど、ロシアは経済のみならず政治・社会が大きく混乱し、無秩序といえる状況に陥った。

対外関係でも欧米に対する微笑外交は期待通りのロシアの全面的抱擁には至らず、東方における最大の期待国だった日本との関係も、九二年九月の訪日の直前キャンセルという事態を引き起こした。九三年、そういう矛盾に満ちた一年が過ぎ、現状を不満とするロシア連邦議会と大統領権力が同年一〇月議会にて衝突、流血事件が発生することとなった。

騒擾事件以降のエリツィン政権は、政治・経済・外交の安定化に最大の重点を置いた。しかしながら、安定化とはいっても、民主主義と市場原理という二つの原則はエリツィン時代の特徴として最後まで守られることとなった。共産党との距離は最後までエリツィンの特徴となり、その結果権力の基盤は、金融産業複合体、オリガルヒ（政商）、エリツィン家族といったところに集中された。言論の自由、特にテレビ報道の自由、選挙における多党制を可能にする制度、地方自治の原型といった制度ができた。一部オリガルヒの巨万の富と広範な大衆の貧困化という格差社会を生んだが、それは制度としての市場原理の否定とは異なった問題であった。

外交的には、西側諸国との関係は引き続きエリツィンにとって重要な政策目標であった。バーミンガムサミット（一九九八年）でG８との呼称が正式に使われ、橋本龍太郎総理の支援を受けて九八年にはＡＰＥＣへの参加を果たした。エリツィン退任のわずか一年前である。

G７としても民主化したロシアを仲間として扱おうという動きには真正なる熱意があったと思われる。米・独・ＥＵそれぞれ対露支援の額を積み上げたし、日本でも九〇年代に行った支援の総額は、約六〇億ドルに積み上がっていった。しかしながらそういう動きはロシアの変化に対する全面的な抱擁というよりも、市場経済化の進行のＩＭＦ型の条件付き支援であり、アメリカ民間団体のロシアへの内部進出による民主化の強制のように見える側面もあった。

九八年には金融危機が発生し、対外債務返済ができなくなるなど、ついにロシア経済は破綻した。九八年の金融危機後、ロシアはＩＭＦ・世銀路線、すなわち新自由主義・市場原理主義とは異なる方向に舵をきり、金融危機前まではインフレを抑制することを主な目的に実際よりかなり高めに設定していた為替レートが大幅に減価したことで低稼働率であった国内産業が息を吹き返し、加えてロシアの主要輸出品である石油価格が上昇したこと、対外債務の削減と繰り延べがパリクラブで認められたことで、経済は回復に向かい始めた。

他方、ＮＡＴＯへの東欧諸国の加入問題はロシアにとって極めて難しい問題を引き起こした。エリツィン政権第一期の間は潜伏していたこの問題は、九六年エリツィンが大統領に再選された頃から顕在化、ポーランド・ハンガリー・チェコのＮＡＴＯ加盟（九七年決定、九九年三月実現）を受け入れざるをえなかったことは、政治指導者にとっても国民心理的にも理不尽を通り越した屈辱と怒りの淵源となり、エリツィン第二期政権時代の最も困難な外交課題の一つとなった。

そこでエリツィン政権後半六年間のエリツィン外交の方向性は、西側の一員という国家造りの基本政策を維持しつつ、対外的には、より幅の広い元ソ連構成共和国および東側、中国を軸とする諸国との関係をも大事にするという外交政策に軸足を移していった。その文脈での中央アジアとの協力の重視等が顕在化し、ロシア・中国・カザフ・キルギス・タジク五カ国による「上海ファイブ」が九六年に発足した。その流れが結局九九年末に成立したプーチン政権に引き継がれることとなった。

二〇〇〇年代

一九九九年一二月三一日、エリツィン大統領は突然の辞意を表明、ウラジーミル・プーチンをその後継者に指名した。ここから二期八年、そしてメドヴェージェフ大統領の下で自らは首相職に退いた四年の間を含め、二〇一二年四月までの一二年間のプーチン統治の前半といってもよい時代が始まった。

プーチン大統領の政策を振り返ってみると、最も本質的な政治概念として出て来るのが、「強いロシアの復活」すなわちロシアの国家性の強化ということであり、概ね以下の四点を特徴とするものだった。

・エリツィン時代に地方に分散された権力を、垂直統合型にクレムリンに収斂した。連邦構成主体を七つの連邦管区に分け大統領全権代表を置いて監督、大統領による知事の任命権・解任権、そして、地方議会の承認権という一連の措置がとられた。

・中央政治においても、一九九九年に作られた「統一」と「祖国・ロシア」の両体制党が「統一ロシア」として二〇〇一年に統合、二〇〇三年の下院選挙で圧勝し第一党となり、以来、圧倒的な与党として推移している。

・経済面では、市場原理主義を拒絶し、ＩＭＦ・世銀路線と決別することで国営産業を強化し、国が経済を主導する「新国家資本主義」政策を採用している。プーチン大統領は、投資環境の改善といっても一朝一夕にはできず、経済発展を加速させるためには国が主導して投資を行う必要があるとし、主要なエネルギー資源は国が直接コントロールすることで国家財政の収入源や外貨獲得の手段とする「新国家資本主義」を採用した（現在、連邦財政歳入の約五割、輸出の約七割がエネルギー資源によるものである）。

・ロシアの経済利権を政府財政の収入に直結させる方策をとり、エリツィン時代にロシア経済の大動脈を押さえ始めたオリガルヒを政界から遮断し、主要エネルギー産業を国家主導の会社の支配下に置いた。二〇〇三年のユーコス社主ホドルコフスキーの逮捕に代表される一連の排除政策は苛烈を極めた。オリガルヒがその支配下におさめつつあったロシアのテレビ放映権はすべて政府系の会社に取り込む動きをともなった。

政権の前半一二年、プーチンは強いロシアを創りえたか。経済面からみると、経済全体の帰趨にプラス要因は明らかに登場したものの、本質的な体力強化には程遠いという状況が続いた。

プーチン大統領が就任してからリーマンショックが起きるまで、ロシア経済は石油価格の上昇により年平均七％の成長を記録し、ロシアのマクロ経済指標は前政権時代とは比較にならないほど改善し、ロシアはＢＲＩＣｓの一員として世界中から注目を集めるようになった。

しかしながら、二〇〇八年にリーマンショックが発生し、石油価格が急落すると、翌年のロシアのＧＤＰ成長率はマイナス七・八％と大幅に落ち込み、石油価格に過度に依存するロシア経済がいかに脆弱であるかを示した。
そのため、ロシア政府は長年の交渉の末二〇一二年にＷＴＯに加盟し、経済の近代化政策を掲げ、スコルコヴォなどの特別研究特区を創設し、ロスナノなどの国家基金を使うことで外国の技術を誘致し、イノベーション政策を強化しようとした。また、極東地域の開発を促進するために極東発展省を新設し、経済特区を創設するなど、内外からの投資を誘致しようとしている。しかし、石油価格の上昇がなければ持続的な成長を期待できないという構造的な弱点を克服できないのが現状である。

外交面では、プーチンは強いロシアを創りえたか。九・一一テロに対するブッシュの戦いへのプーチンの協力は、中央アジアへの米軍の展開を可能にし、米国におけるロシアの声望を高めた。同時に、ダゲスタン、チェチェンなどの同根の国際テロがあるというプーチンの主張は、直に説得力をもって迎えられ、チェチェン問題に関する対ロシア批判は影を消した。中国との間に亀裂を誘う要因はなく、日本との間にはイルクーツク会談という成果があった。総じてプーチン政権の最初の四年は外交上の無風状況となったのである。二〇〇四年三月にスロヴァキア、スロヴェニア、ブルガリア、ルーマニアに加えてバルト三国がＮＡＴＯに加盟したことは、この最初の四年間の協調外交の最も象徴的な成果であったのかもしれない。

この状況が、旧ソ連構成共和国内部における「民主化」運動によって大きく揺さぶられることになる。二〇〇三年から二〇〇五年、グルジア（薔薇革命）、ウクライナ（オレンジ革命）、キルギスタン（チューリップ革命）という流れは、一時モスクワへの延焼を懸念させるまでになった。この動きは、ウズベキスタンでカリーモフ大統領が強権を行使したアンディジャン事件によって一旦止まるが、カラー革命に対してプーチンが見せた態度は、総じて欧米諸国の警戒感を高めることとなった。

さらに二〇〇七年、イランの核の脅威に対抗するためにポーランドおよびチェコにミサイル防衛設備を配備するとの米国に対し、ロシアは、自国への脅威として猛反発した。さらに米露間の反発は、二〇〇八年八月に発生したグルジア紛争で一挙に険悪化した。サアカシュビリ政権のグルジア領南オセチアへの侵攻に始まり、ロシアによる「南オセチアおよびアブハジア」の独立承認と続いたこの一カ月間の抗争は、ロシアと欧米との間に拭いがたい不信感を残した。

それでは、強いロシアを目指すプーチンの思想とアイデンティティをいかに理解すべきだろうか。

プーチンの思想を一言で言えば、強い国家ロシアを創る正当性を、ロシアの独自性、ないしはロシアを体現する自分の独自性に求めるという考え方と言ってよいと思う。プーチンの下で、そういうロシアの独自性という考え方が最初に正面に出されたのは、二〇〇六年から二〇〇七年ウラジスラフ・スルコフによって主張された「主権民主主義」であろう。

「主権民主主義」の根本思想は、一口に民主主義と言ってもそれは各国がそれまでに形成してきた文化・歴史・思想といったものの上に総合的に立脚するものであり、一律の価値で横断的に整理統合することはできないという点にある。ロシアにおける伝統思想をロシア革命期の現実政治に連結した思想家として、ニコライ・ベルジャーエフがいるが、スルコフは、特に、彼と同時代人の思想家である、イワン・イリインに注目したようである。

イリインは、一九二二年にソ連より追放され、一九五四年にスイスで死亡、ロシア正教を深く信奉するスラヴ主義者であるとともに、国家の運命は指導層の質によって決まるという、独特のエリート統治論を展開した。この考え方を受けて、スルコフは、ロシアの政治文化の三つの特徴として、(1)「政治機能の中央集権化」（イヴァン雷帝以来の権力集中の歴史があろう）、(2)「政治闘争の理念化」（「第三のローマ」といった何らかの理念がないと、ロシア人は落ち着かない）、(3)「政治制度の人格化」（ロシア人にとっては、実際の制度よりも、皇帝や指導者などの人物がより重要な意味をもつ）をあげている[1]。

プーチンが二〇〇八年のタンデム政権成立の頃から、主権民主主義を自らの思想としなくなったのは、この考え方が、国内に対する政策の基としては一定の有効性はあっても、国際的にロシアの立場を示すには適当でないところがあるからと推察される[2]。

プーチンが抱いているのではないかと思われる「ロシアの独自性」を考える上では、ロシア正教[3]、ユーラシア主義[4]、ストルイピンの役割、ロシア政治における古儀式派の影響力など様々な視点があるが、一点に絞ることは難しい。そのような観点からは、以下のセルゲイ・チュグロフ氏の論評は興味深いものがあり、本章ではとりあえずこれを引用し、さらなる研究の入り口としておきたい[5]。

いまプーチンが自らの考えの基礎をつくるのに最も参考にしているのが、セルゲイ・ウヴァーロフ（一七八〇―一八五五）である。ニコライ一世につかえ一八三三年に教育副大臣になり、政治理念として“Samoderzhavie, Pravoslavie, Narodnost'”の三つを主張した。とはいっても、プーチンはウヴァーロフの理念をそのまま咀嚼し主張しているのではない。Samoderzhavie とは、自らが権力の淵源であることを示唆する強力な言葉ではあるが、プーチンは、直接これに言及することを控え、強い権力（sil'naya vlast'）としか言っていない。Pravoslavie は、ロシア正教のことをいうわけであるが、ムスリム人口の増大という現象の前に正面からいう立場でなくなっている。Narodnost' は、人民に立脚するという意味であり、現在最も強い正統性の根拠となっている[6]（英語訳は、self-sustained-autocracy, orthodoxy, populism あたりかと思われる[7]）。

二〇一二年以降

プーチンは、二〇一二年再選可能な任期六年の大統領職に返り咲き、結果として、二〇〇一年以来総計二四年間ロシアのリーダーとなり続けうる可能性を手に入れた。その過程で、メドヴェージェフの「西欧的近代化」路線と総称できるようなものも導入し、経済合理性を担保し、公平性と透明性を求める国民の声に対応する政策もとり続けている。

けれども、プーチンの統治の根本には、西欧民主主義で一般に受け入れられている諸原理だけでは説明のつかないものがある、ないしはそういうものへの希求があるように思われる。そこに現出しているのは、垂直統合型の政治形態によって権力を頂点である自分の所に集め、「プーチン」という人格をもってロシアそのものの代表者とし、ロシア国民を引きつける理念の力をもって全体をまとめ牽引していこうという志向であるように思われる。このことを、スルコフの言うように、「主権民主主義」と定義するかあるいは、例えば、「国家主導民主主義による強いロシアの創造」といった言い方で表現するかはさして本質的な問題ではないように思われる。

さてそういう独自性を有した強いロシアとなるためには、経済政策の成功は必須である。プーチン大統領は、二〇一二年の大統領選挙の綱領として発表した七編の論文のうち、第三編「経済面での課題について」でも「資源依存の経済構造に将来性はない。危機的な状況から抜け出すためには経済構造の刷新と多様化が不可欠であり、技術のキャッチアップが必要である」と述べている。

そして、これらの課題に対する具体策として、汚職の撲滅をはじめとする投資環境の改善等を掲げている。しかし、汚職の撲滅等については、以前から政府の目標として掲げられてきてはいるが、なかなか実現できておらず、わかっていても実行できないことがロシアの最大の問題である。

加えて、インフラ整備案件を決定する際の優先順位付けのシステムにも問題があり、産業連関を考えた順位付けを行い予算を効率的に使用することが課題となっている。

しかしながら、そういう状況で出発したプーチン新政権の政治的・経済的・さらにそのアイデンティティの根幹を直撃する新しい事態が、二〇一四年二月ウクライナとクリミアで発生した。

現下のウクライナ問題は何よりもまず、その歴史地政学を理解しなければならない。歴史的にはすべてのロシア史の分析は、ロシア発祥の地は、キエフ公国だという所から始まる。キエフが採用したギリシア正教がロシア正教として受け継がれた。その後のロシアの歴史において、東部ウクライナは、「小ロシア」とも言われ、ロシア語が使われ、ロシアとウクライナとのアイデンティティの境界が明確ではない地域として理解されてきた。ウクライナの穀倉地帯はロシアにとっての最も豊かな農業地帯であり、南東部の工業地帯はロシアにとっての重要な産業地域でもあった。

これに対し、ガリツィアを中心とする西部ウクライナは、元来ハプスブルグ王朝の下にあり、王朝崩壊の後はポーランドの下にあった。宗教的にも広い意味でのローマ教会に所属し、言葉も同じスラヴ系統ではあっても、ロシア語とは区別されたウクライナ語を使用した。すでに第一次世界大戦時には、ロシア革命に際して独立を企図する西部ウクライナとロシアとの間で戦争が起きている。第二次世界大戦時には、ヒトラーのソ連侵攻によって起きた独ソ戦の中で西部ウクライナと赤軍の激戦が起き、この地がソ連領となったのは一九四五年の大戦終結の後であった。

一九九一年八月に起きたロシア保守派クーデタの失敗からソ連邦の分裂とロシア連邦が成立した過程において、ウクライナの無血独立が実現したのは、歴史の奇跡であった。ロシア連邦を権力基盤としたエリツィンが「緩やかな連邦制」を主唱したゴルバチョフの権力を奪取するために、本来ロシアにとって最も近しいウクライナの独立を率先して認める行動に出たのである。

しかし、ウクライナの平和的分離独立という「歴史的奇跡」は、それから二〇年あまり、ウクライナの政治運営に実に複雑な影を落としてきた。西部には二回の大戦の後に米国とカナダに移住したガリツィア系の避難民が帰国し、活発な活動を開始した。その中で東部の親ロシア派と西部の親西欧派はお互いの利害の調整に失敗し、ウクライナは、国家安定の基本となるべき経済の安定成長に失敗した。

東西ウクライナの内部対立が、東部系のヤヌコヴィチ政権の下、西部系勢力の怒りを招き、種々の経緯を経て事態は先鋭化、ソチ・オリンピックのただなか、二〇一四年二月一九、二〇、二一日の三日間、キエフ・マイダン広場における動乱に至った。

キエフにおける政治の主導権は動乱以降親西欧派の手に収められ、東部ウクライナ人の不安を掻き立て始めた。このまま事態が推移すれば、ロシアにとって歴史地政学的に喫緊の重要性をもつクリミアと東部ウクライナの現状に重大な変更が起きるのではないか――クレムリン指導部に、そのように事態が映じたのではないか。

事態の内戦化は、ウクライナ問題で最もデリケートなクリミアに飛んだ。セヴァストーポリを母港とする黒海艦隊の護持は、黒海を押さえるロシア安全保障にとっての要諦であった。歴史的には、クリミア半島は、クリミア・タタールの支配下から一八世紀エカテリーナ二世の下でロシアに併合され、一九世紀半ばにはロシア国民にとっての民族の叙事詩となった「クリミア戦争」の舞台となった。スターリンのクリミア・タタールに対する圧政への償いとしてフルシチョフによりウクライナという行政区画に入っていたことに対し、歴史が逆流し始めたのである。三月一六日、クリミア住民投票は「九五·七%の併合希望」という結果となり、一八日ロシア連邦はクリミアを併合した。

それから後の一年余りの焦点は事実上クリミア問題から離れ、ウクライナ自体をどのように扱うかの問題となった。当初からプーチンはウクライナ併合の意思なしとし、ウクライナをロシアに対して敵対的な国家とならないような緩衝国としての位置を確保するかが最大の焦点となったと観察される。

ウクライナの民意は全体として西部の利益を代表する方向で表明され、五月二五日の大統領選挙ではピョートル・ポロシェンコが当選した。

以上の状況に対し、オバマ大統領率いる米欧は三月初旬以来、プーチン大統領のクリミア・ウクライナ関与は「ウクライナの主権と領土の一体性の違反」であり「国際法に違反」するものとして一貫してこれを非難、G8からロシアを排除するとともに、三月から九月まで、段階的な経済制裁をかけ続けた。

西側の対応は、確実にロシアを中国の方向に動かし始めた。二〇一四年五月の上海「アジア相互協力信頼醸成措置会議CICA」に際し、「中露全面戦略連携パートナーシップ新段階に関する共同声明」が合意された。特に経済協力の合意の意味は大きく、国有石油大手の中国天然ガス集団（CNPC）がロシア政府系大手ガスプロムと年間三八〇億立方メートルの東シベリア産天然ガスを、パイプライン経由で二〇一八年から三〇年間にわたって輸入するという巨額の天然ガス契約が結ばれた。

ウクライナではその後も事態は、沈静化の下での流動化を続けている。二〇一四年九月にはプーチンとポロシェンコとの間で事実上の休戦協定が成立。一〇月にはプーチン・ポロシェンコ会談でガス輸出の再開についても大筋合意。一〇月末の総選挙は、ドネツク、ルガンスク東部二州は事実上選挙実施の対象から外され、一一月両州では独自の選挙を実施、ウクライナは連邦化に向かって動き始めたようである。しかしながら、東部二州における銃火は治まっていない。

この間、二〇一四年の実質GDP成長率は、投資の停滞、ウクライナ危機による欧米諸国からの経済制裁、原油価格の急落、ルーブルの大幅下落により、〇・六％（前年は一・三％）に低下した。一五年の成長率はマイナス三％前後に低下するものと予測されている。

他方において、一五年の経常収支は六〇〇億ドル強の黒字が見込まれており、また、制裁により欧米がロシアを孤立させようとしても、ロシアはBRICs諸国や上海協力機構などとの連携を強化しているため、欧米の制裁によりロシア経済が破綻に陥るようなことはないであろう。

とはいえ、シェールガス革命により、ロシアのエネルギー輸出大国としての地位が危ぶまれていることに加え、ウクライナ問題での欧米による制裁やロシアの逆制裁により、ロシアを取り巻く経済環境が激変したことは事実である。

ウクライナ問題は、ロシアの内政・外交・安全保障、そしてアイデンティティに本質的な影響を与えつつある。第一に、冷戦終了後の国際秩序において、少なくとも、クリミアの無血併合が実現され、ロシアが直接関与する部分において国境線が変更されるという動乱の時代が始まったということである。第二に、この国境線の変更は、ロシアからみれば、「西側の一員」というゴルバチョフ改革に始まり、エリツィンに引き継がれ、プーチンにしてもその追求を否定してはいなかった政策方向が明らかに後退したことを意味する。最も象徴的な新事態は、ロシアは少なくとも当分の間G8のメンバーではなくなり、外交の機軸をG7とは別の場所に求めることになったということである。第三に、このことは、ユーラシア大陸の根底に中露を枢軸とする連携関係が生じ、その東西に大西洋によって連携した米欧同盟が今までよりも明確な形で生じつつあるということである。第四に、そういう構造的な変化はいま始まったばかりである。当然のことながら、経済制裁の緩和ないし解消に向かっての折衝も行われるであろうし、状況の平静化に向けての様々な動きも出るであろう。しかし、以上の動きはロシアにとって根本的に物事を考える大きな機会が来たということでもある(8)。

二　日本

一九九〇年代

冷戦と昭和の終わりの日本は、経済大国として、あるいは「富国平和」の国として、冷戦に勝利した西側諸国の中で、最大のリーダーたる米国に次ぐ世界第二の経済大国として登場することとなった。

しかしながらそこから、日本の漂流が始まる。冷戦の終了とともに顕在化した内発的・外発的要因をどうやって乗り越え、全体としての新しい国のビジョンにするかが解らなくなったのである。

内発的要因としては、昭和の時代に日本のアイデンティティ形成に主導的役割を果たした、経済社会の成長を支える様々な軸が折れ始めたことがある。まず何よりもバブルが崩壊し、バランスシート不況に突入するなど、経済は八〇年代までにみられた高成長に戻ることはなく、低い成長率で推移した。その結果、少子高齢化による労働人口激減、社会保障（特に年金・医療・教育）出費の膨大化、歯止めのない赤字国債の増加という内発的な要因が顕在化した。

他方において、貿易摩擦に対する米国の政策が、日本の産業・社会構造の内部に介入した市場の開放や規制緩和等を迫るようになったことに外発的要因がある。「構造協議」（Structural Impediments Initiative: SII）の結果としての公共事業の無原則的拡大と大店法規制の突然の撤廃による地方都市のシャッター街化、などが最も象徴的な事態として記憶されている。九〇年代後半には新自由主義が主流となり、「市場に任せろ」「国家は経済に介入するな」という主張が繰り返され、政府が長期的な経済計画を持ち、明確な国家戦略に沿って経済政策を実行するという戦後形成されてきた政策運営の手法は放棄された。

それらの懸案を解決するために、何もなされなかったわけではない。九〇年代前半の小沢一郎主導の政治改革と、非自民党による五五年体制の打破は、まぎれもなくそういう努力の現れであった。しかしながら、結局のところ、政治改革による問題解決は失敗し、自民党政権の復帰となった。その最初の担い手は橋本龍太郎総理となり、それが小渕恵三総理の「富国有徳」という理念と政策内容に結実する。これは、明治から太平洋戦争に至る「富国強兵」、戦後昭和の「富国平和」に次ぐ目標としての「富国有徳」を日本のアイデンティティの根幹に置き、しかも「有徳」の淵源を横井小楠の「国是三論」に求めるという新しい時代を画するにふさわしい国家的視野に立つものであった。

この時代、対外関係における日本のアイデンティティについても、日本は、西欧の価値の体現者たる米国との関係においても、また、古来から日本が位置したアジア諸国との関係においても、比較的に良好な関係を創ることができた。

まずアメリカとの外交関係は、荒波の中で始まった。アメリカにとって日本の経済力が冷戦後日本を最大の脅威国にする可能性があったことに加え、一九九〇―九一年の日本の湾岸戦争への「一国平和主義」が日本の独善として強い批判を浴びた。九五年の沖縄の小学生の強姦事件は、安保関係の根幹を揺すぶりかねない事態となった。しかし、沖縄に関する特別行動委員会（ＳＡＣＯ）の設置、普天間の返還合意、日米安保共同宣言の発出、さらに日米ガイドライン合意と続く九〇年代後半の一連の安保協力の深化拡大は、日米同盟関係への激震を十分に補うものがあった。周辺事態法の成立（一九九九年）に象徴される小渕時代において、日米同盟関係のそれなりの安定期に入ったのである。

戦後の日本とアジア諸国、特に中国と韓国との関係で、戦争の傷跡に対する和解がその頂点に達したのもこの九〇年代であった。

なぜ九〇年代に中国・韓国との和解が進んだかは一考を要する。日本側の政治状況を考えるなら、冷戦終了時の政局にアジアとの和解を重視する保守本流の政治家がいたこと、非自民党として対立与党となった革新系の政治家に戦争に起因することへの謝罪の政策が顕著だったこと、自民党が政権に返り咲いた時も基本的にはアジアとの和解を重視する保守本流の政治家が中心にいたことがあげられよう。国民感情のレベルでも、冷戦が終了し米ソの和解が成立しつつあった時に、日本もまた、アジアとの和解を実現したいという底流があったと思われる。一方中国についても鄧小平体制に移行してからの最大の危機であった天安門事件（一九八九年）に対する日本政府の穏やかな批判政策は十分に評価するに値したし、そのことが九二年の天皇訪中への強い呼び水となった。韓国の状況はより複雑ではあるが、盧泰愚大統領の時代、民主化宣言とオリンピックの開催、ソ連・中国との外交関係の設定によって大きく幅を広げた韓国の内外政策において、金泳三を経て特に金大中大統領の下で、和解路線は明白に進められたといえよう。

以上の結果が、少なくとも河野談話の発出（一九九三年）とアジア女性基金の活動開始（一九九五年）、および村山談話（一九九五年）という日本の戦争に対する最も真摯な気持ちの表明となったのである。また、小渕総理の時代に実現した金大中の訪日（一九九八年）は、韓国との関係では最も大事な和解の出来事であったし、江沢民の訪日（一九九八年）も江沢民の歴史問題に対する対日批判発言への日本側の反発はあったにせよ、多数の協力可能プロジェクトの合意といった成果につながったのである。

さらに橋本・小渕の時代は、アジアとの和解と協力を象徴する東アジア共同体に対する関心が盛り上がった時代でもあった。直接のきっかけはアジア金融危機を克服するために、九七年にＡＳＥＡＮ＋日中韓（3）という組織が生まれたことによるが、和解への最も象徴的な動きは、九九年の第三回ＡＳＥＡＮ＋3の会合の際に小渕総理の主導の下で行われた日中韓サミットだった。

二〇〇〇年代

一九九〇年代の最後を形作った小渕恵三内閣の諸政策は、二〇〇〇年代前半総理を務めた小泉純一郎の時代に大きく揺すぶられることとなった。

国内政治において小泉総理がなしとげたことを示すいくつかの標語を挙げるなら、「自民党をぶっ壊す」「郵政民営化」「新自由主義」「小泉劇場」など様々なものがある。その本質をいうのであれば、これまでの日本を構成してきた古い体質を壊し、冷戦後の国際状況を切り開いていく新しい日本にふさわしい力のある社会をつくろうとするものだった。そのうちのいくつかに確かに彼は成功した。自民党の派閥政治を壊し、地方における古い社会構造の中核にあった郵便局制度を壊し、労働市場を自由化し、一時期にはＩＴバブルと言われる活気のある経済状況を生み出した。

しかしながらこの「アメリカ型の競争社会」の導入政策は、「国民経済全体をどうするべきか」「日本の産業構造はどうあるべきか」といった国家戦略を持たないままに、いわば単年度限りの予算編成を中心とした経済運営の下で実施された。従来政府が一定程度有していた経済運営における「計画」機能は完全に排除された。

二〇〇〇年代後半に至り、社会にもたらされたのは、小泉改革によって期待された活気ある資本主義ではなく、大量の非正規労働者の登場、社会の底辺に形成され始めたワーキングプア層の登場であり、圧倒的な少子高齢化現象の進行の前での年金・医療・教育の社会保障制度の崩壊であり、持てる者がより大きな果実を入手し持たざる者が社会の底辺に叩き落とされる「格差社会」の登場だった。二〇〇八年にリーマンショックが発生すると、翌年のGDP成長率はマイナス五・五％に落ち込むなど、二年連続のマイナス成長となり、日本経済は「失われた二〇年」と呼ばれる経済停滞に陥った。

対外関係面で小泉時代を俯瞰すると、まず内政面の特徴が、米国型市場原理の端的な導入にあったことと軌を一にして、外交面でも圧倒的な米欧特にアメリカと親和的な対応がとられた。小泉時代の日米外交は「戦後最も良好な日米関係」ともいわれ、「ロンヤス」に象徴される中曽根レーガン時代に匹敵する、あるいは、それを上回る「小泉ブッシュ」時代をつくったと言われた。その出発点は、二〇〇一年の九・一一の後に、このテロを日本自身の問題として受け止め、米国の立場に立ち、インド洋におけるアフガン攻撃国への洋上給油というかつてない後方支援措置に入るという思いきった措置の採用にあった。その頂点は政権の最終年、沖縄基地問題をはじめとする安保上の諸懸案を、双方の事務当局の綿密な話し合いの結果としての「ロードマップ」作製によって解決しようとした〇六年の「2＋2」の合意であった。

他方中国との関係については、小泉総理自身、むしろこれを「競争者・対立者」としてとらえるのではなく、「協力者・相互補完者」としてとらえようとし、歴史認識問題については、村山総理と極めて近い視点をもって対峙しようとした。にもかかわらず、この時代、「靖国参拝」問題一点をもって、例えば二〇〇五年春の中国の反日暴動は「戦後最悪」という事態に立ち至ったのである。韓国との政治関係においても、二〇〇二年のサッカーワールドカップの共催、〇三年から〇四年の「冬のソナタ」に端を発する韓流現象という追い風にもかかわらず、〇五年には島根県による「竹島の日」設定をめぐる「外交戦争」に遭遇するに至った。

日本人のアイデンティティ認識という観点からは、小泉総理が年一回の靖国への参拝を欠かさなかったことは、大きな意義を持ったと思われる。「戦争で国のために命を捧げた人たちに感謝の気持ちを捧げることは当然のことであり、そのやり方について、外国から意見を言われる理由はない」という単純明快な主張は、日本人の中に少なからぬ共感を産み出し、敗戦によって失ってはならない民族のアイデンティティは何かを考えさせ始めた。その自己意識は、経済・社会・安全保障の面でアメリカの価値に傾斜することに対する国民心理の反発を相殺する側面があった。同時に、靖国参拝に対する猛烈な反発が中国から発生したこともあり、小泉時代の国民のムードを、反アジアないしは非アジアの方向に持っていく役割も果たしたのである。

さて、二〇〇六年夏に小泉総理が退陣してから、二〇一二年一二月に安倍総理が再任されるまでの六年間、日本の総理は、安倍・福田・麻生・鳩山・菅・野田と六名が交替した。安倍総理第一期政権は、第二期政権への前奏として重要である。安倍総理の政治理念は総理就任前に出版された『美しい国へ』の中に記されており、その根本は「戦後レジームからの脱却」にあった。それは七年間の米軍の占領という戦後レジームの下で日本が失ったものを取り戻し、自主・自立の日本をつくるということであり、祖父岸信介がまとめあげその後五五年体制として存続することとなった自由民主党結党の理念への回帰だった。

政権一年めで実施され始めたのは、第一は占領によって押しつけられた憲法を「自主憲法」として新たに創設することであり、憲法改正のための手続き法が制定された。第二に、九条の絶対平和主義の下で骨抜きになった防衛体制と防衛力の再構築であり、防衛庁の防衛省への格上げ、九条の解釈変更に関する有識者委員会の立ち上げが行われた。第三に、日本人としてのアイデンティティを喪失させた戦後教育に再び日本人としての「損得を超える価値」を生み出そうという教育改革であり、教育基本法の改正が行われた(9)。

対外関係の面でこの時代最も注目されたのは、安倍総理が対中国関係において実務的・現実的な政策をとったことである。「靖国への参拝は事前も事後も否定も肯定もしない」「戦略的互恵関係」「村山・河野談話の継続」という諸政策をとり、〇六年最初の訪問国として中国を訪問、〇七年温家宝首相の訪日につながり、むしろ日中関係は、目に見えて改善したのである。しかし、一二年野田政権の下での尖閣の国による購入とこれ以降の中国国境警備部隊の尖閣領海への侵入により、日中の安保関係は、戦後最悪の状況に入ったのである。

二〇一二年末より現代まで

二〇一二年一二月二六日、第二期安倍政権が成立した。第一期政権との最も大きな違いは、経済政策を前面に掲げ、「安倍内閣の経済政策によって二年間でデフレを脱却し、日本経済再生の道を切り開く」とアピールし、自らの政策を「三本の矢」に喩え、大胆な金融政策、機動的な財政政策、民間投資を喚起する成長戦略を打ち出したことにある。

アベノミクスの三本の矢の政策理念は、独自の新しい理論に裏付けられたものではなく、以下の通り、様々な政策を取り混ぜて経済成長を目指すところにその特色がある。

第一の矢…ニューケインジアン的な通貨・金融政策（インフレターゲット）

第二の矢…オールドケインジアン的な財政政策（公共事業、防衛予算拡大等）

第三の矢…新自由主義的成長戦略（グローバル企業の成長、規制緩和、構造改革）

株価は安倍政権が誕生する前から上昇していたが、第一の矢である「異次元の金融緩和」政策により円安は進み、株価上昇も加速化され、大手企業の決算も良くなった。また、第二の矢の財政出動により、公共工事が増加し、建設業の業績は改善し、景気は回復基調に向かっていると報じられている。加えて、安倍首相の海外訪問時には経済界を同行させ、原発やインフラなどの売り込みを図るなど、経済界からの支持は高い。

物価は円安やエネルギー価格の高騰などで上昇しており、消費税を八％に引き上げたことによる影響も確実に出始めている。建設業は、案件はあるものの、資材や労働者不足により建設コストが上昇している。他方、政府の強い要請により、賃金を上昇させた大企業も出て来ており、それなりの成果は出ているといえよう。

しかしながら、アベノミクスの前提はトリクルダウンが成立し、国民経済全体の生活レベルが上がることであるが、現時点でそのような状況は生まれていない。また、消費税引き上げ後の経済成長は弱まってきており、当初既定路線として考えられていた消費税の一〇％への引き上げについても先行きが見えない状況になるなど、アベノミクスの勢いは減退している。加えて、消費税引き上げの理由とされた社会保障関連の予算も縮小される方向にあり、このままでは所得格差が拡大し、日本経済が二極化しかねない。財務省は教育費を節約するために、小学校の学級規模を大きくして、教師を減らせと言い出すなど、日本の将来を背負う子供たちの教育環境を劣化させようとしている。

このように、アベノミクスが実施された後の日本がどのような国になるのかについては、不明な部分が多い。安倍首相のいう「経済の好循環」が、すでにリーマンショックで行き詰ったと評価されている新自由主義に基づいた「成長戦略」によって本当に実現できるのか、さらには、アベノミクスによって日本をどのような国にしたいのかについての理念が明らかに後退し始めていることが懸念される。

安倍総理は、第二期政権登場に際して『美しい国へ』の増補版として『新しい国へ』を発表した。その末尾に追加された雑誌記事において「瑞穂の国の資本主義」という詩的表現によって「市場主義の中で、伝統、文化、地域が重んじられる、瑞穂の国にふさわしい経済のあり方を考えていく」[10]日本社会の形成がうたわれた。その方向を目指す教育改革は引き続き重要な政策目標ではある。しかし、むしろここでいう国づくりはアベノミクスにいう「三本の矢」の組み合わせによって実施されるかどうかにかかっているように思われる。その観点からは、新自由主義的第三の矢による企業の成長戦略からも、公共事業拡大に依存するオールドケインジアン的第二の矢からも、日本の一番良いもの、自然とそれに調和して発展してきた伝統を大切にし、単なる経済的価値を超える文化的な価値を大事にしていこうという発想は、欠落し始めているように観察される。公共投資は結局のところ国土自然の崩壊を招くばらまき土建国家の再来を招き、災害によって震え上がる国民心理を利用した国土強靭化法もまた、自然の循環を国土の長期的強靭化の基礎とする思想を忘れ、鉄とコンクリート偏重の土建国家の発想に再依存しているのではないか。

安倍第二期政権における「戦後レジームからの脱却」の面での最も重要な政策の転換は、安保防衛問題にあることは、明らかだと思う。参議院選挙までの世論の反応によって、憲法改正に至るにはかなりの抵抗感があることが判明する中で、安倍政権の安保・防衛政策の中心の一つは、憲法九条の解釈変更となった。二〇一四年七月一日閣議決定により「国の存立を全うし、国民を守るための切れ目のない安全保障法制の整備について」が決定された。その中核として、この決定をもって、集団的自衛権行使への途が拓かれたが、その範囲は「日本と密接な関係のある他国が攻撃され、その結果、日本の存立を脅かすような明白な危険が日本自身に対して起きた場合においてのみ行使しうる」という風に狭められたのである。さらに、後方支援とPKO活動における活動範囲が拡大され、武器使用条件が緩和され、また、武力攻撃に至らない侵略に対して海保と海自の切れ目のない対応が決定された。

これらの準備を経て、安倍総理の訪米日程とタイミングを合わせた形で、二〇一五年四月二七日、日米両政府は「新たな日米防衛協力のための指針（新ガイドライン）」を合意した。五月一四日、後方支援のための新しい恒久法「国際平和支援法案」と既存の一〇法案を一括して改正する「平和安全法制整備法案」の二本が閣議決定され、目下国会にて審議中である。

最も肝心なことはこの解釈変更によって、憲法九条と六〇年安保五条の相乗効果として、「日本が侵略されたらアメリカは日本の防衛が義務付けられ、アメリカが侵略されたら日本は憲法上アメリカを防衛することが禁止されている」という自己中心国家のあり方が一歩是正され、より平等な基盤の上に、対米自立に向かってものが言える第一歩が踏み出されたことである。しかしながら、日本の世論の一部からは、条約の運用によっては日本政府の意思がアメリカ政府の意思によって押し曲げられるとする激しい批判が出ており、憲法学者による「解釈変更は憲法違反である」という批判とあいまって、安保問題により、政権の人気は低下を続けている。

さて、二〇一三年秋から顕在化し始めた「戦後レジームからの脱却」の第三の側面は、敗戦によって失われた日本の名誉の回復という側面であろう。安倍第二期政権でまず最も注目されたのは、二〇一三年一二月二六日の靖国神社参拝であった。靖国参拝は、小泉時代の日中政治関係を戦後最低というところまで悪化させたほどに中国の反発を招いたものだった。今回は日中衝突の現実的な可能性が生まれている中で中国を不要に刺激する参拝としてむしろアメリカを激怒させる結果となった。しかし、二〇一五年一一月最初の安倍・習近平会談の前に「両国関係に影響する政治的困難」として一定の認識を共有することによって、首脳会談開催の妨げではないところに戻したのである。

慰安婦問題については、二〇一四年六月二〇日の河野談話作成経緯についての専門家のレポートが発表され、当初の印象は、談話発表にあたって日本政府が狭義の強制性を認めたわけではないことが明らかになりむしろ談話の信憑性を高めることとなった。八月の『朝日新聞』の過去の検証発表が若干の政治的混乱を引き起こしたが、二〇一五年訪米の際のオバマ大統領との会談の後の記者会見では「女性たちの筆舌に尽くしがたい苦しみを分かち合い、河野談話を継承し見直す考えはない」ことを明言する事態となった。

戦後七〇周年に関する安倍談話は、八月一四日閣議決定によって採択され、「我が国は、先の大戦における行いについて、繰り返し痛切な反省と心からなるお詫びの気持ちを表明してきました。……こうした歴代内閣の立場は、今後も、揺るぎないものであります」という表現をもって、明確な継続性に立ったのである。

三　これからの日露のアイデンティティ探求

冷戦後の日露関係

冷戦後の日露関係は、接近と乖離の間を振り子のように揺れ動いてきた。その中で、それぞれの国のアイデンティティという観点から、何度か節目と思えるような経緯を経てきている。

エリツィン時代、まず「ユーフォリアの時代」では、冷戦終了時日本の経済力が米国に次いで高いというイメージが世界を席巻していた時代であり、アジアにおける西欧の代表国日本へのエリツィン政権の関心は高かった。エリツィン政権はその関心を領土交渉にも反映させようとした。その頂点が一九九二年三月のコズイレフ外務大臣の日本訪問であり、そこで提示された歯舞・色丹の引き渡し（五六年共同宣言に明示されていた）を軸とする非公式秘密提案であった。しかし、日本側がこの案に乗らなかったことにより、日露の関係は一旦停止することになる。

次の契機は一九九七年、NATOへのポーランド・ハンガリー・チェコ参加を決めた首脳会議であり、この問題をめぐって、地政学としての東に対するエリツィンの関心は高まった。ここに、橋本総理の経済同友会演説（九七年七月）が登場し、おそらくは戦後初めて、太平洋国家としての日露の共通の立ち位置から日露の提携・協調を考えていこうとする「ユーラシア外交」の視点が顕現した。クラスノヤルスク非公式首脳会談（同年一一月）では橋本総理より、経済関係を抜本的に強める「橋本・エリツィン共同プラン」が提示された。エリツィン大統領からは、「島の問題を外さないで二〇〇〇年までに平和条約を締結しよう」という提案が行われ、両国の戦略的なアプローチは見事に収斂してきたのである。この年の橋本総理の積極的なイニシアティブによって、九八年ロシアのAPEC加盟も実現したのである。

橋本・エリツィンの地政学的接近のアイディアは、両首脳間で領土問題の解決としては実を結ばなかったが、代を超えて、二〇〇〇年から二〇〇一年森・プーチン間の交渉の推進に顕在化された。柔道を通じて日本に親近感を持っていることとは別として、日露の経済関係を強化することによってロシアとして得べかりし利益を得、領土問題を解決して平和条約を締結することによってロシアの国境を安定化させることが、登場以来のプーチンの根本的な政策となった。それは、国際政治の変化に対する地政学的な力の感覚から生まれているように思える。けれども、森総理の退陣と小泉時代の訪れによって日本側の対ロシア政策に混乱が生じ、結局、最初の一年を除いて、プーチンの第一期政権一二年の間に、日露のアイデンティティという地点まで遡って考えた部分は全く伝わって来なかったのである。

二〇一三年以降のプーチンと日本との関係はどう考えたらよいか。結局のところ、状況は比較的単純なように見える。プーチン・安倍の最初の一年は、プーチン側にも、経済と領土を動かし、日本から得られるものを引き出すという明白な考えが顕現された。安倍総理の方も、日露関係の推進は、父親安倍晋太郎の未達成の課題を実現するということ以上に、その外交力を高めるに役立つことは明白であった。両者ともにその背景には台頭する中国へのそれぞれの戦略があった。けれども、二〇一四年二月以降のウクライナ問題の爆発と、G7の一員と日露二国間関係の双方を立てようとする安倍総理の蝙蝠外交の限界によって、結果として、二〇一五年の末まで、日露関係進展の扉は事実上閉ざされることとなった。

アイデンティティを踏まえたこれからの日露関係展開の可能性

ここでひるがえって、現代の世界の根本問題を台頭する中国とこれに対峙する米欧文明という観点から再考した場合、ここに極めて重要な現象が起きていることに私たちは気づかざるをえない。米欧文明と中国文明との間にあって、いわば西洋とアジアとの間の存在とアイデンティティを模索してきた国が二つある。それがロシアと日本なのである。

ピョートル大帝以来の「西欧派」とこれに対置される「スラヴ派」ないし「ロシア主義」派の二元論的対峙をロシ

アがどうつくってきたか。ソ連邦の形成とその崩壊という壮大なドラマの中で、ゴルバチョフ（西欧）、エリツィン（双方）、プーチン（ロシア）という指導者の大きな考えの変遷がうかがえる。クリミアの併合とウクライナへの影響力の保持を決意したプーチンが、今どのようなロシアをつくりつつあるか。

プーチンが今取り始めた政策は、地政学的現実主義の観点からも、ロシアの歴史に根差してその国益をつくりあげようとする観点からも、ロシア主義への回帰という色彩を明瞭に出しているように見える。西側文明の代表者オバマがいう「法の支配と冷戦終了後の国際秩序の安定的維持」という観点からのクリミアとウクライナへの対応は認めないという議論は揺るぎない。その結果、当面の国際政治上の提携先が中国となることを意に介しているようにも見えない。このことが、ロシアの国内・対外政策の推進において、どこまでロシア主義といった方向を打ち出させていくのか、今後の課題というべきであろう。

他方において、明治維新によって「西欧化」の波に乗った日本が、それ以前のアジアを背景とする「日本固有」のものをいかに対峙させ調和させてきたか。太平洋戦争を戦いこれに敗北したという壮大な経験の中から、戦後昭和において再びアメリカ化の流れに乗った後、新しい日本化への希求を進める安倍政権が今どういう日本をつくりつつあるか。安倍政権による「戦後レジームからの脱却」という立場は、国づくり・安保・歴史認識全体を通じて、そういう日本の独自性を主張しているように見える。

しかしながら、安倍政権の対外政策は、米国の政策への支持を基本としていることは否定しがたい。内外政策の根幹を西欧の価値、「法の支配と冷戦終了後の国際秩序の安定的維持」の価値に置いているように見える。ロシアに対しても、西側の価値という観点からの批判を隠さない。筆者には、クリミア・ウクライナ問題に機械的に西側の価値を押しつけることは誤りであり、ウクライナはロシアにとって親和的で経済的に安定した国家形成をするよう勧奨すべきであり、この長期ビジョンなくしてプーチンに制裁を課し続けることはロシアを中国に押しやることになり、これはG７の利益にならないと考えるが、これは日本では少数意見である。同じ自主路線を言うにしても、西側の価値とはっきり線を引いているプーチンと、あくまでその内部にいることを根本としている安倍との間にある差異をこれからどう考えていくのか。

経済社会の建設という視点から見ても、日露の価値的・文明論的位置についての問題は、考えなくてはいけない重要性をもっている。ここまで述べてきたように、ロシアと日本は一九九〇年以降、程度の差はあるがともに経済的な苦境を経験した。ロシアは体制移行の際のショック療法の失敗により九〇年代を通じて社会が混乱した。他方、日本は冷戦終結による国際環境の変化にうまく適応できず、「失われた二〇年」と呼ばれる低成長にあえぐこととなった。

プーチン大統領と安倍首相の共通点は、ともに経済が低迷し、国民の政治に対する不満がピークに達する中で指導者に就任し、わかりやすいキャッチフレーズを掲げて国民に期待感を与え、高い支持率を背景に政策を実行している点にある。しかし、両者の採用する経済政策は、冷戦終結後に中心的な価値観となった「グローバリゼーション」や「新自由主義」にどのように対応しているか、という点で全く異なると言えるだろう。

プーチン大統領は、ワシントンコンセンサスを基礎としたＩＭＦ・世銀路線と決別し、社会の安定を第一とする独自の「新国家資本主義」路線を推進しようとしている。現在、ロシアを取り巻く国際環境はウクライナ問題により激変し、プーチン大統領が今後の国づくりのために想定していた五―七％のＧＤＰ成長率を達成することは困難になった。そのためロシアは、財政・金融、軍事支出、地域開発等の政策の見直しを強いられているが、それでもリーマンショックで破綻した「新自由主義」路線は採用していない。他方、安倍首相は、第三の矢である成長戦略をこれから具現化することになるが、その基本は「トリクルダウン」思考を前提とした「新自由主義」である。

ロシアと日本は経済的な発展段階が異なり、国の抱える課題も異なるため、一概にそれぞれの国の採用する経済政策を比較検証することはできない。しかし、日本が高成長をしていた時代に「GNPくたばれ」などと言われたように、GDPが伸びたから、国民生活の質が底上げされるわけではない。経済政策の最大の目標は「国民生活全体の質の向上」である。今後も両国には「国民生活の質の向上」を目指した経済政策を期待するとともに、「新自由主義」への対応が分かれたプーチノミクスとアベノミクスが今後どのような展開をみせるのか、注目したい。

二〇一五年、日露関係は実に重要な歴史的岐路に立ったのである。両国はそれぞれ、プーチン、安倍という国内的に強い総理によっていま現在指導されている。それぞれが、ロシア的、ないし日本的な政治のあり方を模索している。この模索は、両国が現下の世界の最も支配的な現状維持勢力である米国と、最も大きな現状挑戦勢力である中国との間で自らの位置を模索していることの共通性の中で行われている。その文脈において日露には共通点も相違点もある。日露関係において歴史上初めて、両国のアイデンティティの問題が、両国国家関係において、決定的に重要な意義を持つ時代が到来したのではないか。

二〇一六年、五月のソチ、九月のウラジオストックでの首脳会談において、安倍・プーチンの主導する日ロ関係が急速に動き出した。ソチで提案された安倍八項目を手掛かりとする経済協力と、「引き分け」を内容とする領土問題の解決に向けての交渉がいよいよ動き始めたようである。筆者には、この目に見える動きの背景にあってその最も大きなエネルギー源になっているものこそ、自立外交を追求する両国の歴史必然的な流れの一致にあるように感ぜられるのである。歴史を注視する時が来ているように思う。

注

（1）　袴田茂樹「ロシアにおける国家アイデンティティの危機と『主権民主主義』論争」『ロシア・東欧研究』第三六号、二〇〇七年、一三―一四頁。

（2）スルコフは、その後一時ロシア首相府にて勤務する（佐藤親賢『プーチンの思考――「強いロシア」への選択』岩波書店、二〇一二年、一〇四―一〇五頁）が、二〇一三年九月大統領補佐官の地位に戻り［http://en.kremlin.ru/catalog/persons/2/biography］（二〇一六年六月二四日アクセス）、その後のウクライナ問題の指揮をとっているという見方が強い。

（3）プーチンとロシア正教との関わりについては、中村逸郎『ろくでなしのロシア――プーチンとロシア正教』（講談社、二〇一三年、三一―三二、二一六、二一九頁）に詳しい。

（4）プーチンのユーラシア主義については「文化運動と言うよりは地政学的戦略論である」とする石郷岡建『ヴラジミール・プーチン――現実主義者の対中・対日政策』（東洋書店、二〇一三年、一二三頁）、および「ユーラシア経済同盟」の観点から分析した北野幸伯「プーチン最後の聖戦」（集英社インターナショナル、二〇一二年、三一二、三一六、三一九頁）の論考がある。

（5）詳細は、東郷和彦「世界史の潮流下における、日ロのアイデンティティの形成」（『京都産業大学研究所紀要』第二九巻、二〇一四年）参照。

（6）セルゲイ・チュグロフ氏談（二〇一三年一〇月二八日）。

（7）英語のウィキペディアは、この三つを、orthodoxy, autocracy, nationality と訳しているように見えるが、意味はかなり違う。

（8）中露提携の現状については、Alexander Lukin, "Russia, China and the Emerging Greater Eurasia," The Asian Forum, Open Forum, August 18, 2015 参照。

（9）教育や皇室に関する安倍総理の考え方については、安倍晋三語録『軌跡』（海竜社、二〇一三年、二五―二八、六九―七一、七九―九〇頁）に述べられている。

（10）安倍晋三『新しい国へ』文春新書、二〇一三年、二四六頁。

参考文献

友寄英隆『アベノミクスと日本資本主義――差し迫る「日本経済の崖」』新日本出版社、二〇一四年。

中野剛志『世界を戦争に導くグローバリズム』集英社、二〇一四年。

――――『反・自由貿易論』新潮社、二〇一三年。
伏田寛範「プーチン新政権の経済政策」(www2.jiia.or.jp/pdf/resarch/H24_Russia/4_fushita.pdf/)
本田悦朗『アベノミクスの真実』幻冬舎、二〇一三年。

2――転換か回帰か

S・V・チュグロフ
（山脇大・東郷和彦訳）

はじめに

本章は、アイデンティティに直接関係している、日本人とロシア人の社会文化的現実の交差点を分析した研究である。この分析は、日本人とロシア人の自身に対する、また外部世界に対する様々な視点である、精神的形態の多面的比較を可能とした世論調査に基づいている。筆者は、ロシア人と日本人のアイデンティティの生成において、保守的な価値観を強化したいという、新たな傾向を指摘している。キエフでの事件、クリミアの併合、ウクライナ南東部における内戦は、ロシア人の中に存在する歴史的記憶の原型的な層を目覚めさせ、ロシア人のアイデンティティの輪郭をより正確に定義した。二〇一五年にかけて、日本人の自己認識において新たな特徴が強化されてきた。日本社会の独自性への自信がつき、日本人はマスメディアに信頼を置かなくなる一方で、天皇をより一層尊敬するようになり、歴史的記憶への信頼もまたゆらいでいるのである。

ロシアと日本の文明において最も重要な類似性は、社会・政治的文化という観点から、両者を伝統主義の強い諸要素を有しつつもグローバル化した社会であると、呼ぶことができる点にある。よく知られているように、伝統主義と保守主義は、孤立主義を促進し、国際化とグローバル化のプロセスを阻害する要素である。

日本とロシアは、西側の価値体系と価値基準の拡張の新段階にいかに適応するかという問題に直面している。西側の価値観の猛襲に直面しながらも、日本とロシアはすでに、自衛と適応の軌跡を示しており、その結果として彼らのアイデンティティは、伝統主義、モダニズム、ポスト・モダニズムの混合を基礎としている。

ロシアにおける現代型のシヴィック・アイデンティティは、一九九一年から形成され始めた。しかしながらそれは、いまだに強固なルーツを有していない。なぜなら、それは、アイデンティティにとって致命的だった一九一七年の出来事によって革命前のロシアの伝統から切り離された後、歴史における大転換によって、「革命意識」が植えつけられ、シヴィック・アイデンティティの形態であった「新たな国家のコミュニティ―ソヴィエト国民」が生み出されたソヴィエトの歴史からも切り離されたからである。

ソヴィエト連邦崩壊の際に、新たなショックや急激な解体を経験したが、いまだに克服できていない。ロシア人のエスニック・アイデンティティは、人口の多民族構成によって、希薄化されている。

日本において、多くの住民は、自らのアイデンティティをあまり意識していない。著名な政治学者である猪口孝は、二〇一五年に出版された著書『政治理論』において、次のように記述している。

アジア九カ国とヨーロッパ九カ国の計一八カ国のうち、日本の回答者が自国にアイデンティティを感じている割合が最も低いということが分かったのは、少し驚きである。日本人は本質的に自分の国家ないしは国民にアイデンティティを感じることをためらっているのであろう。(1)

まさにこの理由によって、社会調査において、日本人は非常に頻繁に、「わからない」と答えることを好むのである。

本章では、社会学的観点から主に世論調査に基づいて、一九九一年から二〇一五年という期間における、ロシア人と日本人のアイデンティティの共通点と相違点を分析することを目的としている。

一　歴史――一〇〇〇年の転換点に

第一期

本章で分析対象とする期間の最初の年となる一九九一年において、両国は約一〇年間続くこととなる、危機の局面に突入した。停滞の時代である一九九〇年代に、ロシアと日本において、近代化の過程と持続可能な発展の道のりへの脱出口が再検討された。日本において、これは主として、グローバル化という現実への適応によって引き起こされた、経済危機であった。一方でロシアにおいて、危機は遥かに根深く、かつ長期的なものであった。それは、制度構造の諸改革、国民の意識の中で最も悪名高い共産主義的価値観の克服、そして後に拒否されることになる自由民主主義的価値観への移行と結びついている。ロシアにおける自己意識の修正過程は、激しい痛みを伴うものであり、また危機のピークは、一九九三年一〇月の新生ロシアの最高会議が入っていたベールイ・ドーム（ロシア最高会議ビル）の砲撃であった。

二〇〇〇年初頭から、両国は徐々に危機から抜け出してきたが、ロシアにおけるこれらの変化はジグザグ状であった。日本とロシアにおける転換の困難さは、伝統の強さや根深さと関係しており、またその刷新プロセスの成功は、適応能力と関係していた。この時期に、日本の古い基盤が揺らいだ。これまで社会秩序安定のための支柱であった終身雇用制度が事実上崩壊し、その普遍的特徴を失ってしまったことが最終的に明らかとなった。

第二期

第二期は二〇〇〇年から二〇〇八年にかけてであり、V・V・プーチン大統領の最初の二期である。デフォルトでひどくボロボロとなり、十分に統治されず、権力が交替性のない氏族的特徴を持つ（連邦構成）共和国の内紛に巻き込まれていたロシアを継承し、プーチンはチェチェンにおける軍事行動を実行し、七つの連邦管区を創設し、ロシア公共会議所を整備し、ロシア連邦の崩壊を防いだ。ロシア社会において、軍産複合体と法執行機関による最高権力への影響が強まった。歴史家であるV・V・ソグリンの推計によると、エリツィン政権時代では、権力構造において軍人は六・七％を占めていたが、プーチン時代には二六・六％に上昇し、上級管理職では五八・三％を占めていた(2)。

日本において、この時期は経済停滞からの脱出期であった。日本は一九六〇年代や一九七〇年代のような、世界における影響力強化をめざした、集中的な経済発展を目的とはしていない。日本は「住みやすい国」となることを望んでいる。大部分の日本人にとっての優先事項は、単なる繁栄ではなく、価値のある生活、あるいはリスクが最小化された心理的に快適な空間である。これは、安定性が自主規制によって保証されており、人々が互いに敬意を払っており、環境が保全されており、節度（貪欲さや不要な贅沢への咎めという意味で）が崇められ、国民全員の安全が保障され、そして道徳・倫理基準が遵守される社会を形成するという欲求である。

第三期

第三期は二〇〇八年から二〇一二年である。ロシアにおいては、D・A・メドヴェージェフが大統領の地位を担った。政権は、人口問題とともに、農業や衛生、そして教育を発展させる必要性に直面した。ロシアは、ロシア人が圧倒的大多数を占める、国家のアイデンティティを明確にした。

日本人にとって非常にショックであったのが、二〇一〇年一一月におけるメドヴェージェフの国後島訪問であった。

日本側の外交措置は、これに先立っていた。最初に、二〇一〇年六月一一日衆議院において、日本への四島の帰属を確定させる「北方領土問題等の解決の促進のための特別措置に関する法律」の改正法案が全会一致で可決された。その後、同年七月三日には、改正法案は参議院で可決された。

以前は、モスクワはこのようなお決まりの外交的抗議を意味する措置に対して、かなり無気力に反応した。今回は、意識してかしらずか、偉大な強国という地位の復活を意図するかのように、ロシア当局は適切な政策をとろうと考えた。国家ドゥーマ（下院）は、四島の主権に関する法律を採択すべきか議論したが、このような法律の採択は、まるでロシアが自国への南クリルの帰属に疑問を持っているかのようでもあった。ほかにありうる方法として、例えば、すでに長期にわたって習慣化している、中・南クリルのロシア人住民と日本人の間のビザなし交流の廃止について議論された。このような緊迫した状況において、おそらくロシアの主権を強調しようとして、メドヴェージェフ大統領は二〇一〇年一一月一日に国後島を訪れたが、それは日本政府にとっては最も強烈な刺激となった。

同じ時期にロシアにおいて重要な課題となったのが、近代化とイノベーションのスローガンの下での、現代性への突破口であり、まずそれはテクノパーク（近代化の最初の現代版オアシス——スコルコヴォ）の設立によって始まることとされた。ロシアの指導者たちによれば、この突破口は、世界および国民の自己認識において、経済大国というイメージを与えるはずだった。進展はしているが、その正真正銘の突破口はいまだに開かれていない。

日本は、このような普通でないジグザグ状の発展を回避した。停滞の一〇年の後、また近年のゆっくりとしてはいるが安定したＧＤＰの成長に向けての脱出の後も、深刻な政治的変化にはならなかった。

日本の政治・政党システムにおける重要な政治的変化は、二〇〇九年八月三〇日、多くの有権者が野党の民主党に投票し、民主党が衆議院選挙において勝利を収め、全四八〇議席のうち、三〇八議席を獲得した時に起きた。日本の政党でそれ以前に、それほどの大差で選挙に勝利した例は、一度たりともなかった。これは、半世紀にわたる自由民主党（自民党）の統治に事実上、引導を渡したことを意味した。しかしながら、民主党が政権を握っていたのは短期間であり、自民党率いる連立政権に権力を明け渡すこととなった。このような政権交代は、伝統的な日本モデルがより強いということと、伝統が、変わることのない日本のアイデンティティの一つであることを示している。しかしながら、野党の勝利およびその政権からの失脚は、「一と二分の一」党体制、「一九五五年体制」が最終的に過去のものとなり、日本が「通常の民主主義」の地位、つまりは権力における主要な政治勢力が原則的には交替しうる国家へと、その歩みを急速に進めたことを意味していた。日本人の選挙行動様式におけるこのような変化は、日本人に新しいアイデンティティの特徴をもたらした。福島第一原子力発電所における巨大な災害は、国民の誇りの重要な事象の一つ――きれいな自然への配慮――を守ることに関する、国家の能力に問題を投げかけた。

第四期

第四期は、ロシアにおいて、二〇一二年のプーチンの大統領の地位への回帰によって始まった。この時期には、垂直的権力が強化され、マスメディアの集中的な監視が確立された。とりわけ、ウクライナをめぐる危機とロシアに対する西側の制裁の導入を背景として、保守的な傾向の強化がより鮮明となった。

この時期において、日本はＧＤＰの規模で中国に追い抜かれ、日本人の中にあった、ナンバーワンの経済大国になろうという野心が最終的に消え失せはしたが、それはより高貴な目的――地球規模の課題解決、とりわけ世界における環境破壊、低開発、そして貧困との戦いにおいて貢献したいという欲求――への道を切り開いた。新たなアイデンティティの探求は、日本人がより一層、「社会国家」となっていることを意味している。この点で、日本にとってアイデンティティの危機からの脱出が確認される。他方では、まず第一に、三〇年や四〇年前よりも、社会は全般的に無関心に包まれている。第二に、日本国民が以前は将来に焦点をあてており、そのために多くを犠牲にすることを覚悟していたとするなら、日本国民は現在、目前の課題にほぼ完全に囚われており、将来よりも現在について、遥かに頻繁に考えている。

しかしながら日本は、どこからみても、「アジアのスイス」になることを運命づけられてはいない。地政学的な嵐に巻き込まれない、国家における快適な生活という夢想は、外部秩序の諸要因によっておそらくは実現されないであろう。日本がアメリカとの軍事的・政治的同盟国である限り、公平な立場をとることはほぼ不可能であり、また周囲の国々はその尊大な目論見に圧倒されるだけであろう。近くには、人々の拉致や核計画の段階的拡大で非難されている北朝鮮がある。尖閣諸島（釣魚台群島）の帰属に関する中国との係争や、竹島（独島）をめぐる韓国との係争が燃え上がっている。急速に成長する中国経済の影が、日本経済の上に覆いかぶさっている。韓国、台湾、シンガポール、マレーシア、ヴェトナム、その他の新たな新興工業経済は、日本を後ろに追いやると脅かしながら、飛躍的に成長している。

ここで言及された一九九一年から二〇一五年にかけた四つのすべての期間は、ロシア人と日本人のアイデンティティの転換に対して、消えない刻印を残した。

二　伝統主義の衰退の代替としての起源への回帰

ロシアと日本において、新保守主義がその強さを増してきているのは無理もない。どのシステムも自らの価値観を守るのである。西側の価値観と衝突するたびに、伝統的なシステムの強度が試された。両国の社会構造の柔軟性およびその適応力が、西側と極めて類似しているかあるいはそれを直接模倣した制度的構造を生み出したが、またそれをある程度修正した内容で補填することを可能とした点は、注目に値する。議会システムの複数の機能が、著しく類似していた。

ロシアと日本における調査によると、高年層、そしてそれほどではないにせよ、中年層の日本人のみが、労働の価値や社会的相互関係における階層性に重きを置き、伝統的な規範に従っている。若年層は、伝統主義と衝突しながら、非経済的なインセンティブを一層頻繁に否定している。社会における孤立化、地方分権化、そして西側風の個人主義の兆候が一層大きな位置を占めている。世論調査によると、急激な変化の瞬間には常に、社会においていくらかの無関心が現れ始め、政治的生活への興味が失われる。

「二〇世紀は、個人主義の時代だと言うことが出来よう」——と、社会思想史家の鷲田小彌太は主張している(3)。しかしながら、社会的責任や利他主義さえも唱える日本人の個人主義が、急進的な形態をとるということはありそうではない。

ロシア人学者のなかには、ロシア人の独自性として、大胆、リスク、興奮のような点を特徴とする、広大な文化のモデルを暗示している者もいる。日本人の性格は、慎重さや形式主義、そして自らの準拠集団における決定への同意によって、より一層特徴づけられる。

歴史的に形成されたアイデンティティのパターンは時折、多面的で混合的な形態をとる。伝統的な倫理規範とポストモダンの実用主義的原則の共生から、ユニークで生産的な概念が形成された。他方において、国際化は非常に曖昧な帰結を伴うことも明らかになった。ロシアにおいては、祖国のアイデンティティの探求が継続され、教育を受けたエリートの一部は、好意的に「起源への回帰」を行った。つまりは、ボリシェヴィキ・ロシア以前における、道徳的・倫理的様式の復活である。

日本は一方で、深い尊敬の念をもって、自らの伝統的価値観に接している。他方で、「日本資本主義の精神」への批判的なアプローチがより一層重きを増している。両国において、倫理的原則が弛緩してきており、歴史的遺産を参照することで、それらを復活させるという意識が高まっている。多くの理由により、先祖のルーツへのこのような働きかけは、完全には実現不可能である。伝統と革新を組み合わせた、折衷案を探し求めることが必要である。

三　国益の優位

日本人とロシア人のアイデンティティは、国家と個人の関係が特異性を持っている結果、かなり多くの共通点を有している。両国において、国益は私益よりも上位に位置づけられ、権力への敬意は、変わることのない人生の意義を保障する価値あるものとして解釈されている。

しかし、今日の日本において、私益に対する国益の優位性が存在していると述べることは正しくないであろう。これはむしろ協約であり、個人に対する温情主義的配慮を得る代わりに、国家へ献身するものである。

ロシアにおいては、社会歴史家らによってよく記述されているように、私益に勝る国益の優位性は、温情主義に基づくと同時に、巨大な規模の多民族国家の統治を保障する必要性に基づく、最も顕著で不変的な特性の一つである。西側の自由主義における主要な価値観（自由）は、ロシアにおいて主要な価値観ではない。調査が示しているように、ロシア人は「公平さ」を好んでいる。二〇一五年八月一三日の全ロシア世論調査センター（ＶＣＩＯＭ）のアンケートによると、大部分の回答者（六八％）が、生活、芸術、マスメディアを信奉する人たちの感情に敬意をはらうことが、言論の自由の権利よりも重要であると確信している。(4) 三分の二以上のロシア人（七一％）が、ロシアにとって、たとえ民主主義の原則を侵す必要に迫られたとしても、秩序の達成が重要であるとみなしている。(5)

とりわけ全階層の相互関係の調和を意味している総体主義の伝統が、ロシア社会の結束に大きく貢献した。社会は伝統的に、それを構成する各々の節が特定の機能を有しているような人間有機体として識別されてきた。そして現在、調査によって、ロシア人の意識を明らかに支配している思想として、国家が本質的な役割をしめているという考えを抽出することができる。

日本人の、単一の国家有機体の粒子としての個人の認識は、ロシア人の総体主義に喩えられよう。単体あるいは生体についての比喩的な表現は、ハーバート・スペンサーの「有機的アナロジー」の概念と調和しており、それは理想の国家に関する儒教思想に遡る。このような国家は人体に喩えられ、その存在は、すべての部分の相互作用なくしては想像できない。心臓とその他すべての臓器の相互依存という概念が重要となる。

日本とロシアにおいて、社会との関係における権力の温情主義的姿勢は、人々を管理する全権力を指導者の手中に収めさせるための強力な手段であった。権力と権力が抱く世界像を共有することにより、個人は生存への希望のみならず、より本質的なこととして、幸福の可能性を手に入れた。

共同体の価値観への忠誠が、両国民の心理構造において、これまで保持されてきた。しかしながら、集団の優位性が、個性のスペクトラムに影響を全く与えていないことを覚えておく必要がある。ホモ・コミュニクスは、孤独な場合ではなく、ある集団に内包され、他者とコミュニケーションをとることができる場合に、自らを幸せであると感じることができる。日本において、これは分（chast'）という概念で具体化されている。ロシア語においては、語源に従えば、「幸せ（schast'e）」という単語は、全体の一部である"so-chast'"から派生している(6)。

ロシア科学アカデミー通信会員のM・K・ゴルシュコフの指導の下で行われた社会学的調査によって示されているように、ポストソヴィエト期において、「大部分のロシア人が均一所得の社会よりも機会均等の社会を好んでおり、国民の約半数が機会均等を、支持されなかった個人の自由よりも高位に位置づけており、約三分の一が国家発展の目標として、機会均等社会モデルを提唱していた(7)」。

国民の愛国的価値観の周りに社会統合を強化しようとする現代のプロセスには、違う側面もある。ロシア科学アカデミー社会学研究所の研究者の見解によれば、「ロシア社会は、歴史的にみても非常に急速に、現代消費社会の方向へと向かっている。その社会においては、国民の権力への依存が徐々に低下してきており、そして私益が公益よりも勝り始めた」。依然として国家の支えを必要とする人の割合は、二〇一一年の六六%から二〇一四年には五六%にまで低下した一方、自らの力に拠る人の割合は、三四%から四四%まで、一〇%も上昇した。これに関して、「自足できるロシア人」の割合が、二〇一四年秋から二〇一五年三月にかけて――プーチンの評価が危機の絶頂にあった時期に――変化していない（四四%のまま）という点が、最も印象的である[8]。

四　価値観の階層

具体的なデータを用いて我々の主張を補強するために、二〇〇八年のロシアと日本の世論調査の結果を比較してみよう。

表1　ロシア：あなたの人生を満たし，有意義にするものは何か？　（単位：%）

家族，親族	59
子供，孫	41
仕事，ビジネス	38
友人，交流	29
達成，豊かな物質的状況	17
家事	16
趣味，娯楽	15
教育，科学・研究活動	7
スポーツ	6
宗教，精神的充足	5
政治・社会活動	0
その他	1
ない	1
わからない	3
答えるのが難しい	1

出所：『世論調査，経済社会的変化（*Monitoring obshchestvennogo mneniya, Ekonomicheskie i sotsialinye peremeny*）』 第2巻86号，2008年4月－6月，49頁．

ロシア人にとって社会活動が、価値観のランキングで最下位となっており（〇%）、今日のロシア社会の政治への完全な無関心や社会活動への関心の欠落を物語っている点に、注目する必要がある（表1）。ロシア人は、社会運動は専門家の領分であると確信している。日本人においては、公益への活動がランキングで最上位を占めている（表2）。

まず第一に、日本人にとって、社会福祉に関する活動が、優先順位の中で最高位を占めていることが、注目される。

表2　日本：社会への貢献内容（単位：％）

社会福祉に関する活動（老人や障害者などに対する介護，身の回りの世話，給食，保育など）	37.6
町内会などの地域活動（お祝い事や不幸などの手伝い，町内会や自治会などの役員，防犯や防火活動など）	34.1
自然・環境保護に関する活動（環境美化，リサイクル活動，牛乳パックの回収など）	32.4
自主防災活動や災害援助活動	26.9
自分の職業を通して	26.7
家事や子供の養育を通して	22.0
体育・スポーツ・文化に関する活動	21.7
交通安全に関する活動	18.3

出所：内閣府大臣官房政府広報「社会意識に関する世論調査，2014 年 1 月」[http://survey.gov-online.go.jp/h25/h25-shakai/2-1.html]（2016 年 2 月 7 日アクセス）.

日本人にとって社会活動（祭りの組織、貧困者への援助、高齢者や戦傷者への幇助、健康的なライフスタイルや健康な食事の支援など）が目立つ順位にある一方、仕事や職歴が後塵を拝している点（二六・七％）もまた興味深い。

第二に、日本人にとって自然・環境保護に関する活動が高い優先順位にある。これは国民の感情における根本的な変化であり、この点に関しては、日本による世界における自らの新たな役割の探求という観点を分析する際に立ち戻ろう。

日本人が、現代において何を良しとしているのかに関する世論調査を見ると、最も顕著な価値は、平和な環境（五九・九％）と安定性（二三・五％）である。二〇〇八年から二〇一四年にかけて、社会における連帯感を評価する割合は、四・四％から七・六％まで上昇し、社会的責任を高く評価する割合もまた、九・一％から一〇・〇％に上昇した[9]。

東京の統計数理研究所の世論調査によると、日本人にとって家族が大差で一位となっている。さらには、この数字は五六年前のおよそ四倍にまで伸びている。一九五三年には全体の一二％であったのが、二〇一三年には四四％に届いた。同期間中、過去の統計で伝統的に高かった項目、例えば「自らの生活と健康」はあまり変化せず、二一％から一八％に低下しただけであったが、「お金・金まわり」は一五％から四％へと急激に低下した[10]（最近の世論調査は、日本人が一〇年前よりも家族をあまり評価していないことを示している。「必ずしも結婚する必要はない」や「必ずしも子供をもうける必要がない」と考える人の割合は、ここ五年間、二〇〇九年から二〇一三年にかけて増加しており、これは一九七三年から開始されたＮＨＫの世論調査の歴史上で初である[11]）。

ロシアにおける二〇一四年末の世論調査で、家族や結婚の価値が非常に低位に位置づけられたことは、全く予期できなかった。それと同時に、金銭的充足が、価値ランキングで一位へと上昇した。おそらく、社会の危機的な状況、特定の方法による制裁の影響が、アイデンティティを表すロシア人の優先順位に影響を与えたのであろう（表3）。価値の尺度がこのように急激に変化していることは（世論調査の実施手法における違いに目を瞑るならば）、価値体系としてのアイデンティティが不安定であり、変動していることを意味している。

「不安定への恐怖」が、日本において最も一般的な恐怖症の一つであることが、よく知られている。ロシアにおいては徐々に「安定した不確実性」という新しい大衆意識が芽生えている[12]。この状態は、「最も予期しえない運命の変革に対する準備をし、高い適応能力と自立の傾向を持つ[13]」が、やはり安定性をより好むという点で、ロシア人を特徴づけている。プーチンの成功の秘訣の一つは、安定性を保障するためには妥協も厭わない点にある。

他方において、日本人の中では、自立性と人生における困難の克服への欲求の代わりに、集団主義並びに安定性および全体的脈絡に身を委ねる傾向が支配している。

ロシア社会の階層的原理は、日本ほど顕著ではないが、それでも、社会文化的アイデンティティの一部となっている。日本はこの関係においてロシアと類似しているが、しかしながら日本社会の階層性は、「縦社会」の本質であり、秩序づけられた宇宙その

表3　今日のロシア人の人生における優先順位，好みランキング

優先順位	好みのランキング
1. 金銭的充足	1
2. より公正な社会での生活	2
3. 友情，コミュニケーション	3-4
4. 健康，美しさ	3-4
5. 仕事，ビジネス	5
6. 社会や人々への有益さ	6-7
7. 他者の認識と尊重	6-7
8. 自己実現，自己表明	8
9. 理想，原理の追求	9-10
10. 愛，セックス	9-10
11. 所帯を構えること，子供を持つこと	11

出所：M. K. ゴルシュコフ／V. V. ペトゥーホフ編「危機下におけるロシア人の日常――どのように生活し，何を感じるのか？（Rossiiskaya povsednevnosti pod vliyaniem krizisa: Kak zhivem i chto chuvstvuem?)」『全国調査の結果に関する情報分析概要』（モスクワ：ロシア科学アカデミー社会学研究所，2015 年），22 頁.

ものである。例えば、官僚機構・スポーツクラブ・生花学校・学校のクラブ・犯罪組織等、利益体系が根を下す、日本社会の全構造は、階層的な柱の下にある。階層的かつ垂直的社会の代わりに、人間関係に基づく水平社会をつくりだすという体制は、賛同的だがいくらか懐疑的な知的エリートの微笑みを呼ぶ傾向がある。

一見すると逆説的に見えるが、両国における認識システムは、西側と比べて柔軟性があり、文脈に即したものであった。それらはより思索的でなく、そのため周囲の現実に近接していた。ヨーロッパ人が手に負えない紛争に直面しているところで、ロシア人と日本人は時にはそのような紛争に直面せずに済んだ。ロシアと日本の社会は、環境における変化へのゆったりとした対応に焦点をあてていた。西側において、目標が前もって設定され、常に目標と中間結果をチェックしながらそれを達成するという課題によってメカニズムが作動させられるとするなら、ロシアと日本の構造は遥かに柔軟であった。ロシアと日本の社会は、合意した文面の一言一句を常に遵守するには至らない。最終的な目標は、しばしば、厳密には定式化されてこなかった。それらは外部からは規定されず、自発的かつ柔軟にシステム内において、文脈的に定式化された。伝統主義を何か停滞したものとして見る観点とは異なり、ロシア人と日本人の思考は、驚くほど文脈的で、状況的で、適応的で、盲目的に教義に従うことに対して拒否的だったのである。両国の政治的文化が、多様な要素を調和的に絡み合わせることができることが、このような対応の一つの理由であることは明らかである。

ロシア人と日本人にとって、多くの場合、明確な契約とその不執行に対する罰金による処罰は好まれず、形にしにくいなんらかの合意が好まれた（両国において、厳格な政治家やビジネスマンは少なくなかったが）。社会と立法府との関係は、非常に特徴的であった。西側においては、法律はまるで外部から与えられたかのように、社会に関わらず存在していた。ロシア人と日本人のものの見方において——西側と違って——、法典は常に独特の形式性をもっていた。法典は、法的思考を成り立たせる条件について話しあうことを可能とするとしても、社会においては、公式的な命令書を守ることよりも、公正さが常に高く評価された（法は、それが「正しく」、また「上層部」自身がその遵守の例を提供した場合にのみ、施行されるべきである）。ロシアの事務職員は、直属の上司からの命令を、それに対する内的な合意を感じる際にのみ、原則として、必ず実行する(14)。

言うまでもなく、その多くが西側とは社会文化的に対峙する様々な潜在的な形態が、両国の政治文化において存在している（もちろん、非常に異なる程度においてであるが）。しかしながら両国の文化にとって、西側は自らの鏡のようなものであり、何らかの基準と方向を示すものであった。ロシアと日本は、西側の価値観との関係において、吸引力と反発力を経験した。けれどもこれは概して、西側システムへ自らの価値基準を投影した結果であった。もちろん、両文化における以下のような世論調査の誇張に流されてはいけない。「一般的な発展方向は、おそらく西洋化に向いている。これまでの集団主義は西側様式の個人主義によって、地方主義は普遍主義によって、情緒主義は精神主義などによって、徐々に取って代わられている(15)」。

五　二〇一三―二〇一五年の動向

流血を伴ったウクライナでの一連の激しい事件と、その後すぐのクリミアのロシアへの併合は、ロシアのアイデンティティに関する複雑な問題の細部に至る点を明確に突き詰めた。「国民の友情」は、過激派からの圧力の下、十分の強さを持っていることを示せなかった。長年にわたるソヴィエト権力の「兄弟愛」という曖昧な概念の代わりに、ロシア人のアイデンティティは、集中的な連帯感と「ロシアらしさ」の感覚という形で強化された。大部分のロシア人に歴史的記憶が目覚め、そのためには「クリミア」は領土というよりも、ロシア人の世界観において目覚めた、歴史的・道徳的なシンボルとなった。

表4　様々な社会・人口集団の代表者による評価：ロシアへのクリミアの併合　(単位：%)

	これはロシアの勝利であり，重要かつ肯定的な意味を持っている	これは，肯定的あるいは否定的な帰結を同じくらいもたらしている出来事である	これは誤った決定であり，多くの場合否定的な帰結をもたらした
すべての回答者	64	32	4
年齢　18-30歳	60	33	7
31-40歳	59	36	5
41-50歳	65	31	4
51-60歳	62	35	3
60歳以上	72	26	2
教育　中等以上	65	31	4

出所：M. K. ゴルシュコフ／V. V. ペトゥーホフ編「危機下におけるロシア人の日常――どのように生活し，何を感じるのか？（Rossiiskaya povsednevnosti pod vliyaniem krizisa: Kak zhivem i chto chuvstvuem?)」『全国調査の結果に関する情報分析概要』（モスクワ：ロシア科学アカデミー社会学研究所，2015年)，12頁.

表5　権力への信用度　(単位：%)

	1995-1998	1999-2001	2005-2008
日本	30	27	31
ロシア	26	-	45

出所：World Values Survey, 2010［www.worldvalues survey.org/wvs.jsp］(2016年1月17日アクセス).

クリミアは、数十年の眠りの後に生き返り、政治的なものを含め今日の議題を形成しだした、原型的な意識の地層となった。この原型によると、ロシアは自らを、世界において権威を享有する偉大な強国の地位へと戻す必要がある。同時に、少なくない数のロシア人が、肯定的な帰結のみならず否定的な帰結の存在が認められている、クリミア併合の帰結に関する自らの評価において、揺れ始めている。集団や階層の違いによって、肯定的な帰結のみならず、否定的な帰結を感じている人の割合が、かなり多くなっている――大都市部の住民の三八%、三一歳から四〇歳の回答者の三六%、そして高学歴の回答者である(16)(表4)。

権力機構への信用は、アイデンティティの安定と、政治エリートと大衆の間に断絶が存在しないことを表す、重要な指標である。二〇一四年の「クリミアの春」の結果として、ロシアにおいて最高権力への信用が急速に高まった。

クリミアにおける投票とロシアへの半島の併合の後に、ロシアにおける大統領機構への信用度は半年の間に、二〇一四年三月の六〇%から二〇一四年一〇月の七八%へと上昇し、

表6　ロシア人の国家・公的機関への信用の動態　(単位：%)

信用している	2014年3月	2014年10月	2015年3月
ロシア大統領	60	78	78
ロシア政府	43	56	49
地域の指導者	43	48	43
地方自治体機関	32	34	27
ロシア国家ドゥーマ	25	32	29
連邦院	28	34	30
政党	15	17	17
警察，内務機関	30	28	32
マスメディア(新聞，雑誌)	32	33	30
テレビ	41	44	38
ロシア軍	61	62	65
労働組合	24	26	24
司法システム	24	24	26
正教会	55	50	50
公共・人権団体	31	37	35
ロシア科学アカデミー	43	42	47

出所：M. K. ゴルシュコフ／V. V. ペトゥーホフ編「危機下におけるロシア人の日常――どのように生活し，何を感じるのか？ (Rossiiskaya povsednevnosti pod vliyaniem krizisa: Kak zhivem i chto chuvstvuem?)」『全国調査の結果に関する情報分析概要』(モスクワ：ロシア科学アカデミー社会学研究所，2015年)，14-15頁.

その半年後も七八％を維持している。これほど顕著ではなかったが、かなりの伸長が他の権力機構においても生じていた――ロシア政府（四三％から五六％）、地域の指導者と知事（四三％から四八％）、国家ドゥーマ（下院）（二五％から三二％）、連邦院（上院）（二八％から三四％）。二〇一五年春にかけて、国家機構への信用の指標は、大統領を除いて、再び下降したことは、注目すべき点である（表6）。

ロシアにおける世論調査は、大統領を除く、他の政治的・公的機関への市民の信用の係数を明らかにしている。例えば、労働組合と政党は、信用度で最下位となっており（それぞれ二四％と一七％のロシア人しか信用していない）、それは明らかに深刻な低落を示している。隣国での事件への興味を背景とした、テレビへの信用の増大は短期的であることが判明し、二〇一五年春には、電子メディアを信用しない割合が、信用している割合を再び上回った（四一％対三八％）。

この背景には、高い信用度は、「力を持つ」国家権力において顕著であったことがある――国民のロシア軍の支持度は非常に顕著であった（六五％）。これはおおよそ、グルジアとの「五日間」戦争の心理的トラウマが現れた二〇〇九年にお

表7　国家・公的機関への信用度／不信用度ランキング

信用している	順位	信用していない
ロシア大統領	1	政党
ロシア軍	2	司法システム
教会	3	警察，内務機関
ロシア政府	4	地方自治体機関
ロシア科学アカデミー	5	マスメディア（新聞，雑誌）
共和国の指導者，州や地方の知事	6	テレビ
テレビ	7	ロシア国家ドゥーマ
公共・人権団体	8	労働組合
警察，内務機関	9	共和国の指導者，州や地方の知事
連邦院	10	連邦院
マスメディア（新聞，雑誌）	11	ロシア政府
ロシア国家ドゥーマ	12	公共・人権団体
地方自治体機関	13	教会
司法システム	14	ロシア軍
労働組合	15	ロシア科学アカデミー
政党	16	ロシア大統領

出所：M. K. ゴルシュコフ／V. V. ペトゥーホフ編「危機下におけるロシア人の日常——どのように生活し，何を感じるのか？（Rossiiskaya povsednevnosti pod vliyaniem krizisa: Kak zhivem i chto chuvstvuem?）」『全国調査の結果に関する情報分析概要』（モスクワ：ロシア科学アカデミー社会学研究所，2015年），15-16頁．

表8　3国における個人間の信頼（単位：%）

	1995-1998	1999-2001	2005-2008
日本	43	40	37
ロシア	23	23	25
イギリス	30	29	30

出所：World Values Survey, 2010［www.worldvaluessurvey.org/wvs.jsp］（2016年1月17日アクセス）.

いてとほぼ同じ数字である。警察は以前と同様に不信用の領域に位置していたが、今回独特の結果を出している調査では、警察は幾段か上へ上っており[17]、現時点で信用度の指標は、地方自治体機関、国家ドゥーマ、連邦院、マスメディア、労働組合、司法システム、政党を上回っている（表7）。

日本社会の最も頑健な基盤の一つである、個人間の信頼が高い水準であることはよく知られており、世論調査は常にこの指標の高い重要性を示しており、またそれはロシアにおける、そしてこの指標に関する参照国としてのイギリスにおける個人間の信頼に関わるデータを大幅に上回っている（表8）。

日本にとってもロシアにとっても、交渉に関してパートナーの相互信頼、特に感情型・参加型の「一対一」関係が、非常に特別な役割を果たしている[18]。橋本龍太郎首相に、明らかに深い印象を与えた、エリツィンの「ネクタイなし」外交の効果を思い出してみよう。ロシアの西側パートナーにとって、この類の非公式関係はかなり屈託がなく、表面的な性格をもつ、「ゲーム」のようなものであり、プレス用のデモンストレーションであった。日本の場合、「ネクタイなし体制」への移行の心理的効果は、非常に深く、より緊密な信用度によって特徴づけられていたが、それは日本人にとって、インナー・サークルへの象徴的な「参加」を意味していたからである。

国家権力への信用は、個人間の信用と相まって、アイデンティティの重要な要素の一つとして、国の指導者の眼前に新しい政治機会、とりわけ最重要な課題解決のため社会を結集する潜在力を切り開いた（ロシアでは、これは制裁下においてウクライナ南東部の自称共和国への資金援助を続けながら生存することを意味する。日本では、尖閣諸島周辺の緊張の増大および海外における軍事力のより広範な活用に向けた軍事・政治的コースの変更を背景とする国民の一体化を意味した）。

加えて、アメリカの政治学者で評論家のファリード・ザカリアは、「プーチン主義」という新たな用語を提供している。その最重要の要素は、「ナショナリズム、宗教、社会保守主義、国家資本主義、マスメディアにおける国家支配である。それらすべてはある程度まで、個人の権利、寛容性、コスモポリタニズム、国際主義に基づいた現代の西側の価値観とも異なっていたり、または、それらと敵対的な関係にあったりしている[19]」。多くの点に関して、ザカリアに反論できよう。ロシアのように多民族をまとめあげるのに困難を極める国において、ロシアの民族ナショナリズムを育むことは果たして可能なのか。明らかに、強国への誇りを強化することが求められることになる。

二〇一四年の世論調査によると、ロシアにおいて、一つの公的機関――正教会――のみが、国家機関と比較した場合、社会の支持を獲得した。大統領の権力機構や軍隊とともに、正教会はロシア国家の枠組みの安定性を確保し始めた。それは保守的なコンセンサスの砦である、新たな三本柱「大統領、国民の結束、教会」を形成し始めたようである。この新たな定式は、ウヴァーロフの三本柱「正教、専制、国民性」と類似しており、本書の東郷・隈部論文もそ

表9 ヨーロッパおよび世界におけるロシアの位置づけに関するロシア人の意識の動態

（回答者のうち（単位：%））

回答の種類	2002	2007	2014
ロシアは，ヨーロッパの一部である．20世紀において，ロシアはヨーロッパ諸国とその国民の運命に多大な影響を与え，21世紀においては，ロシアはまさに世界のこの地域と，最も緊密に結び付けられるであろう．	55	50	36
ロシアは，完全にはヨーロッパの国ではない．ロシアは，特別のユーラシア型の文明であり，将来的にはその政策の中心が東へとシフトするであろう．	45	50	64

出所：M. K. ゴルシュコフ／V. V. ペトゥーホフ「新たな転換点におけるロシアの外交政策の方向性（Vneshnepoliticheskie orientatsii rossiyan na novom perelome）」『政策——政治調査』（2015年，第2号），20頁．

のことに言及している（二二九ページ参照）。

社会学者のM・K・ゴルシュコフおよびV・V・ペトゥーホフはこう指摘する。ロシアにおいて強くなっているヨーロッパ懐疑主義の基礎に、ロシア人の大部分がもつ、自分たちはヨーロッパにおいて好かれておらず、欧州共通の家において自分たちはその自然の豊かさのおかげで付き合わざるをえない「異質な親戚」であるという思い込みがある。これは漠然とした「ユーラシア型の代替」という発想よりも、ずっと大きな意味をもつ[20]。

ロシアのアイデンティティ形成で鍵となる位置を占めているのは、世界におけるロシアの地位に関する問題である。ロシア科学アカデミー社会学研究所の調査によると、世論調査に基づいて、次のような結論が出されている。

ロシアの国際政治の目的に関していえば、一見それは明白であり、ロシアを偉大なる大国の地位に戻すことである……回答者の三分の一（三三％）が、ロシアは今のままで、経済的・政治的にアメリカと中国に匹敵する大国であるので、何に戻す必要もないと考えている。二七％がドイツ、イギリス、フランスや日本という世界における主導国とロシアを同列に並べている。今日のロシアが世界における主導国に数えられないと考える人も少なくはない（二一％）[21]（図1）。

ここで、日本における新たな動向の比較像を与えよう。日本はロシアと同様に、アジア諸国に再び注意を払っている。「脱亜入欧」の定式は、「帰亜離欧」の定式へと変更され、つまりはアジアの新たな獲得とその中における自らの位置づけに乗り出したのであ

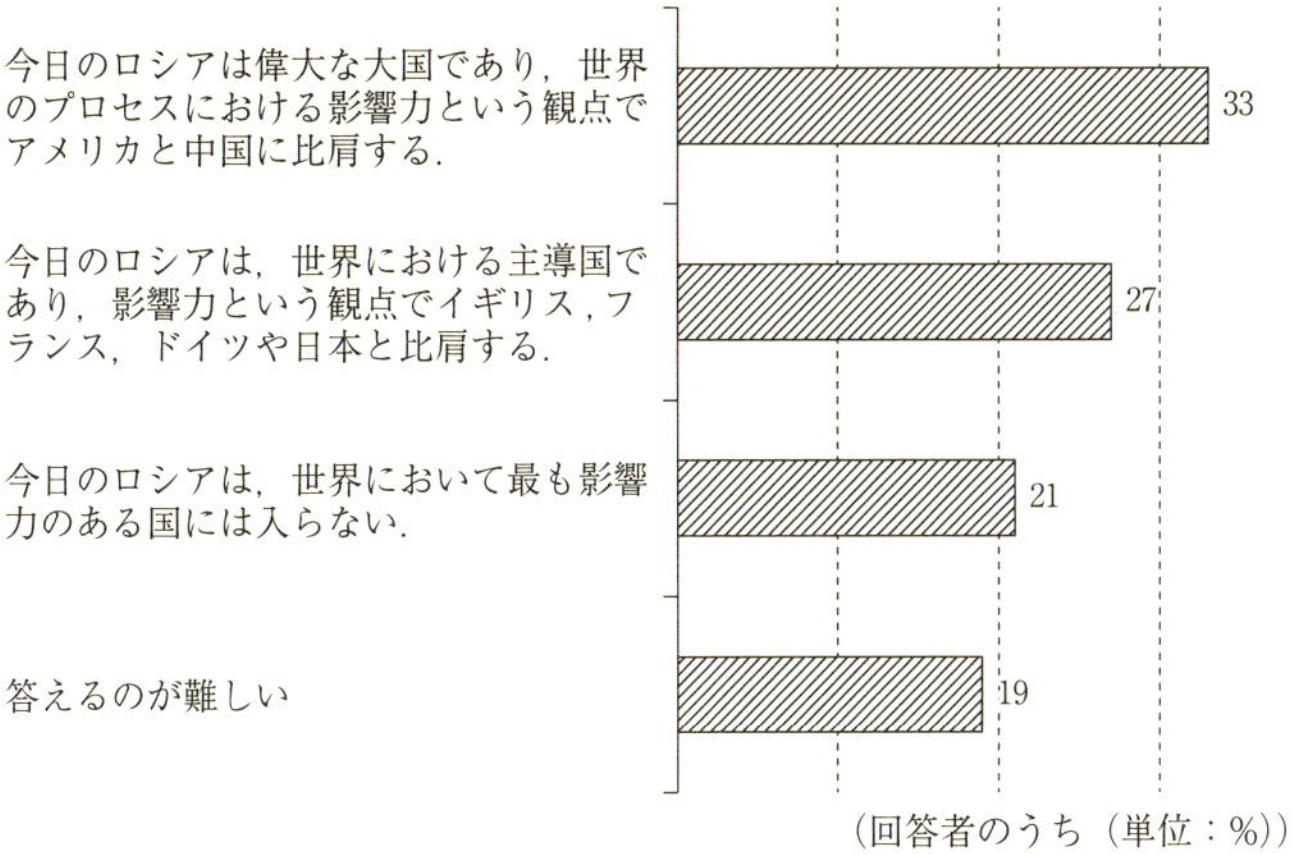

図1　世界におけるロシアの現在の位置づけに関するロシア人の評価
出所：M. K. ゴルシュコフ／V. V. ペトゥーホフ「新たな転換点におけるロシアの外交政策の方向性（Vneshnepoliticheskie orientatsii rossiyan na novom perelome）」『政策——政治調査』（2015年，第2号），23頁．

る。[22] ＮＨＫ放送文化研究所の調査において、日本人の価値観の方向性に関する四〇年間の調査結果が発表されている（一九七三年から五年ごとにＮＨＫは調査を行っている）。今日の日本人のアイデンティティを理解するためには、日本人が自らの国民的な性格の独自性（優位性といえるかもしれないが）をしっかりと信じていることを明確にする必要がある。ＮＨＫの二〇一四年度の世論調査のデータをみると、回答者の六八％が「他の国民に比べて、日本人は極めて優れた素質を持っている」とみなしている。比較として、一九七三年において国家の独自性の支持者はより少なかった——六〇％——ことを示そう。[23]

「日本は一流国だ」とみなしている人の割合は、五年間で（二〇〇八年から二〇一三年にかけて）、三九％から五四％へと、一五％も急激に増加している（一九七三年の初期調査時には、この数字は四一％であり、記録的なピークは一九八三年であった）[24]。この傾向によって、ナショナリズムまたはナショナルな誇り（これらは非常に近接概念であるが、見方によっては同一概念ではない）の一定の進展が認められるということができよう。

同時に、日本人はマスメディアをあまり信用しなくなり、表現の自由を評価しなくなってきた。この権利を鍵となる重要な価値観であると考える人の割合は、四〇年間の調査期間において、五五％（一九七三年）から二〇％（二〇一三年）にまで減少している。[25] 二〇一四年度の日本人の政治的文化と基本的な価値観に関する世論調査によれば、選挙における投票や世論の表現といった社会的行為が国政に目に見えるほどの影響を与えるとみなす回答者の数は、二〇〇〇年代から増加していることがわかった。政府が優先度を与えなければならない課題に関しては、「経済成長」と答える人の割合はここ五年間で増加しているが、逆に「より良い社会保障」を唱える人は、減少傾向にある。天皇に「畏敬を感じる」日本人の割合は、前回の世論調査と比べて同様に伸長しており（三四％）、一九七三年の水準に達しており、天皇に対して「好感」を抱いている人の数もまた然りである。「多くの問題について親戚や同僚と議論することができ、またお互い助けあう必要がある」と考えている人の数は、ここ五年で再び減少するとともに、隣人を含めた他者との密接な関係を持ちたい人の数もまた、ここ四〇年間で顕著に減少している。これは、日本社会における個人主義の必然的な上昇を示している。その他の調査結果のうち、二〇一一年三月に（つまり、前回と直近の世論調査の間の期間に）、日本は東日本大震災で被災したにもかかわらず、わずかな例外を除き、日本人の考え方に目立った変化がなかったことを指摘することが重要である。これは自然災害の顕著な影響が観察されなかったということを示唆している。[26]

日本人は、自らの国に影響を与えた歴史的動乱に関してますます知らなくなっているということは、同じくらい驚くべきことである。例えば、二〇一四年八月に実施された調査によると、非常に多くの日本人が広島と長崎における原子爆弾投下の日付をあげることができないことが明らかになっている（表10・表11）。

長崎における原子爆弾投下の日付に関して、人々は一層記憶していない。長崎県でさえ、四〇・八％の県民は「千の太陽よりも明るい」雲が市上に現れた日付を知らないのである。

原爆投下七〇周年の追悼式典が行われ、被爆者への祈りが捧げられた時に、世論調査における回答者の七七・三％が、長崎における原爆投下の日付をあげることができなかったり、混乱したりしていたのは非常に驚きである。広島における認知度も、わずかしか上回っていなかった。日本国民の七〇・三%が原爆投下の日付をあげることができなかったのである。これは、日本人が自らの歴史における最も悲劇的なページへ、おざなりに接しているということを

表 10　広島への原子爆弾投下の日付に関する日本国民の知識（単位：%）

	広島にて	長崎にて	国全体にて
正確な日時（昭和 20 年 8 月 6 日）を提示	68.6	50.2	29.5
他の日程をあげる	21.4	25.0	28.1
よく知らない	10.0	24.8	42.2

出所：NHK，社会や政治に関する世論調査，原爆意識調査（2015 年 8 月 5 日），［www.nhk.or.jp/bunken/yoron/social/index/html］（2015 年 9 月 21 日アクセス），政木みき「原爆投下から 70 年薄れる記憶，どう語り継ぐ――原爆意識調査（広島・長崎・全国）より」［www.nhk.or.jp/bunken/summary/research/report/2015_11/20151101.pdf］（2016 年 2 月 7 日アクセス）．

表 11　長崎への原子爆弾投下の日付に関する日本国民の知識（単位：%）

	広島にて	長崎にて	国全体にて
正確な日時（昭和 20 年 8 月 9 日）を提示	54.2	59.2	25.6
他の日程をあげる	23.0	27.0	25.2
よく知らない	22.7	13.8	49.2

出所：NHK，社会や政治に関する世論調査，原爆意識調査（2015 年 8 月 5 日），［www.nhk.or.jp/bunken/yoron/social/index/html］（2015 年 9 月 21 日アクセス），政木みき「原爆投下から 70 年薄れる記憶，どう語り継ぐ――原爆意識調査（広島・長崎・全国）より」［www.nhk.or.jp/bunken/summary/research/report/2015_11/20151101.pdf］（2016 年 2 月 7 日アクセス）．

意味している（しかしながら、心理学者はおそらくこの現象を、意識が潜在意識において取って代わろうとしている心理的トラウマとして説明することを好むであろう）。歴史的記憶なくしては、アイデンティティは分割され、消えゆくことを強調する必要がある。

数えきれないほどの退役軍人の子孫が、戦争において死亡した親族の肖像画とともに、「不滅の連隊」で行進した、大祖国戦争（一九四一―四五年）の戦勝七〇周年の際の、ロシア国民に現れた真の国民の熱意が、鋭いコントラストをなしている。ナチズムへの勝利――これが最も耐久性のある鎹《かすがい》であり、今後もロシア人のアイデンティティの根源部分を再現していくであろうことは疑いようがない。

最新の動向は、日本とロシアの政治・知的エリートが保守主義と保守主義的価値観への共感にシフトしていることである。日本におけるこの動向の開始は、安倍晋三の「日本を取り戻せ！」の呼び掛けに始まり、愛国心および自国への敬意を基礎とした説明に基づく、日本の達成について誇りをもつという軌道に、中等教育を乗せようという日本政府の意図においてはっ

きりと現れた[27]。結果として、新たな愛国主義的スローガンである「日本に美しい虹をかけよ！」が誕生した。これは美しく、高貴なスローガンであることは言うに及ばない。しかしながら、日本の外で、いくつかの国において最新の傾向が懸念を引き起こしている。二〇一五年九月二四日の「歴史的記憶と愛国心の形成の問題」という学術セミナーにおいては、ロシア科学アカデミー社会学研究所の研究者と中国人の同僚――中国共産党中央委員会の理論機関紙である『求是』の研究者――が参加して、愛国主義と保守主義の再興が軍事的ナショナリズムに転化する危険性について話し合いが行われた[28]。日本人の歴史的記憶は、プロパガンダ的努力によって修正され、保守主義が必ずしも正史の復活をもたらすとは限らないのである。

一九九〇年代初頭より、グローバル化が日本人とロシア人のアイデンティティを変化させたことは疑いようがない。グローバル化の挑戦にもかかわらず、日本国民やロシア国民は、その比類のない適応性と柔軟性によって、自らの伝統的なアイデンティティを失わなかった。社会調査によると、日本社会は以前のように、共生、近代化、ポスト・モダニズムおよび伝統を効果的に融合し、共生させ、雑種的に共存させる力と傾向があることが示されている。現在、日本とロシアは、自らの伝統とグローバル化によってもたらされた革新の間の、正確な均衡を見つけようとしている。

一九九〇年から二〇〇〇年代におけるグローバル化の圧力の下に晒された、ロシアと日本のアイデンティティのモデルにおける危機は、保守主義の巨大な適応能力を顕著なものとした。西洋の圧力がどれほど強力であろうとも、伝統的な価値観や行動様式は消え失せず、国民心理に組み込まれているということは重要である。アイデンティティが完成し、停滞したものではないということは明らかである。この時期の両国におけるアイデンティティの変革の経験は、アイデンティティは連続体であり、発展する過程にあることを示している。

注

（1）猪口孝『政治理論』ミネルヴァ書房、二〇一五年、一七一頁。

（2）V. V. Sogrin, "1985-2005: tri privrashcheniya sovremennoi Rossii," *Otechestvennaya istoriya*, 2005, no. 3（「一九八五―二〇〇五年――現代ロシアの三つの変化」『国家の歴史』二〇〇五年、第三巻）, 13.

（3）鷲田小彌太『現代思想　一九七〇―二〇〇一』潮出版社、一九九六年、五二五頁。

（4）全ロシア世論調査センター、プレスリリース、二九〇一号「宗教観 v.s. 言論の自由（Religioznye chuvstva v.s. svoboda slova）」、二〇一五年八月一三日発行［http://wciom.ru/index.php?id=236&uid=115347］（二〇一六年一月二二日アクセス）。

（5）全ロシア世論調査センター、プレスリリース、二五五一号「秩序か民主主義か?（Poryadok ili demokratiya?）」、二〇一四年四月三日発行［http://wciom.ru/index.php?id=236&uid=114767］（二〇一六年一月二二日アクセス）。

（6）S. V. Chugrov, *Yaponiya v poiskakh novoi identichnosti*（『新たなアイデンティティを探す日本』）(Moskva: Nauka, 2010), 155.

（7）Institut sotsiologii Rossiiskoi akademii nauk, "Grazhdane novoi Rossii: kem sebya oshchushchayut i v kakom opshchestve khoteli by zhiti'? (1998-2004)," *Analiticheskii doklad*（「新たなロシアの市民――自らをどのように感じ、どのような社会で生活したいのか?（一九九八―二〇〇四年）」『分析報告書』）(Moskva: Institut sotsiologii Rossiiskoi akademii nauk, 2005), 7.

（8）M. K. Gorshkov and V. V. Petukhov, red., "Rossiiskaya povsednevnosti pod vliyaniem krizisa: Kak zhivem i chto chuvstvuem?"（M・K・ゴルシュコフ／V・V・ペトゥーホフ編「危機下におけるロシア人の日常――どのように生活し、何を感じるのか?」『全国調査の結果に関する情報分析概要』）(Moskva: Institut sotsiologii Rossiiskoi akademii nauk, 2015), 17.

（9）内閣府大臣官房政府広報「社会意識に関する世論調査」二〇一五年一月［http://survey.gov-online.go.jp/h26/h26-shakai/zh/z17.html］（二〇一六年二月七日アクセス）。

（10）統計数理研究所、日本人の国民性調査、二〇一四年一〇月三〇日発行［http://survey.ism.ac.jp/ks/page2/page15/index.html］（二〇一六年二月七日アクセス）。

（11）高橋幸市・荒牧央「日本人の意識・四〇年の軌跡（2）」二〇一四年八月［http://www.nhk.or.jp/bunken/english/reports/

summary/201407/02.html]（二〇一六年一月二二日アクセス）。

(12) Institut sotsiologii Rossiiskoi akademii nauk, "Chevo opasayutsya rossiyane?," *Analiticheskii doklad*（「ロシア人は何を恐れるのか」『分析報告書』）(Moskva: Institut sotsiologii Rossiiskoi akademii nauk, 2008), 133.

(13) Ibid., 5-6.

(14) Ibid., 75.

(15) Chugrov, *op. cit.*, 168.

(16) M. K. Gorshkov and V. V. Petukhov, red., op. cit., 11.

(17) Ibid., 16.

(18) Yutaka Yamamoto, "A Morality Based on Trust: Some Reflections on Japanese Morality," *Philosophy East and West*（*A Quarterly on Asian and Comparative Thought*）, Vol. 11, No. 4（1990）, 451-470.

(19) Zakharia Fareed, "The Rise of Putinism," *Washington Post*, July 31, 2014.

(20) M. K. Gorshkov and V. V. Petukhov, red., "Vneshnepoliticheskie orientatsii rossiyan na novom perelome,"（「新たな転換点におけるロシアの外交政策の方向性」『政策——政治調査』第二号、二〇一五年）, 20.

(21) Ibid., 23.

(22) Chugrov, *op. cit.*, 259.

(23) 高橋・荒牧、前掲、六頁。

(24) 同右、八頁。

(25) 同右、六頁。

(26) 同右。

(27) 渡部昇一『取り戻せ、日本を。安部晋三・私論』ＰＨＰ研究所、二〇一三年、一四八頁。

(28) ロシア科学アカデミー社会学研究所、公式サイト［http://www.isras.ru/］（二〇一六年一月二二日アクセス）。

終章　歴史の比較分析は未来の道標たりうるか

東郷　和彦

一　日露の自己意識形成の類似性と相違性

1　親文明の周辺としてのロシアと日本

日露の歴史に関心を持つもの誰しもが、両国ともに、ヨーロッパ文明という世界で最も強力な伝搬力を持った文明と、これに対峙する自国文明との対立・相克を宿命づけられた地政学的・歴史学的位置にあるということに気づく。その最も一般的理解は、ロシアについては、一八世紀初頭から始まるピョートル大帝の西欧化とそれ以前のロシアにおいて形成されていたスラヴ文明との間の二元論的な対立があるということである。日本については、一九世紀半ばの明治維新によって全面的対決を強いられた西欧文明と、中華の世界の下で培ってきたそれ以前のアジア文明との間に亀裂を生じ、そこから、アジア世界の中での日本独自のアイデンティティの模索を続け、今日に至ったと理解されている。

けれども問題の根源に戻るなら、事態はそれほど単純ではない。ロシアについては、その文明の形成期にビザンツ文明という大文明の周辺にいたこと、日本については、中華文明という大文明の周辺にいたことが、それぞれの文明論的な位置づけに決定的に重要な影響を与えた。親文明の周辺にいたことは、日露それぞれに親文明からの独立性を維持させたが、他方、ロシアのビザンツ文明への対峙と日本の中華文明への対峙には重要な違いが生じた。

ロシア国家の最初の形成者としてのキエフ・ルーシは、東西に分裂したローマ帝国中、東ローマ帝国すなわちビザンツ帝国からギリシア正教をその国教として受容した。ロシアは、キエフ・ルーシとして、広い意味でヨーロッパ・キリスト教文明圏の中に位置しながら、ビザンツ帝国の周辺国として出発したのである。他方日本は、大和を中心とする国家形成の下で中華文明からまず稲作と青銅を受け入れ、次いで漢字・儒教・仏教を受け入れ（六世紀）、さらに遣隋使・遣唐使によって律令制をはじめとする政治制度を受け入れ、まさにその周辺国としての国づくりの過程を経ることとなった。

親文明の周辺国としてほぼ共通の位置にいたロシアと日本に対し、一三世紀ユーラシア世界のあり方を根本的に変える一大事件が起きた。一二〇六年チンギスハーン率いる蒙古が、モンゴル平原に台頭し、やがて、その孫にあたるフビライは一二七一年大都（北京）を都とし「元」を開き、一二七九年南宋も滅ぼし、蒙古族による強大な新中華秩序が形成されたのである。

平安から室町期を経て、政治の実権が武士階級に移り、源頼朝によって開かれた鎌倉幕府（一一八五年）の権力が北条氏に移った時点での元寇（一二七四年・八一年）は、「神風」に助けられた日本の勝利に終わった。親文明に対する独立のベクトルを持つ日本の位置は、一層明確になったと言えよう。

他方キエフ・ルーシは全く別の運命を辿ることとなった。同じくチンギスハーンの孫バトゥ率いる蒙古軍は一二三年ルーシに現れ、一二三七—四〇年キエフを占領、それから一四八〇年にモスクワが率いる公国の連合にウグラ河畔で敗れるまで、三世紀弱にわたりルーシの地を支配下に治めたのである。三世紀にわたる「タタールのくびき」におかれたことが、西ヨーロッパ文明との対比において、ルネサンス・宗教改革・産業革命という西欧発展のプロセスからロシアを遮断し、ロシア独特の道を歩むことを不可避的にしたというのは今に至る研究者間の多数説といってよいであろう。

けれども、「タタールのくびき」からロシアの諸公国が脱しようとしていた一四五三年、ビザンツ帝国はオスマン・トルコの攻撃を受けて滅亡、モスクワは、東方教会を正統に受け継ぐ唯一の公国として浮上、その指導者イヴァン三世（在位、一四六二―一五〇五）は、ツァーリ（皇帝）の称号を用いる東ローマ帝国の正統な継承者、「第三のローマ」の地位を得るに至った。

このことは、今日に至るロシアのアイデンティティを考えるために、多くの影響を与えた。第一に、東ローマ帝国を基調とするロシアのアイデンティティは、広い意味でのギリシア・ローマすなわち西欧文化圏の一部であることから逃れられないこと、第二に、ビザンツ帝国の継承者としての立場を持ったことが西欧文化圏の中におけるロシアの独自性を考える出発点となり、このことが形を変えつつロシアとしてのアイデンティティを考えるよすがとなっていったこと、第三に、東方教会の継承者としてロシア思想の中に一定の普遍性を求めるメシアニズムが現れ、これがソ連邦における世界革命思想や、アジアを向いたロシア帝国思想（イヴァン三世が採用したビザンツ帝国最後の紋章がヨーロッパとアジアを向いた「双頭の鷲」であったことはその象徴ともいえる）に連なっていった可能性があること、などである。

2　動乱の時代から正統性の樹立へ

さて、それからあとのモスクワ公国の歴史はしばらくの間国内の権力闘争と支配の正統性をめぐる騒乱の時代が続く。その最も象徴的な時代がイヴァン雷帝の時代（在位、一五三三―八四）であり、その騒乱がまがりなりにも落ち着き、モスクワ公国が安定した力を発揮するようになったのは、一六一三年ミハイル・ロマノフによって始まったロマノフ王朝の時代になってからであった。

片や日本においても、鎌倉幕府の滅亡（一三三三年）に続き、南北朝、室町幕府の成立、応仁の乱（一四六七年）、戦国時代と国乱れる時代が続き、ようやく織田信長が上洛し全国に号令を発したのが一五六八年、豊臣秀吉の全国統一が一五九〇年、関ケ原（一六〇〇年）を経て、徳川家康が征夷大将軍として江戸幕府を開いたのが一六〇三年であった。

かくて一七世紀の初頭に日露ともに比較的安定した中央権力時代が始まったのである。日本の場合は、徳川時代という世界史の中でもユニークな安定した平和の時代が二六〇年続き、それが一挙に明治維新という大変動に至る。平和の構築は、士農工商という横割りと、将軍と藩制という縦割りの組み合わせを軸とする権力の配置とその中での様々な果実の受益制度の成功によるものだった。中華文明の外縁に位置した国として、日本は、軍事的には脆弱でも、経済・社会・文化の面で大きく発展した国としての独立性を保有するに至ったのである。

ロシアの場合は、ロマノフ王朝の帝国統一は、徳川ほどストレートな形では進まなかった。既述のように「タタールのくびき」によってもたらされた後進性は、文明との間で顕著な差異をもたらした。地続きで流入する西欧の先進性との差異をいかにして埋めるか、その大変革をまず果たしたのが一八世紀前半のピョートル大帝とこれを引き継いだエカテリーナ二世の時代となった。その結果として、一九世紀ロシアは、新しく創設された貴族・官僚層が皇帝を補佐・統治し、ナポレオン戦争への参画を通じて得た強大な陸軍国としての地位を確保する。

他方において農奴制を社会の基底に持ち、産業力において立ち遅れたロシアをさらにいかにして強力な近代国家にするか、「スラヴ派（スラヴォフィル）」と「西欧派（ザーパドニキ）」との間でアイデンティティをめぐる大論争が起き、これが来たるべき革命についての様々な議論の出発点となったことは、あまりにもよく知られるところである。

3　権力の集中と個人の独立

この間の日露のアイデンティティの形成において両国に共通することは、権力の集中が一貫して企図されたことである。日本では、将軍―大名という形で圧倒的な中央権力が形成され、明治維新以後、天皇統治下の中央政府が新しい集中権力を持った。ロシアでは、ロマノフ王朝下、ピョートル大帝による大改革を経て帝政ロシアにおける皇帝権力が強化され、ボリシェヴィキ革命によるソ連国家の登場後はソヴィエト政権への権力の集中が行われた。

もちろん日本においては江戸期の多義的な勉学と思想の追求があり、明治維新以後は国家のとるべき国内・国外への針路において多種多様な議論が行われたが、それらの多様性は結局のところ満洲事変以降の国家総動員体制に収斂していった。ロシアにおいても、一九世紀前半のアイデンティティの論争の真剣さや、一九世紀ロシア文学にみられる豊饒な思想性は、スターリニズムの抑圧の中での戦争遂行意思へと収斂していった。国家権力の集中とそれに対する個人の独立性との相克は、日露のアイデンティティにとって形を変えながら継続している永続するテーマのように見える。

以上の概括の中に、第二次世界大戦後の日露のアイデンティティの相克を形作る主要な要因はすべて存在してきたといってよいのではないかと思う。

二　日露発展の起伏の相関関係

1　蒙古の台頭――元寇の撃退と「タタールのくびき」〈第I部〉

日露の自己意識の形成は、その国家権力が上昇方向にあった時と下降方向にあった時とで、おのずから形を変える。上昇方向にある時に必ずしも強烈なアイデンティティの主張をしてきたというわけではない。むしろ下降方向の中でこそ、次の上昇を目指して、アイデンティティへの自覚が高まった例もある。

話の出発点を、世界史の中で日露が同一の事象に直面した蒙古の台頭からとってみよう。蒙古の台頭によってロシアは、「タタールのくびき」として三世紀近くをその支配下に置かれることとなった。他方日本では、鎌倉幕府は、襲ってきた元寇を「神風」を得て撃退した。源頼朝によって奥州で非業の死を遂げた義経が海路朝鮮・中国を経て蒙古の草原でチンギスハーンとして再来したという日本の民間伝承は、元寇に勝利した日本の余裕を示していると言えなくもない。日露関係に直接の関わりはなかったとはいえ、三世紀の間、日本の統治性における相対的優位性が続いたと言わねばならない。

しかし、モンゴルの間接統治の中で力を蓄えたロシアの諸侯は、やがてモスクワ公国の主導の下でモンゴルを打ち破り、ロマノフ王朝の成立からピョートル大帝・エカテリーナ二世による改革へと圧倒的な国力の増強の道を進み、一九世紀の中葉にはヨーロッパで有数の軍事大国になっていた。片や日本は、元寇に勝利したあと幕府は崩壊、室町の世を経て戦国時代に突入、徳川による統一国家は、「江戸時代」という世界に冠たる文化国家をつくりあげるも、軍事的には脆弱な国として一九世紀中葉に差し掛かったのである。本書第Ⅰ部にここまでの動きの太宗が記述されている。

2　日露戦争——ロシア帝国に対する挑戦者日本の勝利〈第Ⅱ部〉

ここから日本とロシアは、世界史の出来事となる、戦争にともに参画していくことになる。それが、日露戦争、第一次世界大戦、第二次世界大戦、そして冷戦である。それぞれの戦争を契機として、両国は極端な形でその起伏を繰り返してきたのである。

最初の契機が日露戦争である。本書第Ⅱ部の記述にあたる。この時点でロシアはすでにヨーロッパの帝国主義国の一つとして、軍事大国としての位置を固めていた。広い意味での西欧文明の中にいながらにして独自の立場を求めるというアイデンティティ上の亀裂要因を内包しながらも、間違いなく世界の「現状維持国」としての立場を有していた。

一方、日本は、高度の文化国家でありながら「鎖国」によって人々は世界から切り離され、軍事的には脆弱な国として明治維新を迎えたのである。欧米帝国主義の中でいかにして独立を貫徹するかが最重要の課題となり、日本は植民地化という「現状」を拒否する「打破国」とならんとし、政策の基本を「富国強兵」に、アイデンティティ形成を「脱亜入欧」と「和魂洋才」の組み合わせに置くという複雑な過程を辿ることとなった。

3　二つの世界大戦——革命によるロシアの動乱と日本帝国の台頭〈第III部〉

日露戦争における日本の勝利は、以上の事態を逆転させ、全く新しい起伏の状況が、第二次世界大戦の終了まで続く。本書第III部の記述にあたる。

日露戦争における敗北は、軍事的にはまだ十分の余力を残していたにもかかわらず、血の日曜日（一九〇五年）からストルイピンの改革（一九〇六―一一年）へと、帝政ロシアの内政に深刻な影響を与えた。このことが、第一次世界大戦への参戦と同時に帝政ロシアに致命的な影響を与え、一九一七年二月革命から十月革命という契機を経て帝政の崩壊・ソヴィエト政権の成立・レーニンの指導からスターリンの指導という形でのソ連政権の定着に至る。

どのような表現を使おうとも、ロシアにとってはこの時代は、国家の存亡をかけた危機を革命とソヴィエト政権の成立によって乗り超えた「現状打破」の時代であり、最終的には、二つの超大国の一国として第二次世界大戦に勝利するところまで上り詰めたのである。ロシアのアイデンティティは、戦争の勝利の動力源になった愛国と社会主義陣営の先頭に立つ世界革命主義のまざった独特のものとなっていったように思われる。

片や日清・日露戦争に勝利し、それまで国民を糾合して追い求めてきた「坂の上の雲」に手を掛けた日本は、西欧帝国主義に比肩するアジアの帝国主義国として、他方中華の世界から発出したアジアの価値をリードしうる指導国として、特筆すべき「現状維持国」となったのである。その果実がどういう形で結実したかについては様々な議論があるが、思想的には西田幾多郎に代表される京都学派に、世界政治的には重光葵が主唱した大東亜憲章に集約されたように見える。しかしながら、敗戦によって日本は、物理的にも思想的にも明治以降蓄積してきたもののすべてを失ったのである。

4　冷戦――超大国ロシアと敗者復活の日本〈第Ⅳ部〉

第二次世界大戦後、日本とロシアは対極的な立場から出発した。本書第Ⅳ部の記述にあたる。アメリカとともに世界の超大国としての最たる「現状維持国」の地位を得たロシアは、ソ連邦の価値とアイデンティティを旗にまっしぐらに進むはずであった。しかしながら、ソ連型社会主義は結局のところ社会の「停滞」を招き、ソ連型帝国主義は、より強力な米国帝国主義の力の前に後退せざるをえなかった。「人間の顔をした社会主義」という、西欧型人間主義をソ連型社会制度に接ぎ木しようとしたゴルバチョフのペレストロイカ改革は成功せず、ソ連共産党の権力崩壊とソ連邦の解体にまで至った。

他方日本は、敗戦により、敗戦に至らしめた軍国日本の価値をきれいさっぱり放擲し、民主主義・平和・経済復興・天皇制という戦後の価値に向かって動き出した。それは敗戦という立場に立たされた日本が選択せざるをえなかった「現状打破」への希求だった。「経済大国」とも「富国平和」とも集約される日本の新政策は、間違いなく成功を収め、冷戦の終了時の一九八九年から一九九一年、日本は、冷戦の最先端の勝利国アメリカが最も恐れる潜在的経済的脅威国となったのである。

5　現代――敗者復活のロシアと「失われた二〇年」後の日本〈第Ⅴ部〉

冷戦終了後日本とロシアは、再び一見対極的な立場に立った。本書第V部の記述にあたる。ソ連邦からロシア連邦への転換は、ロシアにとって、面積において四分の一、人口において半分を失う「戦わざる敗戦」ないしは「自壊する帝国」を意味した。自壊直後のロシアには、冷戦の終了を敗北の自主選択によって成し遂げた以上、冷戦の勝利者たる欧米から、その一員として迎え入れられるという期待があった。けれども、市場主義経済建設に伴う困難性、旧東欧諸国で一挙に顕在化した対ロシア不信、領土返還に関心の大半を集中するかに見えた日本など、様々な理由によってロシアの期待は満たされなかった。

ソ連邦崩壊に伴うユーフォリアの時代は短期に終わり、エリツィン政権は、ロシア連邦成立の価値の根本たる民主主義と市場原理とともに、旧ソ連邦構成共和国をはじめとするユーラシア諸国との協調を重視する二元的政策に移行した。二〇〇一年にエリツィンから権力を引き継いだプーチン政権は、メドヴェージェフを大統領とするタンデム政権の期間を含め現在（二〇一六年）一六年目の政権となっている。九・一一、旧ソ連邦共和国におけるカラー革命、グルジア紛争、中国の台頭、クリミア・ウクライナ問題の爆発、シリア問題をはじめとして先鋭化する米露対立などプーチンを取り巻く外交問題の変遷を見れば、地政学的なロシアの力を取り戻し、そのために、ロシアとしての価値を模索するプーチンの「現状打破」を目指す政策方向は明確なものとなっている。

他方冷戦の勝者で終わった日本は、冷戦終了と平成時代の開始とともに、一挙に様々な問題に直面することとなった。バブル経済の崩壊、急速な少子高齢化、社会保障制度への不安、止まらない財政赤字、安定した二党政治創設の失敗、などの経済社会問題が一挙に噴出した感があり、その中で、かつての「富国強兵」「富国平和」というような国民をあげた国の目標を失い、「失われた一〇年」「失われた二〇年」が言われ、場合によっては「失われた三〇年」となりかねない状況が続き始めた。

二〇〇九年の民主党政権による本格的政権交代は、この停滞感を吹き飛ばすのではないかとの期待を一時生んだが、現実性のない目標の提示と官僚組織との共存に失敗し、二〇一二年一二月に成立した安倍政権に、「失われた平成の二四年」を取り戻す期待が掛かる状況となった。「三本の矢」に象徴される経済政策に次いで、政治面で安倍総理が主唱したのは「戦後レジームからの脱却」であり、安全保障政策がまずその第一弾として実施された。諸外国との認識の差異が問われる歴史認識問題、異なった優先課題の順位が問われる「美しい日本」という国づくりのあり方など、その内容はいまだに形成中である。安倍総理が取り戻そうとしている「日本人としての誇り」は、自由・民主主義という西欧の価値を最もよく学びながら、アジア文明という大きな文明の中にあって日本としての独自の価値とアイデンティティを創ろうとする、歴史の流れに沿ったものとなるかが問われているのである。

三　未来の道標として

二〇一六年、世界情勢は激動のさなかにある。それは、単に既存の国際秩序を構築する「力の均衡」に激震が走っているからではなく、その振動が、文明論的な国家間の相克に発展しているからである。中国の台頭は、軍事・経済・政治などのパワーの問題では把握しえない巨大なスケールを持った問題である。そこには、中国としての国づくりは、新しい文明を創造するという不可分の側面がある。この中国の台頭を受けて立つのは、米国である。しかし米国は、中国と同じ歴史的な深さを持つ、ギリシア・ローマに端を発するヨーロッパ文明を新大陸において受け継いだヨーロッパの「落とし子」である。欧米と中国の価値とアイデンティティの相克こそ、現代世界の最大の問題と言ってもよいと思う。

さらに、第一次世界大戦以来アラブとイスラエルの対立から始まったパレスチナ問題に端を発し、イランのパーレビ体制の崩壊が激動を生み、「九・一一」、アフガン戦争、イラク戦争、アラブの春とつながるイスラム・中東問題が、いまＩＳＩＳという前例のないテロ活動によって新たな局面を迎えている。パワーと文明論という観点で、取り上げるべきもう一つの問題がここにある。

そういうパワーとアイデンティティが交錯する時代において、本書で詳しく述べてきた、日露のパワーとアイデンティティの相克の歴史には、真に注目すべき要因がある。その対比の構成する諸要因は、出発点として、ビザンツ文明の外縁から出発したロシアと、中華文明の外縁から出発した日本の相似性と相違性の分析から、ひもといてみることができる。

現在のプーチン政権と安倍政権は、台頭する中国を前に、プーチン政権の方が米国との距離を広げ、安倍政権はその距離を縮めようとしているように見える。しかしながら、プーチン大統領も安倍総理も、本質的には、自国のよってたつ独自性にその政治思考を傾けようとする性向の指導者なのではなかろうか。本書において何がしかの究明を試みた、パワーと利益を超えたアイデンティティの相似性と相関性において、日露両国が長く深い歴史の集積を持っていることを再認識することは、日露両国が目前において置かれている状況を、より深く広く理解するために、決して無意味ではないはずである。そういう深く広い視点は、相互理解の深化としてそれ自体が各々の国益に資するとともに、また当面の問題の対処に有益な知恵を生む契機となるのではなかろうか。

執筆者・翻訳者紹介（*は編者）

東郷和彦*（とうごう・かずひこ） 1945年長野県生まれ．京都産業大学教授・世界問題研究所長．1968年外務省入省，2002年同省退官．2009年ライデン大学で人文博士．2010年より現職．『北方領土交渉秘録』（新潮文庫，2012年），『危機の外交』（角川新書，2015年）．

アレクサンドル・パノフ*（Alexander Panov） 1944年モスクワ生まれ．モスクワ国立国際関係大学外交学科長．駐日ロシア大使，ロシア外交学院長等を経て現職．政治学博士．『不信から信頼へ』（サイマル出版会，1992年），『雷のち晴れ』（日本放送出版協会，2004年），『20世紀末から21世紀初頭の日ロ関係』（ロシア語，2006年）．

安野正士（あんの・ただし） 1967年東京都生まれ．上智大学准教授．1999年カリフォルニア大学バークレー校で政治学博士．2006年より現職．『グローバル社会のダイナミズム』（共編，上智大学出版会，2007年），「現代ロシアの対日ナショナリズム」『アジアに接近するロシア――その実態と意味』（北海道大学出版会，2007年）．

コンスタンチン・サルキソフ（Konstantin Sarkisov） 1942年ソ連邦・アルメニア生まれ．法政大学大学院特任研究員，沖縄大学客員教授．ロシア東洋学研究所・日本研究センター所長，法政大学客員教授，山梨学院大学教授等を経て，2014年より現職．『もうひとつの日露戦争』（朝日新書，2009年），『ロシアと日本・100年史』（ロシア語，2015年）．

河原地英武（かわらじ・ひでたけ） 1959年長野県生まれ．京都産業大学教授．1986年東京外国語大学大学院国際学修士．1990年京都産業大学講師，助教授を経て，2001年より現職．「ロシアと現代国際関係」『新版　グローバリゼーション国際関係論』（芦書房，2014年）．

池田嘉郎（いけだ・よしろう） 1971年秋田県生まれ．東京大学大学院人文社会系研究科准教授．2005年東京大学文学博士．新潟国際情報大学，東京理科大学を経て，2013年より現職．『革命ロシアの共和国とネイション』（山川出版社，2007年），『国制史は躍動する――ヨーロッパとロシアの対話』（共編，刀水書房，2015年）．

下斗米伸夫（しもとまい・のぶお） 1948年北海道札幌生まれ．法政大学法学部教授．1978年東京大学法学博士．成蹊大学を経て現職．バーミンガム大学，ハーバード大学客員研究員，日本政治学会理事長，朝日新聞客員論説委員等を歴任．『日ロ関係史――パラレル・ヒストリーの挑戦』（共編，東京大学出版会，2015年）．

ドミトリー・ストレリツォフ（Dmitry Streltsov） 1963年モスクワ生まれ．モスクワ国立国際関係大学東洋学科長，ロシア日本研究者協会会長．1989年ロシア科学アカデミー東洋学研究所，2003年同研究所歴史学博士．2008年より現職．『現代日本国会』（ロシア語，1994年），『アジア太平洋地域における日本外交の指針』（ロシア語，2015年）．

隈部兼作（くまべ・けんさく） 1952年東京生まれ．ロシア・ユーラシア政治経済ビジネス研究所代表取締役．1975年日本輸出入銀行入行（現JBIC），2005年同行退職．2003年ロシア中央数理経済研究所上席主任研究員，2004年一橋大学客員教授を経て2005年より現職．『日露経済協力の拡大をめざして』（NIRA政策研究，2004年）．

セルゲイ・チュグロフ（Sergei Chugrov） モスクワ国立国際関係大学国際ジャーナリズム学科教授．『イズヴェスチヤ』紙等を経て，2002年より現職．『政治研究』編集長，ロシア科学アカデミー世界経済・国際関係研究所上級研究員を兼務．社会学博士．『新たなアイデンティティを模索する日本』（ロシア語，2010年）．

山脇大（やまわき・だい） 1989年大阪生まれ．京都大学大学院経済学研究科博士課程院生．経済協力開発機構（OECD）政策アナリストトレイニー（2015-16年）．「ロシアにおける石油随伴ガス処理問題――アクター，政策，制度分析からの接近」『ロシア・東欧研究――ロシア・東欧学会年報』（2014年）．

ロシアと日本
自己意識の歴史を比較する

2016年10月19日　初　版

[検印廃止]

編　者　東郷和彦《とうごうかずひこ》／A. N. パノフ

発行所　一般財団法人　東京大学出版会
代表者　古田元夫
153-0041 東京都目黒区駒場 4-5-29
http://www.utp.or.jp/
電話 03-6407-1069　Fax 03-6407-1991
振替 00160-6-59964

組　版　有限会社プログレス
印刷所　株式会社ヒライ
製本所　牧製本印刷株式会社

ISBN 978-4-13-020305-0　Printed in Japan